国家出版基金项目
NATIONAL PUBLICATION FOUNDATION

国家高端智库
CHINA TOP THINK TANKS

智库研究丛书-01

丛书主编 黄宪起
丛书副主编 张　伟

新型智库基本问题研究

张　伟◎著

中共中央党校出版社
The Central Party School Publishing House

图书在版编目（CIP）数据

新型智库基本问题研究/张伟著．--北京：中共中央党校出版社，2017.6

（智库研究丛书）

ISBN 978-7-5035-6031-6

Ⅰ.①新… Ⅱ.①张… Ⅲ.①咨询机构-研究-中国
Ⅳ.①C932.82

中国版本图书馆 CIP 数据核字（2016）第 322966 号

新型智库基本问题研究

策划统筹 曲　炜
责任编辑 楚双志　李瑞琪
版式设计 尉红民
责任印制 王洪霞
责任校对 王　微
出版发行 中共中央党校出版社
地　　址 北京市海淀区大有庄 100 号
电　　话 （010）62805830（总编室）　（010）62805821（发行部）
（010）62805034（网络销售）　（010）62805822（读者服务部）
传　　真 （010）62881868
经　　销 全国新华书店
印　　刷 三河市华润印刷有限公司
开　　本 700 毫米×1000 毫米　1/16
字　　数 246 千字
印　　张 16.75
版　　次 2017 年 6 月第 1 版　2017 年 6 月第 1 次印刷
定　　价 51.00 元

网　　址： www.dxcbs.net　**邮　　箱：** cbs@ccps.gov.cn
微 信 ID： 中共中央党校出版社　**新浪微博：** @党校出版社

〉〉〉总序

纵观当今世界各国现代化发展历程，智库在国家治理中发挥着越来越重要的作用，体现了一个国家的综合实力。智库不仅作为公共政策咨询体系的“硬”支撑，同时也是协商民主广泛多层制度化发展的助推器，是引领社会思潮、启发民智的思想库，是联通政学两界高端人才的旋转门，是政府与社会有效互动的纽带，是国际合作共赢的沟通平台，是撬动全球竞争格局的杠杆。无论在各国的国内事务领域还是在国际政治经济舞台上，都活跃着一大批智库的身影。智库日益成为国家治理、全球治理体系中不可或缺的组成部分。

对于现代中国，智库建设显得尤其迫切。在政府决策中，我国历来重视发挥专家咨询的作用，一些具有智库性质的机构也一直承担着一定的“辅政”功能。但随着当前形势发展，破解改革发展稳定难题、应对全球性问题的复杂性艰巨性前所未有，相对于当前各领域决策科学化民主化的迫切需求，相对于现代国际智库整体发展水平，我国传统智库体系发展已经严重滞后，智库建设跟不上、不适应现象日益突出。为推动国家治理体系和治理能力现代化、增强国家软实力，尽快实现中国智库建设现代化，其意义重大、刻不容缓。

当前，中国特色新型智库建设进入“春天”。尤其党的十八大以来，以习近平同志为核心的党中央高度重视智库建设，要求把智库作为国家软实力的重要组成部分，智库建设被提升到国家战略的层次和高度。2013 年 11 月，党的十八届三中全会通过的《中共中央关于全面深化改革若干重大问题的决定》首次提出，“加强中国特色新型智库建设，建立健全决策咨询制度”。2014 年 10 月 27 日，习近平总书记在中央全面深化改革领导小组第六次会议审议《关于加强中国特色新型智库建设的意见》时指出：我们进行治国理政，必须善于集中各方面智慧、凝聚最广泛力量。改革发展任务越是艰巨繁重，越需要强大的智力支持。2015 年 1 月，中共中央办公厅、国务院办公厅专门印发《关于加强中国特色新型智库建设的意见》，作为中国特色新型智库体系建设的总方案，中国特色新型智库建设迎来历史上前所未有的战略机遇，迅速形成中央积极引导、各地方各部门踊跃投入的氛围。2015 年 11 月，中央全面深化改革领导小组第十八次会议通过《国家高端智库建设试点工作方案》，共有 25 家机构入选首批国家高端智库建设试点单位。

在中国特色新型高端智库发展新格局中，中央党校具有格外重要的位置和优势。在中央和国家支持下，中央党校实施了“创新工程”，把智库建设作为与教学并列的两大创新主题之一，足见中央党校对智库建设的重视。被明确列入先行开展试点建设的国家高端智库名单，对中央党校智库建设又是一个巨大推动。中央党校有条件、有能力建设国家亟须、特色鲜明、制度创新、影响突出、引领发展的新型高端智库，并在智库研究领域发挥排头兵作用。

当前，我们对于中国特色新型智库的研究和认识整体上仍处于初始阶段，难免存在诸多理论误区和困惑。对于如何着手开展中国特色智库建设，难免出现一哄而起、无所适从的现象。如果不能及时广开言路、开阔视野、紧贴中国现实深入开展研究讨论，将不利于我国智库建设进程的顺利推进和长远发展。近两年来，国内智库研究呈迅速增长态势，但总体上，关于智库的学术成果数量还比较少；我们仍然主要处于借鉴学习阶段，尤其是对美国智库建设的借鉴学习比较多；核心作者数量不多，整体研究力量仍显薄弱；研究成果的整体学术质量有待提高，经验性、应用性、普及性的研究成果比例较高；研究主题散乱现象比较明显，规范性、系统性、理论性方面存在欠缺，[①] 尤其是对智库专门的系统的学术研究，至今还是空白。

为推动中国特色新型智库的建设实践和理论研究，我们酝酿策划了这套丛书，首批推出九本，试图从多个研究视角对智库建设进行剖析。其中，《新型智库基本问题研究》就我国智库建设中的一些重大理论问题，尤其是一些容易形成理论误区的基本问题进行分析；《中国特色新型智库研究概览》选编了近期有关中国特色新型智库建设的观点著述，包括高层论述、论坛研讨、学术观点、国外经验等；《智库能力评价与创新》就当前国内外关于智库能力评价的经验做法进行梳理，提出关于中国智库能力的新框架，并相应就如何进行智库能力创新进行探讨；《智库协同创新研究》基于中国智库机构的“条条化”特点，以党校系统为例，探索智库协同创新问题；《智库建设法治化研究》基于国外智库建设法治化实践经验，探讨了如何促进中国智库法治化的目标与路径；《国际智库发展模式》从政策参与、影响社会、制度促进、组织管理、项目管理、全球化发展等角度，探讨了国际智库的发展经验；《中国民间智库发展研究》探讨了中国民间智库发展的历程、现状、制度环境、困境、策略等，并借鉴国外经验，提出中国民间智库发展的对策；《智库研究与管理方法》从微观层面入手，对智库研究方法和智库管理方法进行了梳理；《国外智库研究要览》从多个层面和角度汇集了国外关于智库的

① 参见邱均平：《中国智库理论研究的最新进展与趋势》，《重庆大学学报（社会科学版）》2016 年第 2 期。

学术研究现状、成果、经验等。

本丛书作者以中青年学者为主，他们在已经非常繁忙的现有教学、科研工作中额外付出大量心力，勇于在一个全新的领域进行探索，其精神可嘉。不必讳言，作为智库研究领域的新探索，这套丛书肯定存在着很多不足甚至缺陷。因为本丛书研究视角“多元”，而且定位“学术”研究，在当前国内智库研究总体水平不高、文献成果总体数量不多、专门研究者缺乏的情况下，研究深度必然受到“局限”，结合中国特色场景时难免生硬，在研究内容上难免出现交叉、重复。本丛书立足于抛砖引玉，所著材料和观点仅供广大研究者和实践者参考，期望能对大家理解中国特色新型智库建设的新思想、新观点、新目标和新举措等有所启发。我们能够承诺的是，丛书作者们将会继续在智库研究领域进行“深耕”，希望有机会能够对丛书中的内容不断进行更新，就更多、更具体的课题进行探讨，适时推出新的版本，使丛书内容更加丰富，更加贴近现实。诸多不当、不足之处，文责自负，请读者朋友谅解并指正。

本丛书得到了2016年度国家出版基金项目资助，得到了中央党校科研基金重点项目资助。在本丛书策划、出版过程中，中央党校出版社曲炜、楚双志两位编审付出大量心血。本丛书在写作中参考了许多国内外文献，体现了原著者、论者的理论和学术贡献。在此，对他们一并表示感谢。

黄宪起

2017年6月

前　　言

智库在当代世界，尤其是西方发达国家，成为社会体系不可或缺的公共角色。它对社会健康运行起着不可替代的作用，对社会各个阶层都有深远的影响，成为国家软实力的重要标志。在我国，智库建设也已经成为国家治理体系和治理能力现代化的重要内容。讲传统，中华文明源远流长，历史上从来不乏影响时事发展、让后世津津乐道的智囊人物；讲当下，中央顺应时势、及时决策，大力推动中国特色新型智库建设，迅速形成智库建设热潮。我国智库建设进入了前所未有的“春天”。

同时，凡事都有一个发展过程，从无到有、从有到好、从好到优。现代智库是个“舶来品”，源于西方、兴于西方，对于中国来说仍然是个新鲜事物。我们对智库的认识，既熟悉，又陌生。说熟悉，是因为我们总是不经意间就会听到它、谈到它，甚至受它影响；说陌生，是因为对多数人来说身边鲜见智库活动，也不尽了解国际智库实际运行情况。与一些发达国家的智库相比，我国当前的智库建设水平仍然处于“初级阶段”，这是本书立论的基础。

凡初级阶段，势头往往生机勃勃、前景广阔；同时，现状往往呈现粗线条，有许多不尽如人意之处，建设过程中要经历很多困难和困惑。实际上也确实如此。如果把 2014 年中共中央办公厅、国务院办公厅印发《关于加强中国特色新型智库建设的意见》作为一个时间节点，虽然至今仅两三年时间，我国智库建设已成绩斐然、有目共睹；同时，也出现了各种鱼龙混杂的现象，在一些智库建设基本问题上认识不清，甚至陷入理论和实践的误区。

其中，梳理、澄清一些基本问题的认识非常关键。实践中的问题，往往来自认识上的偏差。本书尝试放眼世界、对国外智库发展经验进行分析评鉴，并紧密结合国情、适应特定发展需求，对过去几年我国智库建设实践进行梳理、思考，加深对一些推动我国新型智库建设基本问题的认识。

本书是以问题为导向的。很多问题的提出、讨论和结论，都是作者的粗浅认识。有诸多不当之处，作者文责自负。对引述的相关文著作者，在此一并表示感谢。

张　伟

2017年6月于华盛顿

目录

第一章　孰是孰非——智库是个筐，啥都可以装?

第二章　智库何能——智库只是咨政工具吗?

第三章　智库何兴——智库兴起的动力和支撑条件是什么？

第四章　智库何多——智库只有一种模式吗？

第五章　孰优孰劣——如何看待智库评价排名和标准？

第六章　智库何生——中国智库生长的“土壤”和现状是什么？

第七章　政府何为——政府如何在宏观层面为智库建设提供助力？

第八章　智库何为——智库如何提高自身管理水平？

第一章　孰是孰非

——智库是个筐，啥都可以装?

在智库建设初期阶段中，借鉴国外智库建设经验、结合中国当前智库建设实际，对我国当前涌现的各类智库进行要素分析和地位界定，主要是出于现实中智库满天飞、泥沙俱下的“无奈”，以及相应带来的“智库是个筐，啥都可以装”的困惑和误解，突出体现了本书的“问题导向”。通过本章的讨论，期望在理论上有助于澄清我们对智库的基本认知，实践上有助于避免我们在智库建设上偏离方向。当然，本章内容是学术探讨性的，只反映了作者一家之言，以及目前的认识水平。

一、模糊的边界：到底有多少智库

智库（think tank）的概念似乎是清晰的，过去多被翻译成“思想库”，又被称作“思想工厂”（think factory）、“外脑”（outside brain）、“脑库”（brain tank）、“智囊团”（brain trust）、“咨询公司”（consultant corporation）或“情报研究中心”（intelligence research center），等等。在我国，“软科学机构”是个与智库有些类似的名称。最初，它是第二次世界大战期间美国国防科学家和军事参谋在一起讨论战略问题的密室，如今发展成为遍布世界、影响巨大的公共政策研究咨询机构。

然而，“智库”界定本身是一个难以完成的命题[①]。遍查各种论著、工具书或官方文件等，我们会很容易得出结论：根本没有关于智库概念及其要素的统一界定，不仅因为大家理解不同，更因为根本不存在统一模式的智库[②]。从不同方面，尤其学者对于智库概念的各种描述，可以看出，大家对智库所应具备的特征要素的理解差异很大。因此，我们需要澄清一个看似无足轻重，但实际非常基础的问题：智库到底是什么、不是什么。换句话说，哪些机构确定属于智库，毫无争议，“放之四海而皆准”；哪些确定不属于智库，几乎没有商榷的余地；还有哪些机构有争议，大家各有各的意见和标准，谁也难说服谁；还有哪些属于“中国特色”的机构，国际上可能有人不太认同，但却适用于中国当前特定的智库建设阶段。

提出这个问题，绝不是为了概念而概念，而是在现实智库建设中遇到了因智库界定不清所引发的诸多问题。在国家倡导下，自上而下激发起各个方面、各个层级的智库建设热潮，这个现象固然可喜，但也带来发展中的各种常见问题。在智库建设和智库研究中，一些争议和误区，往往源自对智库界定的不清晰。比如，不顾自身能力和职能定位，各类机构都随意宣称自己是智库；至于开展智库活动，则“智库是个筐，啥都可以装”；开个研讨会，都要打着智库论坛的名义；在评价研究中，智库界定标准不一，研究对象混乱；对“中国到底有多少智库”这个问题，不同学者和机构的答案往往差异很大，容易让人陷入智库数量迷丛；等等，不一而足。如果智库本身变得模糊不清，谈何智库建设？

专栏：中国到底有多少智库？

在2007年度和2008年度麦甘的《全球智库报告》中，中国智库

---

① 参见〔德〕帕瑞克·克勒纳著，韩万渠译：《智库概念界定和评价排名：亟待探求的命题》，《中国行政管理》2014年第5期。

② 参见〔美〕唐纳德·E. 埃布尔森著，扈喜林译：《智库能发挥作用吗?》，上海社会科学院出版社2010年版，第5—6页。

只有70余家。然而根据2009年度《全球智库报告》公布的数据，中国智库数量突增到428家。其后，每年度收录的中国智库数量保持大致稳定，在430家左右，如2010年425家、2011年425家、2012年429家、2013年426家、2014年429家、2015年435家、2016年435家①。

在中国，科技管理部门把为政策制定者提供决策建议和咨询的研究工作看做“软科学”，相应的研究机构就是软科学机构。从概念上看，智库与软科学研究机构关系密切。在国内学者广为接受“智库”这个提法之前，大家更熟悉的是“软科学”研究机构。根据中国科学技术部办公厅、中国科学技术发展战略研究院发布的《2009—2010年度全国软科学研究机构统计调查报告》，截至2010年底，全国共有软科学研究机构2408家。相对于2006年，增加1075家，即增加80.6%②。如果把软科学研究机构大致等同于智库机构，那么可以认为当前我国智库应有2000多家。有学者曾在2004年的一项智库调查中，向在科技部注册备案的软科学研究机构中选取了1124家发送问卷③，一定程度上可以认为当时中国智库数量有1000多家。

可以看出，上述两种不同来源的数据统计有相当大的差距。其原因，恰恰在于智库界定的差异。吊诡的是，麦甘也把智库泛泛地界定为政策研究机构，类似于软科学机构的界定。当然，麦甘具体操作上是如何遵循这个智库标准并进而筛选出400多家中国机构的，我们并不清晰。相对而言，软科学机构所包含的种类反倒比较明确。

从机构性质上分，软科学机构包括企业法人、事业法人、社团法人、非国有非企业法人（民办非企业法人）、非独立法人、机关法人等六类。高等学校的软科学研究机构是我国软科学研究的主要力量，政府项目是软科学研究机构经费的主要来源。在全国2408家软科学研究

① 根据历年〔美〕詹姆斯·G. 麦甘所著《全球智库报告》相关数据整理。

② 参见徐晓虎、陈圻：《智库发展历程及前景展望》，《中国科技论坛》2012年第7期。

③ 参见朱旭峰：《中国思想库：政策过程中的影响力研究》，清华大学出版社2009年版，第19—21页。

机构中，高等学校的软科学研究机构1171家，占到全国软科学研究机构总数的近一半。其中，国务院各部委、直属机构所属的软科学研究机构178家，占全部机构总数的7.4%。中央、省、直辖市、自治区、计划单列市和地级市党委及政府从事软科学研究的机构337家，占全国软科学研究机构总数的14.0%。省、直辖市、自治区、计划单列市及地级市所属软科学研究机构共450家，占全部机构总数的18.7%。另外，软科学机构还包括了机关法人（占全国软科学研究机构的8%）及社团法人（约占全国软科学研究机构的5%）。

我们对智库界定问题进行探讨的角度是，从智库概念入手，挖掘出一般意义上智库必须具备的若干要素，从而对智库范围作出一个明确界定。只有具备了这些要素，才能算做智库。其思路，是“证伪”而不是“证实”。证实的思路，是“只要”具备了这些要素，就“是”智库。证伪的思路，则是“只有”具备了这些要素，才“可能”是智库。正如波普尔的理论认为，科学“证实”是不存在的，只能“证伪”①。这同时意味着，某些机构即使具备了这些要素，仍可能不属于我们想要划入的智库范围。

对智库要素的界定，最好既简练又完整。正是智库的丰富内涵，导致其概念和边界的模糊化，智库属性数量和其涵盖的机构数量之间是反比关系。也就是说，在智库界定中，对应的特征属性越多，符合这些属性的机构就越少，但智库范围就越明确；相反，智库对应的特征属性越少，符合标准的机构越多，但智库范围越模糊。同时，智库界定中的一些属性本身存在问题，它们并非不证自明②。因此，智库要素界定面临的挑战在于，既要尽可能简化，又要尽力涵盖智库必需

① 因为解释者总可以挑选事实来凑合已有的理论，使之看起来好像被“证实”了。但是“证伪”就不一样了，在波普尔提出的“科学发现的逻辑”中，理论必须提出可被实验检验的猜想，该猜想经过实验检验，通过结果是否符合预测来判断理论是否被证伪。科学理论必须具有可证伪性，否则就不是科学。

② 参见〔德〕帕瑞克·克勒纳著，韩万渠译：《智库概念界定和评价排名：亟待探求的问题》，《中国行政管理》2014年第5期。

的属性，在简练与完整之间取得平衡，以清晰区分智库和非智库机构。

对智库的界定，应根植于特定的智库建设背景。对此，我们应该有一个清醒的认识：即使限制在特定国家的情境下，对智库做出详尽而宽泛的界定都是非常困难的；如果置于跨国情境下考察，将会更加复杂。因此，智库建设必须基于本国国情，未必要照搬所谓国际上的通行规则和一般经验。相应地，智库界定也要基于本国国情。具体到本书对智库的界定，是从我国智库建设实际出发，不仅要结合我国特有的智库建设所处的体制环境，还要结合我国特有的智库建设所处的发展阶段。

二、基本定位：政策研究和咨询

无论关于智库的论述多么繁杂，但有一点没有争议的共识：智库是一种政策研究和咨询机构。这是智库本身发生发展的起点，也是其最基本的功能定位。智库作为政府决策的外脑，因由政策研究的需要而诞生，也因由政策研究需要的不断扩展而发展。所谓政策研究包括对外政策和对内政策（公共政策）两个方面，大到国家安全战略、对外战略、政府改革纲领，小到导弹技术、对某国家或地区的援助等，都在其中。

从政策研究这个要素出发对智库进行界定，应该是最简练、直接，也是最宽泛、“安全”的方式。因此，在很多工具书中，对智库的界定，往往只强调它的政策研究机构这一要素。如《大英百科全书》认为，“智库是跨学科研究组织的研究所、公司或者团体，通常为政府和商业客户服务”。《新牛津英语词典》对智库的解释是：“就一些具体的政治或经济问题提出建议及想法的专家机构。”《美国传统英语词典》（*The American Heritage Dictionary of the English Language*）中对“think tank”一词的解释是，“为开展深入研究和优先解决技术、社会、政治战略或军事方面问题而组建的机构或团体。”维基百科认为，“智库（英语：think tank）又称智囊团，大多以‘研究所’或‘学会’

为名称，是对政治、商业或军事政策进行调查、分析研究并提供策略的机构，一般由政府、政党或商业公司出资组建。”

很多学者也采用了这种宽泛的界定方式。比如，日本智库研究专家 Takahiro Suzuki 对智库的界定非常简练：“智库是从事公共政策研究的机构。”① 又如，作为智库评价排名研究的理论基础，麦甘在 2007 年首次发布《全球智库报告》之时，就在相关著作中对智库做出界定，认为智库“是公共政策研究、分析和参与机构，就国内和国际问题提供政策导向的、能使政策制定者及公众对公共政策问题作出知情决定的研究、分析与建议”②。可以看出，除了政策研究和咨询，麦甘并没有强调智库的其他属性。之后的麦甘系列《全球智库报告》，都采用宽泛的定义标准，即在判断某一个政策研究机构时，并不考虑其是否附属于官方组织等因素。而在中国，绝大部分的政策研究机构都属于这一宽泛意义上的智库范畴。以政策研究机构来界定智库，抓住了智库最基础的功能作用，也集中体现了智库的专业性。

依靠这个最简单的界定要素，就可以将许多社会机构从智库范畴中区分出来。比如，一些根本不从事政策研究的社会机构，或者没有研究创新能力的社会机构，虽然可以打着智库的旗号开展活动，但根本不具备一个智库所需要的基本要求。

当然，开展政策研究和咨询，仅仅是智库界定的最低门槛。仅仅依靠这个最简单的界定要素，显然是不够的，有些不能算作智库的机构还不能被筛选出去。之所以出现前文所述的一些智库建设乱象，与智库界定过于宽松有关。这就需要对更多的智库要素进行探讨。

要当心的是，仅仅从事政策研究、但不专门从事政策咨询的机构，属于学术研究机构，不能被界定为智库机构。学术性政策研究机构和智库机构，在从事的业务上是存在交叉的，而交叉点就是政策研究。

---

① Takahiro Suzuki. Think tanks and Policy Formation in Japan，http：//www. tt2005. jp/modules/overview/index. phd？ id＝17＞.

② James G McGann. *Think Tanks and Policy Advice in the US*：*Academics*，*Advisers and Advocates*. New York，NY ：Routledge，2007，p. 11.

而学术性政策研究机构之所以能够和智库机构区分开，在于后者是专门从事政策咨询的机构，政策研究是开展政策咨询的基础；而前者即使有学者偶然参与政策咨询，但基本定位仍然是学术研究。以此为基础，学术性政策研究机构与智库机构有很多具体不同之处。比如研究目的和时效性上，智库研究是对策性强的经世致用式研究，而学术研究可以“宁坐板凳十年冷”；在研究组织方式上，政策研究鼓励学者个人的价值实现，更强调集体合作式研究，而学术研究更多是个人创新。以此为依据，当前许多政策研究机构其实不能算作智库，因为其基本定位是学术研究，而非政策咨询。这在高校和科学院、社会科学院的智库建设中，尤其值得重视。

三、最大争议：智库独立性

尽管智库以不同形式存在于各个不同政体的国家，却均面临一个共同挑战，即如何保持智库的独立性和真实性，以便给决策者提供客观、科学和专业性意见。这一问题在发展中国家显得尤其突出。由于发展中国家智库资金有限，法律不健全，智库独立性往往比较低。学术界迄今仍未对“何为智库”达成共识，其中讨论最多的，是对能否把独立性作为界定智库的重要依据存在不同看法。更具体一些，除从事政策研究、分析、评估与咨询等活动之外，智库是否还必须是独立于政府、政党、企业、政客非营利的无党派（没有政治倾向）组织。

很多学者对智库的独立性要求给予明确肯定态度。智库作为政府的“外脑”，“外”字本身就表明了智库至少是外在于或独立于政府机构的，智库需要保持独立性似乎不言而喻。比如，美国智库研究领域知名专家 Diane Stone 将智库视为“相对独立于政府、政党和压力集团，从事当下政策议题研究和分析的机构”①。加拿大思想库研究专家

---

① Dinae Stone. Think Tanks，in Neil J. Smelser and Paul B. Baltes eds. *International Encyclopedia of the Social & Behavioral Sciences*. Oxford：Elsevier，2001. pp. 15668—15671.

唐纳德·E. 埃布尔森认为，智库是“由关心广泛公共政策问题的人组成的独立的、非营利性的组织”①。保罗·迪克森在1971年出版了第一部介绍美国智库形成与发展的专著——《智库》，他提出：智库是“独立的、非营利的政策研究机构”，它是一个永久性的实体，而非临时为解决问题而组成的研究小组或委员会，其目的是为政策而非技术服务②。耶鲁大学政治学博士安德鲁·里奇认为，智库是“独立的、没有利益倾向的非营利性组织，它们提供专业知识或建议，并以此获得支持，影响决策过程”③。在另一处论述中，他持类似的观点：“我将智库定义为独立的、无利益诉求（non-interested-based）的非营利性组织。”④ 詹姆斯·史密斯认为，智库是“在美国主流政治进程的边缘运行的、私人的、非营利的研究型团体，介于社会科学学术研究和高等教育之间，以及政府和党派政治之间”⑤。在政治科学百科全书中，拉迪将智库描述为“有别于政府机构的，致力于运用专业知识和网络活动为多元政策议题提供建议的研究机构”⑥。

实际上，一些国外知名智库也把独立性作为基本的组织原则。这些西方智库认为，智库之所以能够影响国家决策，主要在于智库的独立性。布鲁金斯学会有一个著名的阐释：“高质量、独立性和影响力。”这也被看作是智库共有的独特精神气质，是智库能够影响国家决策的根基所在。

有些学者则对智库的独立性要求给予明确否定。比如，作为智库

---

① Donald E Abelson. *American Think Tanks and their Role in US Foreign Policy*，New York：St. Martin's Press，1996，p. 21.

② 参见 Paul Dickson. *Think Tank*. New York：Atheneum，1971.

③ Andrew Rich. US Think Tank and The Intersection of Ideology Advocacy and Influnence，*NIRA Review*：Winter 2001，p. 54.

④ 〔美〕安德鲁·里奇著，潘羽辉译：《智库、公共政策和专家治策的政治学》，上海社会科学院出版社2010年版，第6页。

⑤ James A Smith. *The Idea Brokers*：*Think Tanks and the Rise of the New Policy Elite*，New York：The Free Press. 1993. p. XIII.

⑥ Stella Ladi. Think Tanks，in Bertrand Badie，Dirk Berg-Schlosser and Leonardo Morlino eds. *International Encyclopedia of Political Science*. Thousand Oaks：Sage，2011. pp. 2608—2611.

评价排名研究的理论基础，麦甘在 2007 年首次发布《全球智库报告》之初，就在相关著作中对智库做出界定，除了认为智库“是公共政策研究、分析和参与机构，就国内和国际问题提供政策导向的、能使政策制定者及公众对公共政策问题作出知情决定的研究、分析与建议”，还明确认为，“作为常设机构（而不是临时委员会），智库可以是附属机构，也可以是独立机构。智库通常担当着学术界与决策界的桥梁，作为一种独立声音将应用性和基础性研究翻译成能为决策者和公众理解、信赖和获取的语言和形式，服务公众利益。”①

可以看出，智库独立性是个比较复杂的问题。智库的独立性是个笼统的概念。如果要进一步剖析智库的独立性，至少可以从四个角度进行探讨。

1. 智库“独立”性是相对于何者而言的。理论上，“独立智库”应该独立于外界任何组织机构或个人，包括政客、党派、政府（包括立法、行政、司法等政府机关）、大学、利益集团、社会团体、公司企业，及其他智库机构等。学者们强调的智库独立性，主要针对智库相对党派和政府而言。实际上，智库在运行中和任何社会组织都难以避免发生联系，包括业务联系、资金联系，甚至组织联系。这就导致在“切割”智库与其他社会组织时，往往比较复杂和困难。

但一般来说，智库应独立于利益集团。智库与利益集团都以最终影响政府决策为目的，智库要想扩大自己的影响，必须像利益集团那样善于向政府兜售自己的政策主张；而利益集团要想真正对政府施加影响，也必须像智库那样对所要游说的问题进行深入研究。智库与利益集团之间越来越呈现出相互靠近的势头，二者确实不易分辨。但是，智库与利益集团毕竟是两类不同的非政府组织，二者之间存在着重大区别，智库应与利益集团严格区分开。首先，与利益集团不一样，智库不代表某一特定选民说话。其次，利益集团的主要目的不是促进社

① James G McGann. *Think Tanks and Policy Advice in the US*：*Academics*，*Advisers and Advocates*. New York，NY ：Routledge，2007. p. 11.

会科学研究，而是确保当选的领导人执行与其利益一致的政策。因此，他们对当选人以资金捐赠相支持，以寻求回报为目的。相反，智库只是就当前政策进行辩论和讨论，提供建议。根据法律，它们不得对政府官员或某一政党提供资金上的支持。

2. 智库需要在多大程度上独立。也即是说，是要求智库和其他组织机构完全不相干，还是可以保持一定程度的联系。如果以是否具有“独立性”为标准，可根据宽严程度，描绘出智库独立性的光谱。在严苛的一端，智库是完全独立的政策研究组织，它们只提供专业知识或建议，并以此获得支持，影响决策过程，即强调智库在机构运作、资金筹集和知识生产方面的独立性。在宽泛的一端，智库为“长期从事与公共政策相关的研究与倡导的组织，在现代民主国家是知识与权力之间的桥梁”①。实际上，任何智库的独立性都是相对的，处在严苛与宽泛之间的某个位置。

3. 在何种体制环境下讨论智库独立性。对于“独立性”的评价，因国家的不同而表现出差异性。比如：一个美国的评论者可能将一个以国家资助为主的智库视为非独立的，但是一个来自西欧的评论家可能在一定程度上或者至少可能将其视为绝对符合独立性的标准。总之，智库的概念界定存在模棱两可和含糊不清的问题。

置于跨国智库分析的情境，暗含了智库本身的多元性，反映了特定情境下智库的运作环境（外生因素）和具体到特定机构的内部运作（内生因素）下智库的诸多特征。比如，多元化的智库规模；多元化的人事制度，不同比例的、不同类型专长的职员结构（包括研究人员、政策研究专家、前政府高官等）；多元化的政策专注领域，或者限定于某个范围的较为宽泛的政策领域；多元化的资助体系，包括公共资助、私人捐赠、会费、具体项目的委托资助等；多元化的政策影响途径，

① United Nations Development Program, Thinking the Unthinkable: From Thought to Policy. The Role of Think Tanks in Shaping Government Strategy: Experiences from Central and Eastern Europe. Bratislava, UNDP Regional Bureau for Europe and the Commonwealth of Independent States, 2003. p. 6.

如出版政策相关论文和简报、组织或参与政策相关的论坛或网络活动、提供政策评价、在不同类型的会议上为立法机构或政府部门的政策制定者提交听证报告或政策建议、接受媒体采访、政府换届后为政府部门提供短期借调或长期供职的人才等。① 在这种多元化的分析情景下，智库独立性问题将异常复杂。

讨论至此，关于智库概念界定，我们应该有一个清醒的认识：即使限制在特定国家的情境下，对智库做出详尽而宽泛的界定都是非常困难的；如果置于跨国情境下考察，将会更加复杂。从这个角度讲，在全球范围内进行智库评价排名，其公信力是多么容易受到质疑。坚持中国特色新型智库建设方向，特别要处理好所谓的“独立性”问题。

4. 智库在哪些层面上独立。就智库而言，诸如“独立性”的属性就存在着多种解释。它既可以是研究上的自主性，也可以是组织、财务上的独立性，甚至可以是思想上的独立性。在研究独立性的维度，我们可以调查智库是否可以自主选择研究题目、自主推进研究进程、自主提出政策方案等；在财务独立性的维度，我们可以调查智库的资助模式来判定给定的智库是否独立；在机构运作的独立性方面，我们可以考察组织的隶属关系；思想独立性方面，蕴含在智库提供的政策建议中的思想观点或者意识形态，同样可以用来判定智库的独立性。

（1）研究自主性。就是可以自主开展研究工作，包括选题空间、研究过程及政策成果传播等。智库研究的专业性，是保持研究自主性的一个重要保障。独立性使其不受制于他者，能发出自己的声音，避免了拿人手软、吃人嘴短的困窘；专业性则保证智库的思想、观点的可信度，是实现其影响国家决策的目标的根本之所在。

（2）组织独立性。就是在组织关系上，智库完全独立于其他组织机构，尤其是独立于政府、政党等。智库独立性的根本，是如何提高智库决策研究和咨询质量、水平的问题，智库研究遵循客观、公正、

---

① 参见〔德〕帕瑞克·克勒纳著，韩万渠译：《智库概念界定和评价排名：亟待探求的命题》，《中国行政管理》2014 年第 5 期。

实事求是立场，研究成果立场相对公允、站得住、预测得准。然而，有时与政府、政党关系具有紧密组织关系的智库，相对于其他组织独立性更强的智库，在研究质量和水平上并不逊色。组织独立性与智库研究质量之间，到底有没有、有多大的相关性，值得商榷。即使从国外的情况来看，国际顶尖智库所称的“独立性”，也是具体研究上的独立性，而非组织联系上的完全隔绝，不是“非政党化”。

实际上，一些讨论中所说的智库组织“独立性”，其含义已偏离了中国智库建设的体制环境。不可回避，我国智库建设必须根植于中国实际。我国当前的绝大多数智库都属于体制内智库或官方智库，如果按照智库完全组织独立的要求，完全符合条件的智库寥寥无几，只剩下一些影响小、研究能力有限的社会智库，智库建设就成了无本之源。因此，机械坚持“独立性”，偏离了我国智库建设方向。

（3）经费独立性。筹款以及由此带来的充裕资金是现代智库与生俱来的特征。智库研究的责任性要求其必须是以解决问题为目的，以完成委托方要求为标准。因此，智库研究与以往的社会科学研究、学院式研究以及个人化研究的区别又在于：其研究程度与水平不是由研究者所能拥有的时间和资源决定的，而必须根据完成任务、解决问题的需要决定资金的花费。智库研究必须有充分的资金以及其他资源的保证，同时必须是穷尽问题的研究，而不是适可而止的研究。没有充足的、按需要提供的资金，就难以完成现代智库水平上的研究。财务独立性并不意味着不接受社会和政府资金资助，而是指智库的研究不受资助方影响。智库的组建和运作资金不仅来源于基金运作、社会捐赠和自筹等，有时还要依靠政府财政支持。即使得到政府资助，如果能够保证上文所述的研究自主性，能够自主安排研究经费的具体使用，经费独立性就不必成为界定智库的先决条件。

（4）思想独立性。强调思想独立性的学者认为，经济上的独立只是使智库具备了讲真话的基础；而要讲出高质量的真话，则需要保持思想上的独立性。思想上的独立性要求智库以客观事实为判断依据，对信息保持充分的理性，不使判断失掉公正性、客观性；同时，在发表意见时能坚持其专业判断，不受外界影响，有较强的独立提出和实施行为目的的能力，它反映了智库的行为价值的内在稳定性。这种内在稳定性来自于价值观的独立性，正是因为具备这种品质，智库才能按照自己的创见提出行为目的，并找出达到目的的手段，而不容易受他者的影响。与之相反的意志品质是受暗示性，这种意志品质的智库容易接受他人的提示、命令或建议，容易屈从于他人的意志。

美国智库大多强调自己的思想独立性。他们常说到一些智库的党派“背景”，往往指的是这些智库在研究报告中体现的思想倾向。比如，兰德公司并不想被贴上“think tank”的标签，就是担心智库本身被认为思想不独立。它的解释为：“众所周知，兰德公司早在20世纪60年代被称为‘think tank’，当时，‘think tank’被认为使能够提出新思想并影响公共政策的研究机构。鉴于目前‘think tank’被理解为是具有特殊的政治或意识形态倾向的组织，兰德公司不再使用‘think tank’。我们的核心价值观是质量和客观，我们注重的是事实和证据。因此，我们不使用‘think tank’来描述兰德公司，尽管我们知道其他人依然如此。”①

然而，智库研究几乎不可能完全没有政治或价值取向。特别是在当前全球经济、政治、文化等各个领域竞争日益激烈的人背景下，尤其是在涉及重大国际性议题时，智库的研究内容具有更强的现实性，其研究成果也具有鲜明的立场和价值取向。虽然价值观可能有自己的倾向性，但并不影响其研究的独立性和专业程度，也正是这些价值观的差异，让智库发达国家的智库行业、思想市场呈现百花齐放的多元化特征。比如，美国“最有影响力的思想库”布鲁金斯学会宣称，独立性是智库必须坚守的核心价值，是外界判定其能否成为高水平智库的关键所在。但布鲁金斯学会与民主党关系密切，许多重要成员是民主党人，他们为政府出谋划策、储备和提供人才。

总之，智库与政党、政府等的联系有其必然性。智库的活动是需

① 参见兰德公司网站，http：//www. rand. org/about/fag. html.

要依附于相互竞争的政治和利益团体，围绕国家权力的运行和决策的产生，而进行的竞争性参与活动。在这一模式中，西方国家智库往往通过“代言”形式获得参与决策的机会①。在美国，人们所熟知的几大著名思想库几乎都有自己的政治背景，例如布鲁金斯学会背后有民主党的支持，企业研究所、卡图研究所有共和党的支持，而兰德公司则具有军方背景。例如在美国历次医改过程中，那些接受了资金赞助的智库往往会不遗余力，为他们所代表的利益团体奔走呼号，发挥政策代言和倡议的角色作用。换句话说，很少有智库是完全独立的、真空的，它必须依附于政党、集团等真正拥有实力的政治“玩家”，才能进入国家立法和政策的轨道。西方发达国家大多数智库形式上超越政党之争，不专为某一个政党服务，但实质上也都是有政府、政党、利益集团、社会组织的背景，有意识形态底线或意识形态隐性化。

在我国当前智库建设阶段，谈智库独立性要把握好国家、政府、社会和智库关系，要引导智库朝着健康方向发展，而不应抽象地强调所谓“独立性”。要将智库独立性问题从两个维度进行解析。横向上，要理解智库具体相对于什么样的组织独立，在多大程度上独立，在什么层面上独立。纵向上，要从不同层面对智库独立性进行分解，综合分析智库的研究自主性、组织自主性、经费独立性、思想独立性等。笔者认为，相当程度上的研究自主性，可以认为是界定智库的必要因素；而其他如智库组织独立性、经费独立性和思想独立性等，只是某些智库的特征，而非要素。中国国家治理体系现代化，是在国家主导下，实现国家、政府、社会以及智库的多元共治，而不是搞智库与国家、政府、社会的对立，更不是对抗。智库如果脱离了为公共决策服务的性质，其“独立性”是没有意义的。

---

① 参见王绍光、樊鹏：《“集思广益型”决策：比较视野下的中国智库》，《中国图书评论》2012年第8期。

四、必要门槛：智库非营利性和公共性

非盈利，一方面指智库机构的宗旨不是为了赚钱、获利，另一方面指智库产品不直接转化为财富。学者们在界定智库时，往往会强调智库的非营利特征。比如，Andrew Rich 基于美国视角，将智库界定为“独立的、中立的、非营利性的，以专业知识和思想观点产出为基础获得资助并影响政策过程的研究机构”①。那么我们需要讨论的是：非营利性是否是智库所应具备的必要因素？

实际上，对智库非营利性的要求，不仅在西方智库界定中成为共识，在我国官方文件中也成为明文要求。比如，在中办、国办印发的《关于加强中国特色新型智库建设的意见》中明确指出，中国特色新型智库是以战略问题和公共政策为主要研究对象、以服务党和政府科学民主依法决策为宗旨的“非营利性”研究咨询机构。

对智库的非营利要求，体现的是智库的公共属性（publicity）。我们这里所说的智库公共性，主要是从智库的公益导向来理解的。也即是说，成立并运行智库，其目标不是为了个人或群体利益，而是社会大众的公共利益。无论中外，都把“公”理解为与“私”相对。根据《辞海》的解释，“公”的中文含义为“公共；共同”，与“私”相对。如《礼记·礼运》所言，“大道之行也，天下为公”。从西方来讲，“公共”一词起源于古希腊词汇（pubes or maturity），强调个人能超出自身利益去理解并考虑他人的利益，相应的是公共精神、公共事务等。智库的研究对象是公共政策。

之所以强调智库的社会公共属性，是因为智库影响的是国家的各项决策，而非个人决策、家庭决策、企业决策等。智库存在的根本目的是试图对“公共”政策过程和决策者进行影响，并最终转化为对公

---

① Andrew Rich. *Think Tanks*, *Public Policy*, *and the the Politics of Expertise*. Cambridge: Cambridge University Press, 2011.

众利益的影响，其一切政治、经济与学术行为都是围绕这一目的进行的。智库的非营利性这一特点正是智库能够在美国立足并蓬勃发展的重要原因。因为，它相对保证了智库研究成果的客观性和公正性。非营利性思想库是以研究公共政策为宗旨，它们的资金来源主要是接受基金会或者企业和私人的赞助。美国许多民间思想库都宣称自己是非营利性的，各大学内部的研究咨询机构更是典型的非营利性组织。这类思想库因为在经济利益方面关注的较少，不以营利为目的，而是纯粹的公共政策研究，人们普遍认为它们的研究和咨询更加公正、科学、中立，所以，政府更多的是委托它们进行政策研究，并容许其参与部分政府政策的制定过程。

以智库名义开展社会活动的机构中，有营利性的，也有非营利性。对于营利性的“智库”机构，我们并不承认其智库地位。这些“智库”一般以咨询公司、市场调查公司等形式存在，以利润为目标，商业化色彩较浓。它们本质上是经济组织，和市场中各种经济组织是一样的，只不过由于它们自身的性质以及与政府的关系而成了“智库”。这类“智库”一般而言不是政府主要委托的对象，它们往往更多地是为私人或企业进行咨询，用自己的研究成果赚取利润。但问题的关键并不在于此，有些咨询公司也为政府提供服务，包括市政规划、政策咨询、民意调查等。因为，即使这些咨询公司或调查公司为政府服务，它们也是要追求经济效益的。在进行政策研究时，咨询公司只需要考虑政府需求，向政府委托者负责，而不需要考虑公众利益，这就难以保证其研究的独立性。

强调智库的非营利性和公共性，是要将智库与商业性咨询、调查机构区分开。一些以“智库”之名的“智库变异体”大行其道，呈现“商业化”“泛化”和“娱乐化”的特点。具体而言，许多以营利为目标的商业咨询机构浑水摸鱼，标榜自己是智库，这是对“智库”称号的盗用。并非所有可以提供决策咨询的机构都可以被视为智库，例如高等院校可以影响政府决策，但教书育人是其主要职责，不能被视为智库。再比如，一些民间学者研究娱乐化，以媒体曝光为目标，自诩为智库学者，却由于没有多元化的背景知识，无法把握现实问题，更提不出有价值的政策建议。由于智库概念有意或无意的混淆，中国智库界变得有些浑浊不清，甚至鱼龙混杂、泥沙俱下。“智库的界定标准已经非常具有包容性，不能将智库的概念无限扩大化。”①

智库不能像企业一样具有营利性，但可以像企业一样进行组织运营。这两者之间并不矛盾。智库往往以公司或中心的名义组建，以“公司”“研究所”“学会”“中心”等命名，以企业方式组建，按现代企业管理方法进行管理，但思想库是一种公共机构，不设股份和股东，也不以营利为目标。加拿大学者唐纳德·E. 埃布尔森认为智库的运作方式类似私人企业，但其最终效益不是以利润来衡量，而是看他们对政策思想的影响。

五、能力条件：智库创新性

智库实际上就是专门影响政府公共政策决策的思想工厂，必须要有自己独立的思想产品和政策建议。“智库”来源于英文的 think tank，也称思想库、脑库等，顾名思义就是知识、智慧和思想产生、存储、碰撞的地方，主要为公共政策提供创新思想、理论、策略、方法和方案。智库的主要功能之一是探求和形成新的政策思想。

所谓生产思想，就是通过研究和分析形成新的政策主张，能够影响媒体和公众对公共政策制定的关注和参与并且力图使这些主张获得公众的支持和决策者的青睐与采纳。在这里，思想与观点是第一要素。产生新思想、新观点，是智库存在的价值和意义所在，更是成为一流智库的必然要求。如果一个智库不能产生独立的思想、观点，不能使自身的思想、观点直接影响和推动公共政策，不能在社会上产生广泛而深入的影响，那么，即使其规模巨大、经费充足、名流聚集，也无法被视为一流智库。

① 朱旭峰：《智库评价排名体系：在争议中发展完善》，《光明日报》2016 年 2 月 3 日。

国际上学者对智库的定义虽有所不同，但对智库的思想性要求，都有一定的共识。智库研究专家 Donald Abelson 认为，智库的作用就是“专门创造、重组和推广思想给公共政策制定者和公共大众”①。兰德公司的创始人弗兰克·科尔博莫认为，智库就是一个“思想工厂”，一个没有学生的大学，一个有着明确目标和坚定追求，同时却无拘无束、异想天开的“头脑风暴”中心，一个敢于超越一切现有智慧、敢于挑战和蔑视现有权威的“战略思想中心”②。智库研究学者 Diane Stone 这样定义智库：“智库收集、消化和创造出一系列思想产品，主要是为政治和政府机构决策服务，有时也为媒体、利益团体、企业、国际机构和公共社会大大众服务的组织。”③

强调智库的创新性，有助于将智库与游说性、宣传性机构区分开。推销思想和生产思想同等重要。智库工作的现实性使其十分重视研究成果以及智库本身的传播与推广。然而，智库与游说、宣传机构的区别在于，智库是在生产思想的基础上推销思想，而宣传机构并不生产新思想。现实中，有些机构打着智库的名义，却以推销思想为主，不仅失去了智库的创新性基础，也失去了智库的独立性、专业性。当然，倡导型智库的存在，模糊了智库与宣传机构的界限。

六、组织支撑：智库实体性

之所以提出这个问题，是因为近年来国内大量出现智库虚热现象，一些机构邀集国内外的政界、学界知名人士参加研讨会议，美其名曰“论坛性智库”。我国开展新型智库建设，可以在智库的组织形式上进行创新，形成迥异于传统智库的更加灵活的组织结构，甚至国外都不

---

① Donald Abelson. *The Business of Ideas：the Think Tank Industry in the USA in Think Tank Traditions：Policy Research and the Politics of Ideas*. Manchester University Press，2004：215.

② 王辉耀、苗绿：《大国智库》，人民出版社 2014 年版，第 19 页。

③ Diane Stone. Introduction：Think Tanks，Policy Advice and Governance. in Stone and Denham（eds.），*Think Tank Traditions*，p. 3.

曾有过的智库形态。其中，最核心的是不拘泥于固定的人事关系，形成多元的智库研究人员来源。但这些，都不能违背智库的基本标准：必须有智库实体作为支撑。

“论坛”是否可以确认为“智库”，关键在于这些论坛的实体支撑及其稳定性。比如，是否有日常办公机构，成员是否相对稳定，是否定期举办活动，甚至是否有专门出版物。如果具有这些稳定性特征，就可以称为智库。中共中央办公厅、国务院办公厅印发的《关于加强中国特色新型智库建设的意见》中，列出了“中国特色新型智库”应当具备的一些基本标准，其中首要一条就强调了智库的“智库的实体性”，既“遵守国家法律法规、相对稳定、运作规范的实体性研究机构”。其他标准，可以看做是对智库实体性的扩展，包括：特色鲜明、长期关注的决策咨询研究领域及其研究成果；一定影响的专业代表性人物和专职研究人员；有保障、可持续的资金来源；多层次的学术交流平台和成果转化渠道；功能完备的信息采集分析系统；健全的治理结构及组织章程；开展国际合作交流的良好条件等。

论坛类智库一定程度上更像是智库平台。它们本身从事两类业务，一是大量的资金募集工作，可以使智库专家从繁琐的课题申请和经费来源筹措中解脱出来；二是对论坛观点的整理与汇编，将思想交锋有针对性地集中反映到决策咨询成果中，以此提高智库成果质量和运行效率。比如，中国经济五十人论坛、中国金融四十人论坛已享有一定的知名度；还包括2014年新成立的中国城市百人论坛等。这些智库紧密依托知名学者和退休官员等具有一定学术和公众影响力的专家，以大型论坛、专家研讨会、闭门会等形式组织以研究项目导向的研究团体，根据专家头脑风暴式的研讨撰写研究报告，并通过智库内部渠道，报送相关决策部门，由此对中国高层产生决策影响力。目前，除了论坛类智库外，一些地方政协、参事室等政府机关也在积极探索和发挥智库平台功能，设法将地方智库的思想供给和职能部门的政策需求密切结合起来。

七、职能要求：智库专门性

智库机构是一种特定的社会组织。Tom Medvetz 建议将智库界定为“介于学术界、政界、商界和传媒界之间的混合型组织”①。学术界和政界分别为智库提供学术权威和政治权威、商界为智库提供经费资助，传媒界为智库提供政策观点与政策制定者之间的通道。智库旨在拉近或者填补这些领域之间的缝隙，同时也需要与其保持适当距离，以保证和巩固作为智库应有的鉴别力。因此，智库的运转表现为“谨慎的平衡行动”，这一行动在不同的时空逐渐演进出其差异性。

专门化是中国智库建设面临的主要问题。有学者认为，中国智库的最主要问题不在缺少独立性，而是缺少综合性和协作性。② 而笔者认为，中国智库建设最缺少的是专门性。也即是说，缺少专门从事智库研究的机构。事实上，我国现有智库很多都是“翻牌”机构。比如，作为当前开展智库建设的主力军，科学院和社科院系统的主要职能，是从事基础学术研究；党校、行政学院系统的主要职能，是从事干部教育，高校的主要职能，则是从事高等教育和学术研究。反倒是一些部委下属的研究机构，更接近于专门进行智库研究。术业有专攻，智库研究有其自身规律和要求，与科学院、社科院、党校、行政学院、高校等都有所不同。一定程度上，一个“无所不能”的机构，也可以说是一个“一无是处”的机构。对智库机构的专业化要求，是国内外研究者在智库数量统计上产生巨大差异的主要原因。从机构数量上看，根据国内多项统计，一般认为我国智库已超过 2000 家；但在国外麦甘发布的《2008 年全球智库报告》中，位列其中的中国智库仅有 74 家。

智库的专门化要求，和“综合”智库建设并不矛盾。因为，“综合”智库强调的是智库研究领域的综合性特征，而不是智库机构本身

---

① Tom Medvetz. *Think Tanks in America*. Chicago and London: University of Chicago Press, 2012.

② 参见崔玉军：《中国智库的规模与建设方向》，《重庆社会科学》2014 年第 7 期。

具有除智库研究之外的其他职能。实际上，国外许多规模较大的著名智库机构，其规模不仅体现在研究人员数量和研究经费实力上，还体现在多领域的研究综合性上。即使有些智库机构在智库研究之外，还承担了研究生教育或官员培训的职能，但这些职能只是智库主体职能的延伸，处于附属地位。甚至，之所以延伸出来的附加职能，恰恰是为了更好地发挥智库职能。

从长远看，智库机构必然要实现专门化；但从目前我国智库建设现状来看，智库专门化只能作为目标，而不适合作为智库的界定标准。这种情形，可以看做我国开展智库建设的必由之路。由于我国真正重视智库研究的时间并不长，缺乏专门从事智库研究的组织机构。这时候，能够依托现有社会科学研究力量，在其现有职能基础上延伸出智库研究的职能，是一个现实、明智的智库建设路径。

八、智库建设阶段与要素类别

在上文中，主要分析了涉及智库界定的诸多要素，包括：是否从事政策研究，是否从事政策咨询，是否能够自主开展研究工作，是否非营利性机构，是否实体机构，是否具有研究创新能力，是否专门从事政策研究与咨询的机构，是否在组织、经费、思想上实现完全独立。

从最宽泛的意义上讲，只要从事政策研究和咨询工作，就可以归为智库。这种宽泛的界定，抓住了智库诸多要素中最基础的一个。如果根本不从事政策研究和咨询工作，当然要排除在智库范畴之外。这种宽泛的界定，好处在于在识别智库时比较简单，界定要素越少，界定结果的争议也就越少。同时，这种宽泛的界定，可以最大限度地把各种政策研究机构纳入智库范畴，扩大一个国家、地区或行业的智库规模和声势。

然而，这种宽泛的界定是简单的，也是轻率的。很多打着社会组织、打着智库的名义开展活动，但实际工作可能和智库根本没有什么关系，带来鱼龙混杂、“智库满天飞”的乱象。所以，仅仅从事政策研究，并不能作为界定智库的充分条件。能否真正成为智库，还要看他们能否具备其他要素；或者能够克服一些要素的阻碍，演变成为真正的智库。从积极的意义上讲，如果从事政策研究和政策咨询，还不具备其他智库要素，则可以把这种社会组织看做“潜在智库”。

要筛选出真正的智库机构，必须对宽泛的智库界定进一步规范，增加更多的约束性要素。比如，智库不仅要从事政策研究和咨询，还至少具备提出创新性政策建议的一定能力，将政策研究和咨询作为其重要职能，有自主开展研究的空间，必须是非营利性的机构，必须是能够支撑智库在经费、人员、办公场所等方面日常运行的实体机构。具备了这些要素，我们就可以说这是一个初具雏形的智库机构了。综合起来讲，作为最低要求的智库可以界定为：能够自主、创新性地开展政策研究和咨询活动的非营利性实体机构。然而，这样的智库仍然不够成熟，我们可以把这些智库称为“发展中智库”。

这样，从事政策研究、从事政策咨询、非营利性、实体机构、自主研究，属于界定智库的基础性要素。只有具备了这些基础性要素，才能跨过智库的基础门槛，否则就不能被称为智库。相应地，只具有这些基础性要素的智库，还处于发展之中，距离成熟智库尚有不小的建设提升空间，我们可以称之为发展中智库。

智库如果要进一步发展成熟，就需要进一步提出更高的要求。其中，最关键的是，作为专门的智库机构，应该将政策研究和咨询作为其主要职能，而非诸多职能之一，更不能仅仅是附属性的职能。同时，智库机构应加强智库研究创新性，包括战略研究、未来研究、思想研究等。专门化、自主性和创新性，是成熟智库的典型标志。

这样，专门机构和创新能力，就成为衡量智库是否成熟的重要因素。只有具备了这些要素条件，我们才能认为智库建设已经达到了成熟阶段。

笔者认为，在具有相对自主研究空间的前提下，组织、思想、财务等方面的独立性并非智库的要素，而只是基于具体国家体制而可能存在的一个特征因素。在一些西方国家智库，尤其美国智库所强调的独立性，是界定智库时最具有争议性的焦点。独立与否，并不影响智库的界定，甚至在智库走向成熟进程中也不一定是关键因素。实际上，任何智库都处在复杂的社会互动情境之中，既没有“一尘不染”“绝世独立”的智库，也不存在毫无独立性可言的智库，区别只在于独立的程度和独立的层面。独立性强的智库，和独立性不强的智库，都可以发展成为影响力强的成熟智库。

表 1—1 智库要素及发展阶段

智库阶段 / 智库要素	发展中智库	成熟智库	特定智库
政策研究（基础要素）	√	√	√
政策咨询（基础要素）	√	√	√
非营利性（基础要素）	√	√	√
实体机构（基础要素）	√	√	√
自主研究（成熟要素）	√	√	√
创新能力（成熟要素）	√×	√	√
专门机构（成熟要素）	√×	√	√
独立机构（特定要素）	×	×	√

九、智库机构甄别

智库是一种特殊的社会机构，带有典型的混合特征。有学者就建议，将智库界定为“介于学术界、政界、商界和传媒界之间的混合型组织”①。其中，学术界和政界分别为智库提供学术权威和政治权威、商界为智库提供经费资助，传媒界为智库提供政策观点与政策制定者之间的通道。智库旨在拉近或者填补这些领域之间的缝隙，同时也需要与其保持适当距离，以保证和巩固作为智库应有的鉴别力。

智库的这种混合特征，不仅体现了智库与其他机构的关联性和类似性，也体现了智库机构与其他机构的区别。比如，智库不是行政机

① Tom Medvetz. *Think Tanks as an Emergent Field*. Social Science Research Council, 2008.

构，不是宣传机构，不是商业机构，不是学术机构，不是教育机构，不是调查机构，不是幕僚团队，等等。

然而，这种混合特征也给我们智库界定带来困难，并进而影响智库建设进程。我国智库建设路径与其他国家有很大不同。在其他国家，尤其在智库机构比较发达的国家，智库建设有一个自然萌发、逐渐成长、最终成熟的过程。在这个过程中，什么样的机构属于智库，什么样的智库不属于智库，甚至哪家机构的智库地位是否得到大家的认可，都会逐渐形成社会共识。然而，我国智库建设不仅起步晚、起点低，而且带有典型自上而下的政府倡导特色。社会各方面被快速激发出智库建设热情，竞相投入智库建设的“洪流”。然而在这股“洪流”中，无论是出于对智库建设本身的各种误解，还是希望利用时机“滥竽充数”、获取名利，都会造成泥沙俱下的局面。

因此，在我国智库建设时期，有必要对一些各类参与智库建设的组织机构进行分析，界定他们的智库地位。其中，有些机构需要排除在智库界定之外；有些机构有发展成为智库的潜在基础；有些虽然可以被界定为智库，但有些方面并不成熟，属于发展中智库；在成熟智库中，有些独立性较强，有些则独立性较弱。

基于上文所述智库界定原则，我们对我国当前参与智库建设的各类社会机构，分别对其智库地位界定如下：

1. 不真正从事政策研究和咨询的一些民间机构，不能归为智库。只要这些机构客观上不具备政策研究能力或不具有政策研究职能，无论它们是在主观上打着智库的名义招摇撞骗，还是仅仅在宣传上牵强附会、言过其实，都不影响将这些机构排除在智库范畴之外。甚至，这些机构根本没有发展成为智库的潜力。

2. 软科学研究机构，不能笼统地归为智库。即使把“软科学”等同于“政策科学”，也不能把软科学研究机构等同于智库机构。其原因，并不在于统计上软科学机构规模庞大，而在于这些机构的界定过于模糊。仅仅从事政策研究，只是具备了成为智库的潜在可能，但往往还不能称为智库。其关键在于一些政策研究机构主要从事学术研究和教育研究，而非政策咨询。当然，理论上，在软科学机构本身界定明确、统计准确的前提下，软科学机构包含智库机构，所有软科学机构也都有成为智库机构的潜能。另外，在当前政策科学日益成熟、智库机构逐渐成为规范用语的社会情境下，作为我国政策科学发展进程中出现的特定用语，“软科学”是否有继续沿用的必要，本身值得商榷。

3. 党政机关内设“研究室”，不能归为智库。比如中央政策研究室、国务院研究室、全国人大常委会办公厅研究室（及全国人大各专业工作委员会下属研究室）、全国政协办公厅研究室，地方各级党委、政府、人大、政协研究室，以及各部门内设研究室。因为，这些“研究室”在组织属性上是党政机关的一部分，工作人员一般为公务员，没有自主开展政策研究的空间。甚至，公共政策研究并非其真正的职能。当然，党政机关本身不能作为智库，并不妨碍他们在智库建设中发挥关键作用，如搭建智库研究平台、铺设智库沟通渠道等。当然，在未来政府机构改革、政府职能转变中，仅仅在理论意义上，如果这些党政机关内部的政策研究室，能够转变机构职能、转变工作人员身份，从“行政”机构转变为“事业”机构，那么这些机构也可以打开通向智库机构的瓶颈。

4. 党委、政府、部门直属的一些专门从事政策研究和咨询工作的事业单位，可以归为智库机构。比如，中央编译局，国务院及地方政府的发展研究中心，国务院及省级政府、部分省辖市政府的参事室，国家发展和改革委员会下属的（中国）宏观经济研究院等。这些机构与党政机关内设研究室相比，主要职能是从事政策研究和政策咨询。作为相对独立的事业单位，在政策研究方面有一定的自主空间。

5. 市场调查、咨询公司等商业机构，不能归为智库。因为，这些组织是营利性机构，其宗旨是接受委托、赚取利润，最终对股东负责、而非对公众负责。即使这些机构具有强大的政策研究能力和社会调查能力，其研究成果具有加强公信力，也不能改变其盈利的根本属性。至少，这些组织整体上不能算作智库。当然，如果这些组织从母体中分离出具有独立法律地位、非营利性的政策研究机构，就可以衍生出真正的智库机构，也许这也是我国开展智库建设、扩大智库规模的众多方向中的一个。

6. 没有日常工作机构支撑的论坛、会议，不能归为智库。这种日常工作机构，不能仅仅是论坛的组织承办者，还应该在经费、人员、章程等方面实体化。而且，论坛成员应该稳定，会员化，确实能够在智库组织之下开展政策研究。实际上，国外有不少智库实行会员制，但这种会员制的智库仍然具有智库实际机构作为支撑。

7. 媒体机构，一般不能界定为智库。其主要原因，政策研究不属于媒体的基本职能。除非从媒体机构中分化出专门的政策研究部门，并能够自主开展研究。实际上，国际上一般不会把媒体列入智库范围。所以，“媒体智库”的说法并不能站得住脚。但这并不是说，媒体不能参与智库建设。媒体是智库建设中的重要一环，尤其在传播智库成果方面作用显著。在当前智库建设初级阶段，为能够让社会各方面对智库作用有更多认知，媒体可以发挥更多作用。

8. 高校整体上不能直接归为智库。高校的主要职能是高等教育和学术研究，即使有些学科和智库研究相关，智库研究仍然是高校的附加性职能，而非基本职能；即使有些研究人员参与政策研究、政策咨询，但在高校专家队伍中的比例也只是一小部分，不占重要地位。另外，高校学科构成繁杂，大部分和智库建设关系并不紧密，整体上不能作为一个智库实体。但高校有开展智库建设的潜力，可以在具有特长的学科领域开展政策研究和咨询，逐渐形成专门的智库实体。高校中专门从事政策研究和咨询机构，通过智库建设可以成为发展中智库，甚至成熟智库。比如，北京大学、清华大学等不属于智库，但北京大学国家发展研究院、北京大学中国经济研究中心、清华大学国情研究院等可以归为智库。

9. 科技类研究机构，一般不能直接归为智库。比如中国科学院与地方科学院。其原因与高校相似。中国科学院等科技类研究机构的主要职能是开展基础科学与应用技术类研究，即使有些内部部门或人员开展产业政策的研究，但在整个研究机构中属于附属地位。如果科技类研究机构有开展智库建设的实力，可以在内部设立专门的政策研究机构。

10. 党政军院校，大多可以界定为建设中智库。比如中央党校（及地方各级党校）、国家行政学院（及地方各级行政学院）、国防大学、中国军事科学院等。相对于高校，党政军院校的政策研究和咨询功能要突出得多，可以被界定为“重要职能”。虽然这些院校也从事教育，但并非国民教育，而是针对性很强的干部教育，而干部本身就是政策过程中的关键一环，干部教育与智库建设可以相互促进。而且，相对于高校，党政军院校的学科建设更为集中，如社会科学、军事科学等，一定程度上具有了政策研究“专门机构”的特征。而且，党政军院校专家更擅长政策研究而非学术研究，有助于形成浓厚、有效的政策研究氛围。之所以将大多党政军院校归为发展中智库，而非成熟智库，主要原因在于政策研究咨询仍然为其综合职能中的一个，院校自身还不能作为智库研究的专门机构。党政军院校可以通过有效智库建设向成熟智库发展，比如在院校内部成立专门的智库研究机构，从而与其他内部机构所承担的职能有所区分，并进一步提升研究成果的创新性。

11. 社科类研究机构，有些可以被界定为建设中智库。比如，中国社会科学院，以及地方社会科学院等。社科类研究机构与一般高校不同，学科主要集中在社会科学范围，开展政策研究和咨询工作的单位和人员较为集中，从而承担着重要的智库研究职能。与党政军院校相比，社会类研究机构在智库建设方面有优势，也有劣势。优势在于，社科类研究机构不承担干部教育职能，研究能力和思想创新能力更强；劣势在于，社科类研究机构与决策机关和决策者的距离较远，研究内容与实际政策过程脱节的可能性更大，政策咨询渠道也不如党政军院校畅通。社科类研究机构从发展中智库走向成熟智库，需要在智库建设中设立专门的智库研究机构，并进一步提升研究成果的适应性。

这里要特别澄清的是，并非只有“智库”才能参与“智库建设”。智库建设是需要各方共同参与的进程。有些机构即使不能被界定为智库机构，但并不妨碍它们参与智库建设，甚至发挥至关重要的作用。

第二章 智库何能

——智库只是咨政工具吗？

做任何事情都应“有的放矢”。开展新型智库建设，我们可能首先要提出的问题是：智库能给我们带来什么？也就是智库在社会发展中所能发挥的功能作用。通常，我们把智库看做政策研究和咨询机构，其主要功能是提供政策方案。实际上，我们许多政府决策者、公众、甚至学者对智库的理解是狭隘的。通过智库建设的不断推进，智库可以发挥更多的社会功能。智库不仅是决策咨询成果的孵化器，还是不同利益主体交流互动的平台，是政府与社会有效沟通的纽带，是撬动国际竞争格局的杠杆，是启发社会民智的思想源，是聚贤荐才的集散地（旋转门），是哲学社会科学尤其政策科学繁荣的推进器。即使从咨政功能方面讲，智库也不仅有助于推动决策科学化，还有助于推动决策民主化。

一、决策科学化民主化的“外脑”

智库作为一种现代化的咨询系统，无论中外、无论大小、无论类型，都主要以开展政策研究、提供政策方案为己任。

要理解智库的咨政功能，必须理解智库发挥着政府决策“外脑”作用。从字面上理解，强调智库的“外”脑作用，是说智库并非政府自身，而是政府之外。所谓“外脑”，就是除了充分利用本身的智慧，还要借助政府之外的智慧来辅助决策。即使对于智库发达国家，智库也是近现代才出现的新型组织。政府本身具有决策职责和能力，就是人类社会创造出来的决策“大脑”，没有智库照样可以运行。那么，为什么政府决策还要借助“外脑”呢？

1. 可以从决策科学化的角度来理解智库“外脑”的功能作用。第一，智库及政策科学的发展，反映了人类处理日益复杂的社会问题的需要。大科学、大企业、大工程的出现，全球化与信息化的加速，社会问题的日益复杂化，使得个人或小集团（决断子系统）难以独揽决策事务。首先，面对一系列错综复杂的社会事务和重大决策，由于信息量大、牵涉面广、影响因素多、变化快，靠决策者的个人或小集团的智慧或以往的经验已经难以胜任，必须靠参谋咨询团体来辅助。其次，决策者往往忙于日常事务，无时间思考、研究一些长远、全面性问题，政府就转向各个领域的专家学者，寻求智力支持，辅助决策者正确决策，增强应变能力。最后，科技进步、信息量急剧增加，知识更新加快，要求有专门信息处理组织。领导者要正确决策，需要获取大量信息资料，并认真筛选、加工、处理和制作，这是领导者个人做不到的，只有依靠如同智库这样的决策咨询机构作为信息储存库，充分发挥多学科专家、学者的配合作用，才能弥补决策者个人知识能力的不足。

第二，智库是一种专门、高效开展决策研究的现代组织机构。当代智库具有独特而合理的组织结构和运行方式。它们集中了大量高水平的各种专家及科学家，他们应用多学科的知识来研究政策制定的问题，相对地较少受外界压力，并有良好的合作机会，可以把发现应用于政策制定。他们开发新的研究方法及技术，形成了多学科综合的研究，推动政策研究从个体走向群体，从偶然走向必然。智库的自主性、专业性使其思想、观点具有更高的可信度和科学性。正是凭着这一特质，智库才在社会、经济、科技、军事、外交、文化等问题的处理上对各国的决策者产生着巨大的影响。如那格尔所说：“智库是产生可靠的，可以被有关部门接受的政策研究成果的主要机构。”①

第三，智库成为中西方国家“软实力”竞争的新焦点。随着信息时代和知识经济时代的来临，全球化进程不断加速，当今世界的国际竞争已经不仅仅体现于经济、科技等“硬实力”的竞争，以思想、观念、文化为核心的“软实力”竞争已越来越受到重视，而作为创新思想的源泉，智库正成为各国“软实力”竞争的新战场。同时，由于世界各国面临的内政、外交问题越来越复杂，促使政策制定者向政府体系以外的独立智库寻求政策建议。在此背景下，全球智库整体呈现出蓬勃发展状态，不管是西方发达国家，还是包括中国在内的广大发展中国家，智库在科学决策中都有着不可替代的作用。由此，全球进入了一个崭新的智库时代。当前，全球智库已处于激烈的市场竞争中。

这时，智库只是起到一个咨政工具的作用，告知政府利益取舍，提供各种参考性的专业意见。它不能代替政府作决策，更不可能越界干预政府决策，政府部门完全不用担心智库的发展。当然，智库的发声与公众的发声是不一样的，它更理性、更专业也更科学。政府理应更认真地对待。是不是作出这样的决定，政府完全可以在权衡各种政治利益或相关综合利益之后，再作决策。智库的地位决定了它的发声需要政府的呼应才能发挥效力。

毋庸置疑，我们当前开展智库建设，基本动力在于迫切需要智库发挥决策咨询的功能作用。智库介入政府决策，在制策、选策、施策和评策等不同阶段，为政策形成提供专家意见与建议。改革开放以来，中国的制策过程在科学化与民主化方面取得了长足进步，大都以承担政府委托的研究课题作为自己的业务重心，并经常围绕政府关注的国家内政外交、社会经济问题等提出自己的政策主张，这种趋势在20世纪90年代后半期开始更加凸显，逐步在政策过程中以制度安排形式确保智库介入的及时性与有效性，由此开启了中国制策资源和权力的民

① 〔美〕斯图亚特·S. 那格尔著，林明等译：《政策研究百科全书》，科学技术出版社1990年版。

主化进程。智库参与政府决策的多少，提供的政策建议被政府采购的情况等，往往成为判断一个智库是否成功参与国家治理体系的重要标志。

2. 可以从决策民主化的角度来理解智库“外脑”的功能作用。第一，智库是决策过程中政府之外的新的参与者。相对于政策过程的决策者，专家的角色是“局外人”；相对于政策过程的利益相关者，专家的角色也是个“局外人”。也就是说，智库是政策过程中政府和利益相关者的“第三方”。这种第三方，在决策过程中可以发挥“力量平衡”的作用。决策中引入新的参与者，相当于权力的分散和制衡，这恰恰是决策民主化的重要体现。实际上，决策民主化不仅包括民众、媒体、利益相关者等参与决策过程，还包括专家参与决策过程。

实际上，有人将智库称为“影子政府”。智库在影响政府决策的方面发挥着举足轻重的作用，这一作用在美国表现得尤为明显。近几十年来，智库在美国政治生活中成为一个特殊的、不可忽视的存在，被称为“政府的外脑”“影子内阁”“影子政府”和“美国的大脑”。“智库”被认为是美国政治结构中的重要一极。甚至有人认为，美国政治结构并非我们教科书中简单描述的“三权分立”，而是智库与媒体、国会、总统、最高法院，五者相互独立、各司其职。在具体的操作过程中，智库与政府进行项目合作，是一种合同关系。不管智库的研究经费是否来自政府，政府都不会干涉智库的研究内容和结论。这使智库可以超然于权力之外，从专业、科学的角度思考问题，寻求解决问题的方法、途径，不负其政府“外脑”的称呼。智库在美国政府政策决策的过程中扮演了重要的角色。智库利用其研究专业、信息丰富、立场客观的优势，影响、协调社会大众、政府部门等的互动，从而在重大公共决策、政策制定、评估等过程中发挥重大作用。一般来说，美国公共决策的过程是这样的：智库——媒体——国会——政府（行政当局）——政策出台。智库在决策开始之时就参与其中，发挥其独立性、专业性的特性，影响、引导社会舆论，促进决策的科学化与可行性。甚至，有学者将智库称为政治权力格局中的“第五种权力”。[①] 在发达国家，智库发挥着产生新思想、影响政治决策、引导舆论、教育公众、储存和输送人才、开展二轨外交等功能，影响甚大。

第二，智库推动了公众参与政策过程。智库发挥咨政作用是个复杂的过程，这个过程本身就体现了决策民主化。智库具有沟通信息、集中意见、进行表达的系统功能。它们帮助解决冲突，促进机构之间的合作，成为社会及利益团体的代言人，向政府提出政策建议。智库将社会及利益团体的意志，通过专家运用科学工具和广泛论证、归纳，而变成具体政策方案，源源不断地输向政府及决策者。智库通过政策辩论形成主流政策建议。它们常常会在同一问题上提出不同甚至对立的政策方案，进行政策大辩论，起到互相补充和制约作用。这种辩论有助于政府做政策方案的衡量和选择，有助于在社会达成共识或主流看法。一方面，只有在一个相对民主、开放、利益机制非常清晰的公共政策体系中，智库才能真正发挥作用。另一方面，智库发挥作用的过程，也是推动公共权力不断民主化、开放化的过程。

3. 可以从专家治国的角度来理解智库“外脑”的功能作用。智库咨政，背后的逻辑是“专家治国”这个理念。同时，专家在何种程度上发挥“治国”作用，存在不完全相同的认识，至少有两大主要观点：“专家指导论”和“专家建议论”。

“专家指导论”认为，政策研究专业化意味着决策权力从决策者向政策分析者转移，改进公共选择质量的最有效的途径，就是让更多的政策分析家提出广泛有效的分析。正如政策科学著名学者那格尔所说：尽管在原则上那些处在最高层次上的人有权正式决策，但实际上往往只是批准专家提供的方案。[②] 专家指导论提出了五条主张：（1）随着社会政治、经济的不断深入发展，社会中各个决策领域的复杂性和相互依赖性不断加强，从而向旧知识提出了挑战，越来越需要与政策相

---

① 参见任晓：《第五种权力》，北京大学出版社 2015 年版。

② 参见〔美〕斯图亚特·S. 那格尔著，林明等译：《政策研究百科全书》，科学技术出版社 1990 年版。

关的新知识产生。（2）当代社会问题可以由专业政策分析家提出新的专门知识加以解决。（3）政策选择在技术上的复杂性提供了让高水平的专业政策分析家直接介入的广阔途径。（4）地位高的专业政策分析家的直接参与决策，加强了他们对重要政策决策施加影响的权力。（5）政治家对专业政策分析家的依赖性不断增长，削弱了政治家自身权力，使政策决策权从政治家向政策分析家转移。

而“专家建议论”认为，政策分析家的根本作用是使真正掌握权力的人所做的决策合法化，即用科学技术语言加以论证。他们认为政策协商过程是各种不同思想冲突的过程，即集团的价值冲突和选择过程。政策在冲突中产生，由政治家最后决定。指导论把专家看作是权力的分享者，而建议论强调的是专家的从属性，把专家看成是权力的工具。戴伊就持这种观点，它认为：有一点应当记住，政策事务的决策不是出于政策分析者，而是政治行动主体。后者包括选举和任命产生的政府官员以及利益集团，有时甚至包括选民。在政治领域中，社会科学研究的表现并不完美，它可能被理解，也可能遭误解或置之不理。甚至被当成政治斗争的工具。政策分析的结果有时会出人意料，甚至在政治上令人难堪。[①] 专家建议论提出六条主张：（1）主要政策的选择反映了社会共同体中不同群体之间相冲突的价值观。（2）相互间的冲突要求在政治体制中主要通过政治权力的权威来解决。（3）谁的政策要求被作为政策确定下来，谁就在利益冲突中取得胜利，相反则遭到失败。（4）专业政策分析家在利益冲突和政策制定过程中，所起的作用是为决策提供科学和技术的依据并使其合法化，以缓解冲突和提高决策者及其他占支配地位的群体权力，使之更有权威。（5）专业政策分析家应通过科学和技术为利益集团服务。他们中立、无私，但只是一种工具。（6）如果政策失败，政策分析家很可能被当作替罪羊，分担政治失败的责任。

---

① 参见〔美〕托马斯·戴伊著，梅士、王殿宸译：《谁掌管美国：卡特年代》，世界知识出版社 1980 年版。

从以上讨论可以看出，无论专家指导论，还是专家建议论，都将智库或专家的作用简单化、模型化了。至少从当前发展阶段的实际来看，专家指导论夸大了政策分析者的权力与影响，而专家建议论则局限了专家的作用。智库所能发挥的作用，恰恰是同时有助于公共决策的科学化和民主化。

发挥智库“专家治国”的咨政作用，关键在于实现公共决策中“谋”和“断”的适度分离。简单来说，政府在现代公共决策中，主要起着“断”的作用，而智库则主要起着“谋”的作用。从政策系统的构成来看，现代化、科学化的公共决策系统是由信息、咨询（参谋）、决断、执行和监控等子系统所构成的大系统。政策过程及其各项功能活动是由这些子系统共同完成的，这些子系统各有分工、相互独立，又密切配合、协同一致，促使政策大系统的运行得以顺利地展开。“谋”与“断”是公共决策过程中的两种基本职能，因而咨询子系统、决断子系统是最主要的两个子系统。决断子系统和咨询子系统的关系，是“多谋”与“善断”的关系，二者相辅相成而非相互取代。

智库的成熟程度可以成为衡量国家公共决策水平高低的尺度之一。各国的政治、经济、社会和文化发展，为智库的发展提供了活跃的环境；反过来，智库推动国家的政治、经济、社会和文化发展。科学决策离不开科学的咨询，当代公共决策中的分析者与决策者（谋与断）相分离业已成为一种趋势，智库正是代表着现代决策咨询制度的成熟及政策分析者的崛起。作为主要由各种专家、学者进行跨学科的综合性政策研究和政策咨询的组织，智库致力于改进政府部门的政策质量，为社会提供信息、技术、思想观念服务，超越了单纯学术研究和应用研究的纯粹科研层次，最终推进现代国家决策的科学化和合理化。

总之，智库的咨政作用，包含了决策民主化和决策科学化两种内涵。实际情形是，我们往往只关注到了智库的咨政工具作用，而容易忽略了智库的政治价值作用。从需求的角度来理解，智库作为“外脑”，具有“双重”咨政功能。一是政府智力的量和质都难以应对繁杂多样的政策需求，只能求助于外部智力机构，实现更合理的政策方案设计。其落脚点，在于决策科学化。二是决策权力格局难以应对不断出现的决策利益冲突，需要引入中立、专业的外部力量来参与决策过程，实现更稳定的决策权力均衡。其落脚点，在于决策民主化。顺着这样的思路，在开展智库建设时，站在决策者的角度，需要不断回答自己这样几个问题：政府决策过程的复杂艰难程度，政府决策结果的成功与失败程度，是否已经达到了需要借助“外脑”的程度？引入“外脑”后，是否已经做好了与智库分享决策权力的准备——哪怕在最低程度上让渡出来一部分决策权力？

二、政策沟通的平台和纽带

智库作为政府之外的公共机构，并非政府附属组织。因此，它可以在政府之外自主发挥其公共职能。其中，智库可以连接公众与政府，为两者的互动提供有效沟通的纽带和平台。智库通过举办研讨会、论坛等形式，为社会公众、智库专家、政府官员之间建立一个直接沟通的平台，既可加深公众对公共政策的理解，又为公众发表自己的意见提供了一种渠道。尤其在诉求多元化的舆论环境下，新型智库能只满足于内部建言，而应起到政府决策层与社会舆论之间矛盾化解与协商沟通渠道的作用。

从公众的立场来看，智库的这种功能具有诉求沟通作用。随着中国经济实力和国际地位的不断提升，不同利益群体之间的价值观日益分化，加剧社会矛盾与社会冲突。不同类型的智库能够代表不同社会群体的利益诉求，借助实地调研、专家分析以及客观的立场，提请相关政策在制定的过程中，关注到包括社会边缘群体在内的更多社会成员的利益诉求，以此寻求政策效果的最大公约数。智库之间的竞争与思想交锋，为多元利益主体互相交流与达成共识创造可能。智库为不同利益主体平衡分歧提供平台，在多元利益和价值导向下，减少社会不和谐因素[①]。

从政府的立场来看，智库的这种功能具有政策宣传作用。一项政策要得以有效执行，就必须被政策对象所理解，让公众了解并信服政策制定的指导思想。一些政策的失败或无效并不是政策本身问题，而是观念和大众认同的问题。公众作为影响政策制定与执行的重要因素参与了政策运行的全过程，向社会及公众进行政策宣传与启蒙教育，就成为政策执行过程的一个重要环节。智库通过广泛持久的政策科学知识普及教育和对各项具体政策的宣传教育，履行把政府的基本政策传播给大众，把各界的观念传播给决策者的功能。

从智库的立场来看，智库的这种功能具有政策评估作用。智库提供政策结果信息，充当评估机构。智库通过对政策进行检查、评估和衡量，来评判政府政策利弊得失，是否有效运转，是否偏离政策目标，是否或如何影响或改变了国家或政府所面临的政策问题，从中不断地寻找和发现存在的问题，提出或调整妥善解决问题的方案，从而影响政府政策的实施，强化政策实施的绩效。政策评估既是智库的主要业务之一，也是其生存下去和获得资助的必不可少的条件。智库是在不同的情形下诞生的，具体的研究项目也有所差别，但是它们都有一个共同的目的：为学者和专家在政府和象牙塔之外，开辟一个从事社会科学研究的独立空间和良好环境，为公共政策集思广益，承担公共机构的社会责任，实质上是一种政治协商和各方利益妥协的场域。

从政策推行、政社沟通的角度，智库的这种“教育”功能是必要的。很多决策如果没有任何理论准备是很难顺利推行的。比如征收房产税。为什么要征收就必须从理论到实践都讲清楚。一个政策好不好，判断的标准是观念和思想，智库就是传播先进的理念的。智库对公众的引导，有利于让政府的决策与老百姓的想法契合起来。智库也是平衡分歧的。一个公共政策的出台各方都有利益在其中，都有各自的想

---

① 参见上海社会科学院智库研究中心：《2014 年中国智库报告——影响力排名与政策建议》，上海社会科学院出版社 2016 年版；《2015 年中国智库报告——影响力排名与政策建议》，上海社会科学院出版社 2016 年版。

法，如何找到最大公约数，就需要智库用专业性的研究去引导大家，为政策出台和实施创造好的环境。还有就是智库具有储备人才的功能。智库长期从事政策研究、评估和解读，就会积聚很多对政府运作和政策制定十分熟悉的专业人才。

智库有助于引导社会对政策问题的认识，搭建沟通的平台，形成共识。极少有一种思想能够从智库产生后迅速地变成公共政策，许多智库研究者都清楚地认识到，他们的工作“需要时间，有时一个全新的思想从不为人知到被广泛知晓至少需要10年”。因此更多的思想是通过间接的方式影响决策者和民众，形成一种政治氛围，以达成共识，取得认同。智库在公共领域实际上还承担着教育引导功能，这种教育引导既是针对普通百姓的，也是面向决策者和社会精英的。智库研究的目标不是站在任何特殊的立场上去改变或终止目前的政治系统，而是明确问题之所在，分析相关因素，提出解决办法，并把这些见解传播到广阔的领域。从这个角度看，智库的工作不仅有助于提升政策水平，也有助于达成社会共识。

在改革向纵深发展的今天，社会问题复杂而不确定，公共政策的制定如果不是建立在广泛咨询、论证基础上，没有社会共识作基础，往往会受到公众质疑，导致政策实施受阻，影响政府公信力。近年PX项目在各地引发的群体性事件就是一个突出的例子，这不仅是科学问题，也是民主决策问题。政府需要向公众普及科学知识，同时还应完善政府与公众双向沟通的决策机制。在这些问题上，智库应当提升专业性、权威性、公信力，充当政府与公众沟通的平台，向政府传达公众诉求，增加公众对政策的理解，引导公众舆论。

当然，智库的这种平台和纽带作用，不同于学术研讨。智库学者应善于以通俗易懂的文字语言，贴近大众的沟通技巧，通过出版论著、发表评论、接受采访等各种方式，对社会公众进行政策的解读、普及，也可以从社会公众的角度向决策者反映下一步诉求。从这个角度讲，智库学者应视为“责任学者”“建言学者”，不应采用情绪化的批判或者毫无调查根据的妄言，而需要富有责任感与使命感，将最中肯的见解传递给大众与决策者，为培养社会理性与思想解放作出贡献。

三、国际关系的“第二轨道”

国际事务是智库着力最多的领域之一。随着经济全球化和信息革命的不断推进，涉及人类生存与发展的全球性问题也随之涌现。而且这些问题，单靠一个国家的单打独斗是难以解决的，这就需要世界各国同心勠力，展开跨国跨领域的合作。为适应时代潮流的变化，实现资源的共享，促进各方通力合作解决全球性问题，智库也开始向着国际化的方面迈进，发挥自己非官方背景的优势，开展“第二轨道”外交，积极参与国际合作，影响全球性议题设定和国际关系。

所谓“第二轨道”外交，是指介于官方外交（“第一轨道”）与纯民间交流（“第三轨道”）之间的一种特殊渠道，其突出特征是非官方性和有意识地影响官方决策。智库不同于一般的民间组织，其独立性和专业性使其具备了影响官方决策的资本。智库也往往是通过合作研究共同关心的问题，在幕后推动双边或多边合作。智库都非常重视通过开展国际交流提高国际影响力。国外著名智库为了确立和加强自己在国际问题上的发言权和影响力，一般都会走国际化路线，坚持开放的心态和政策，实现经营、研究、交流理念的国际化。智库注重研究国际性、全球性的问题，以提高对国际问题的影响力。

比如，美国智库凭借与官方决策的特殊关系以及自身非官方的身份，在国际政治中发挥着独特而又重要的第二轨道外交作用。从某种意义上而言，也正是“旋转门”所产生的政府与智库之间的人际传播网络和巨大的政策影响力赋予了智库特殊的外交地位和角色，有时会成为在幕后推动双边关系的“助推器”。以中美关系为例，美国政府高层官员在访华之前，通常都会选择一家与政府关系密切的智库进行前期的演讲，并且选择一家智库来打前站。智库则带着访华的一些议题与中国各方面进行接触，试探中国的态度，在掌握了各方情况后，为美国政府的决策做充分准备。除了充当“助推器”之外，美国智库还通过组织对敏感问题的对话和对冲突各方提供第三方调停来承担一种更加积极的第二轨道外交的角色。

国际合作和网络化有助于更好地发挥智库的“第二轨道”作用。进入21世纪之后，全球化程度日益加深，国内问题与国际问题相互交融。因此，研究涉及的范围也日益宽广和细化，涉及的问题也越来越复杂。智库的研究领域和课题选择也越来越宽泛和精微，能源、环保、消除贫困、可持续发展、中国和印度等新兴大国问题、中东危机等问题开始进入智库的研究范围。智库利用专业优势，对这些问题进行研究、分析，在立足事实的基础上向政府提出意见建议，力求影响政府，改善或解决这些问题。这些都极大地提高了智库的国际声誉和在国际问题上的影响力。智库通过组建全球或地区性智库网络，扩大自身的全球化影响。组建全球或地区性智库网络是全球化的发展趋势对智库发展提出的要求。全球性智库网络的正式形成是在1999年。这一年全球发展网首届会议在德国波恩召开，主题就是“联结知识与政策”。这被看作是全球智库国际合作机制正式形成的标志。相继成立的全球性智库网络还有跨大西洋政策网络和全球政策网络等。当然，相对于全球性智库网络，区域性智库网络虽然范围比较小，但胜在数量更多，而且在区域性问题的解决方面更有优势。

改革开放以来，中国以强劲的发展速度，在经济、科技、社会等领域创造了许多奇迹，但软实力方面（教育、文化、外交、政治等）水平不高，我们的社会制度、价值观还没有得到应有的认同和尊重。我们应当重视智库的参与，通过国际合作、国际交流提高国际影响力，以中国智慧增强应对复杂多变的国际环境的能力。发展新型智库应视为国家软实力提升和公共外交推进的重要途径。

值得我们关注的是，一些国外著名智库在对外政策制定中具有增进双边政策对话及沟通的功能，并可以在媒体和国会听证上发挥表达民意及舆论的效用，目前许多国家和地区都视之为可以善加运用的平台。随着中国国际地位的上升，对中国发展趋势的研究成为大国智库关注的热点。尽管我们可以充分借鉴国外智库的观点和判断，但不能指望它们来实现中国的国家利益。我国智库加强沟通合作的同时，应拿出具有说服力的研究成果，争取国际话语权，对中国的发展乃至全球性战略问题传播中国声音和影响力。

四、启发民智的“思想源泉”

启迪民智、引导公众也是智库的重要职能。智库本意是“思想工厂”，为社会大众提供思想和观点，对大众舆论、社会思潮起到引导作用，形成影响决策选择的社会氛围方面。所以，智库不仅是政府决策的“外脑”，决策咨询其实只是智库职能的一部分。智库作为自主的社会公共组织，智库可以宣传自己的思想、观点，影响政府做出对社会、对民众有益的决策。

智库的社会启智功能意义重大。一个合格的智库应当具有强烈的社会责任意识，担负起社会进步与发展的公共责任。承担社会责任是智库服务公众的一个重要方向。智库非常强调它的公共责任性，智库学者是冷静的观察者和思考者。智库也是公众参与政治和社会生活的重要组织，游走在公众与政府之间。公众与政府通过智库搭建的平台直接沟通，并就社会发展中存在的问题交流意见、建议，最终在政府力所能及的范围内最大限度地满足公众的要求。智库是启发社会民智的重要思想源泉。智库为社会发展提供新思想、新主张、新理念。作为一种社会组织，智库以知识性、思想性和影响力内置于现代知识型社会的结构之中。

从事“思想”生产和提供新的政策主张是智库的核心功能。世界和中国智库的发展经验都已表明，优秀智库一般通过对宏观战略性问题的长期跟踪分析和前瞻性研究，从专业角度撰写评论、发表论文、出版专著、举办研讨，反复倡导并努力将某种政策思想主张引向政策实践，引导和启迪公众积极参与政策讨论，对政策实施效果做出专家解读与传播，推动社会思潮与时俱进。一些研究性和学术性智库，往往更强调研究成果的学术性和理论性，提出理论概念或者政策范式等①。

智库通过舆论引导机制，会形成一种不同于学术影响力的社会影响力。学术影响力讲求研究成果的深度，而社会影响力讲求的是推广研究成果的广度，智库一般是通过将其研究成果广而告之的形式来培育预期社会影响力的。智库的研究成果被学术圈认可和接受之后，智库和学术界还会利用多种渠道将研究成果推广出去，在社会普通民众和政府官员之间产生影响力，借以对社会大众产生潜移默化的影响，对政策决策起到推动作用。随着知识经济的发展，全球化趋势的加强，信息咨询网络的普及，智库之间的竞争也渐趋激烈。因此各个智库都想方设法在思想市场上竞争，想方设法推广、宣传自己的研究成果，增强自己的社会影响力，影响社会舆论，最终影响公共决策。

传播思想和产生思想同等重要。智库工作的现实性使其十分重视研究成果以及智库本身的传播与推广。智库广泛地采取四种办法进行传播与推广。首先是举办会议，大多为学术会议和公共论坛，例如战略与国际问题研究中心每年在全球平均举办700～800次学术研讨会和论坛；其次是组织机构内学者到国内外进行学术讲座和演讲；再次是政策陈述，向政府机构提交报告和到议会陈述观点，例如美国企业研究所在1998年至2008年的10年间月均2次、年均26次到国会陈述；最后是利用网络传播。近年来，各大智库开发出了令人赞叹的网站，向一切访问者提供详尽的基础资料、背景材料和研究成果。对于一切有需求的政府机构、企业以及研究同行而言，著名智库网站的吸引力是不言而喻的。

媒体在智库传播思想方面扮演着重要角色。智库既研究社会思潮，又引导社会思潮，因而在社会思潮的形成和发展过程中扮演着核心的角色。有研究认为，不同流派智库的公众影响力（也就是受公众欢迎

① 参见上海社会科学院智库研究中心：《2014年中国智库报告——影响力排名与政策建议》，上海社会科学院出版社2015年版；上海社会科学院智库研究中心：《2015年中国智库报告——影响力排名与政策建议》，上海社会科学院出版社2016年版。

程度），反映了当时社会的思潮，而这种影响力很大程度上是通过媒体体现出来的。事实上，媒体对于智库的研究成果有着非常强的依赖性，因为它自身不具备对重大政策进行独立分析的能力，因而在进行新闻报道和评论时需要借助于智库的观点和研究成果。从这个意义上来说，不同智库受各媒体的青睐程度很大程度上就反映了智库对社会思潮的影响力。媒体与智库在引领社会思潮方面是一种相互促进、同生共死的关系。一方面，智库为媒体提供了大量新颖的政策主张和思想观点，成为媒体的卖点；另一方面，媒体又成为智库政策主张传播的载体和主要推动者，它虽然不能直接影响社会思潮的基本趋势与走向，但它可以起到放大或者缩小智库影响的作用。从总体上来看，美国社会思潮的基本趋势是由智库来引导或者说主导的。因为，美国毕竟是一个科学至上主义盛行的国家，专家的分析和判断往往更具影响力。

其中，在传播思想、引导大众舆论方面，智库与媒体相互合作、各取所需。智库的思想生产，是通过对客观事实的研究和分析形成新的思想、观点，并通过一些宣传途径或手段，宣传这些思想、观点，以影响公众和决策者。一般来说，智库采用的传播方式主要有以下三种：一是编辑发行出版物，扩大自身影响，同时影响他人；二是通过研讨与培训活动，互通信息、交流思想；三是通过与媒体建立联系，或者以自媒体的形式，影响公众舆论。在传统的杂志和著作之外，智库还经常在媒体上发表解读国内、国际问题和政策的文章或评论，客观上起到了影响舆论、引导舆论的方向的作用。美国智库普遍鼓励自己的研究员在媒体上发表言论、开设专栏，制造舆论影响力。《纽约时报》《华盛顿邮报》《华尔街日报》和各大报刊上常有知名的智库成员开设的专栏解读政策。布鲁金斯学会、卡内基国际和平基金会等智库的网站上每天都会及时更新研究员在各大媒体上的言论和众多媒体报道，布鲁金斯学会等就将研究员的媒体曝光率作为重要的评价参考指标。在传统的传播形式之外，智库也开始利用日益发达的通信网络传播自己的思想，吸引年青一代。

五、精英人才的“蓄水池”

智库研究人员队伍大致可分为三类。第一类以实践工作者为队伍的主体。美国的一些咨询型智库大量聘请长期从事国务与行政活动且具有实践经验的政治家、政府与国会官员，如在职或卸任的议员、部长、将军、大使、知名企业董事长、首席执行官等。第二类是以专业学者为主体的研究机构。职业化的学者成为掌握信息最为完备、最具发言权和影响力的权威。第三类则由混合型的研究队伍构成，即同时拥有实际工作经验的人员与职业学者。①

作为高智力研究机构，智库的人才集聚效应不言而喻。智库需要把高水平的人才吸纳来，让高水平的人才在中国特色新型智库的平台上，充分发挥他们的聪明才智，为各级政府出谋划策，出管用的主意。这里面是两个层面，首先，你得把高水平的人才吸引来；其次，高水平的人才来了后，要有一套激励和约束的机制，激发他们发挥聪明才智。这种人才集聚效应不是人才的简单相加，而是通过合理的分工架构实现整体效应高于各部分效应的共生互补的生态化过程。随着智库的日益成熟，其人才集聚效应必将日益强大，形成的人才群体的整体竞争力也势必得到不断强化。

智库在人才集聚方面，主要发挥两个方面的作用。一是人才的凝聚效应。智库提供的研究平台吸引着高层次和拔尖人才向它靠拢，并形成一定的凝聚力和向心力，再进一步迅速吸引大批各类人才的集聚，从而改善现有人才结构，提高人才群体产出效能。二是人才生产和知识生产的相互循环。智库在整合人才资源、优化结构的前提下，通过成员与群体的相互协作，内化处理大量输入的能量流和信息流，实现人才生产和知识生产的良性循环，从而进一步改善智库的功能和人才的结构。

---

① 参见王辉耀、苗绿：《大国智库》，人民出版社 2014 年版。

除了人才集聚功能，智库还可以发挥人才培养、储备功能。智库可以发挥人才储备和周转基地的作用。许多智库往往成为年轻人踏入政界的跳板，因为它可以接触到大量的决策人物以及内部信息，并且可以培养年轻政治家分析问题和解决问题的能力。有的智库如兰德公司甚至设有自己的研究生院，很多智库还为年轻人提供“实习生项目”，为初出茅庐的研究人员结交前辈、进行实践、历练才干提供机会。另外，由于美国政治是典型的政党分肥制度，四年一届的总统大选涉及3000多名官员的重新安排问题，而智库则为这些下台官员提供了一个等待时机、东山再起的容身之地。智库还起着美国精英人物俱乐部的功能，对外关系委员会在这方面是一个典型代表。1993年，对外关系委员会的2200名会员中，企业家和银行家所占比例为25%，学者占21%，与财团有密切联系的政府官员占14%，基金会管理人员占19%，记者和媒体总裁占11%，华尔街律师占9%，其他占1%。①

与人才储备功能相联系的，是智库的人才输送、交流功能。在西方国家，智库与政府之间还存在一种特殊的人才交换通道——“旋转门”。一般来说，权力的更迭往往导致主要行政人员的大换班，而离职的人则会去智库找一份工作，尤其是那些与经济和外交政策有关的智库。一个有过政府机构工作经历的人，往往较之高学历研究人员对政策问题有着更为深刻的洞察力。思想者与行动者、学者与官员通过“旋转门”，实现身份的转换，这在一定程度上沟通了学界与政界、思想与权力，实现了两者的相互渗透，增强了智库对国家政策的影响。一些智库也往往将“出人才”与“出成果”放在同等重要的位置，以培养了多少政治家作为衡量其智库影响力的重要方面。

“旋转门”在美国表现得最为明显，智库为政府源源不断输送专家型官员。每四年一次的总统大选，实现的不只是政治首脑的更替，还牵涉诸多政府官员的卸任和空缺职位的人员补充，这就为“旋转门”

① 参见张继业：《思想库与美国对外政策》，《国际论坛》2001年第5期。

机制的产生提供了基础。随着智库对美国战略思想和政策的影响越来越大，智库内越来越多的知名专家应邀进入政府担任要职。同时，越来越多的下野官员回到智库继续从事研究。这种所谓“旋转门”的良性循环，对美国智库的发展、对政府尽可能正确地决策都起到积极作用。一方面，进入政府的专家学者不再空怀壮志、纸上谈兵，而是一展抱负、实现理想，而且他们从政后比其他官僚更愿意听取智库的意见。另一方面，回到智库的前政府官员，由于在职期间积累了丰富经验，再研究问题时，其思路和提出对策的针对性更强，更易被决策者采纳。据统计，频繁出入“旋转门”的专家学者，大多数来自布鲁金斯学会、外交关系委员会、美国企业政策研究所（American Enterprise Institutefor Public Policy Research）等智库。他们当中担任过国务卿的，有大名鼎鼎的亨利·基辛格、乔治·舒尔茨、詹姆斯·贝克、马德琳·奥尔布赖特；担任过总统国家安全事务助理的，有亨利·基辛格、兹比格涅夫·布热津斯基、康多莉扎·赖斯等。至于担任其他部长、副部长、助理部长、局长职务的专家学者，则不胜枚举。统计数据显示，仅在里根总统任职的八年中，应邀走出美国智库进入政府的专家学者，竟多达150余人。最新的一个例子是，美国国务院常务副国务卿威廉·约瑟夫·伯恩斯2014年11月3日辞职，到卡内基国际和平基金会（Carnegie Endowment for International Peace）接任总裁。从1945年杜鲁门政府以来，美国各届政府任命的来自布鲁金斯学会的学者担任政府官员达68名之多，这些政府部门分别为：国会预算局、经济政策委员会、中央情报局、国家安全委员会、国务院、劳工部、司法部、财政部、国防部、教育部、运输部等21个部门。另有4人曾担任驻外大使和特使；9人为世界银行和国际货币基金组织工作人员；2人为联合国工作人员。① 如此典型的“旋转门”现象是布鲁金斯学会最为骄傲，也是其能够吸引才华横溢的学者和足智多谋的政治家加盟学会的原动力，更是学会数年来能够始终在众多思想库中独占

① 参见 The Brookings Institution，“Brookings Media Guide 2005”，pp. 138—139.

鳌头的重要因素。事实上，“每一个学会研究人员均为能够在布鲁金斯学会工作、学习、访问而骄傲。”①

智库的人才集聚、培养、储备和输送等功能，对于我国提升国家治理能力的水平和素养，进而提升国家治理能力现代化，意义重大。智库之所以能影响决策，关键在于其拥有一大批贤能之士，包括专业人才和智库管理人才，发挥专家团队优势、有效激励智库人才是决定智库生存与发展的核心因素。中国智库成长经历业已表明，人才在政府和智库之间流转，对于建设成功智库的重要性。智库通过政智通道接触到大量的决策人物以及内部信息，对于智库影响力提升具有极其宝贵的价值，也有助于培养年轻政治家驾驭和解决复杂问题的能力与敏锐度。如此一来，学界和政界、思想和权力之间得到通畅交流，促进了智库对国家政策的影响作用，提升了国家治理能力。当然，智库作为特定的一类组织应该有自己的一套制度，不能简单参照行政管理体制。比如，一些官方智库机构进人是通过公务员考试来选拔人才，这和选拔研究人才是不匹配的，政策研究人员和公务员对人才的要求是不一样的，公务员选拔考题面很宽，但我们更多地要求专业性。还有人才的流转也存在问题，比如经过一段时间后，我们发现这个人可能就是不太适合搞研究，这些人怎么出去，这个通道就不太畅通，淘汰机制没有建立起来。还有就是智库与政府部门之间的人才“旋转门”没有建立起来。

六、政策科学的“催化剂”

政策科学以人类社会政治生活中的政策领域或政策实践，即政策系统及其运行作为研究对象，以端正人类社会发展方向、改善公共决策系统和提高公共政策质量作为基本目标。按照拉斯韦尔—德洛尔政策科学的传统，政策科学是以制定政策规划和政策备选方案为焦点，

① 参见钱浩：《布鲁金斯学会与克林顿政府对华接触政策》，《国际观察》2006 年第 3 期。

运用新的方法对未来的趋势进行分析的学问①；是为解决各种具体社会问题而对不同的公共政策的性质、原因及效果的研究②。政策科学研究的范围涉及政策系统与政策过程、决策的体制与机制、政策分析方法和技术以及政策思维、政策价值观、未来研究、政策战略、政策规划、政策执行、政策（或项目）评估，从大政方针到各层次、各部门、各领域的实质性政策研究等。

智库对公共政策的影响，直接催生了政策科学，并推动其发展。智囊及咨询机构在世界各地自古有之，但是真正的智库是现代的产物，它最先在美国迅速发展起来。在政策科学产生前后，美国已有不少的智库存在，如兰德公司、巴特尔研究所、小阿瑟研究所等。政策科学是二战后首先在西方（主要是美国）兴起的一个跨学科、综合性的新研究领域。它的出现被誉为当代西方社会科学中的一次科学革命，有人说它构成当代社会科学的核心。简要回顾一下政策科学或政策分析及智库的发展史，可以从中发现，作为现代政策科学的发源地和成长的摇篮，智库的成熟是政策科学兴起的一个重要推动力，是智库的专家首先将政策分析的知识和方法系统化而凝聚成为一个相对独立的学科。智库的专家，包括叶海卡·德洛尔（Yehezkel Dror）和奎德（E .S. Quade)，他们都曾经任职于兰德公司。20 世纪 60 年代末 70 年代初，这种新的研究方向或途径迅速发展并体制化，标志着相对独立的政策科学领域的出现。

智库对于政策科学的贡献首先表现在：发展政策研究的理论与方法论，开发或应用政策分析的方法及技术。智库重视对实际运用中行之有效的方法论加以总结，鼓励优秀的研究人员总结其智慧成果，特别是在研究报告中加进方法论方面的内容，加以推广。它鼓励创新，不断构建新的方法论；鼓励大胆冲破传统束缚、破除迷信、

---

① 参见 Daniel Lerner，Harold D Lasswell. *The Policy Science：Recent Development in Scope and Method*. Stamford，CA：Stamford University Press，1951，pp. 3—15，pp. 50—60.

② 参见〔美〕斯图亚特·S. 那格尔著，林明等译：《政策研究百科全书》，科学技术出版社 1990 年版。

发挥创造精神，把历史知识和比较知识作为当代政策研究的基础背景，以重大决策失误排除方法作为优化模型和“择优”模型的补充。研究方法及分析工具的开发应用，也是智库自身的研究内容或主题；智库广泛借助现代信息技术，建立模拟仿真、预测和评估模型和数据库，建立决策支持系统。智库还注重通过政策分析的实践验证研究方法分析工具的科学性、实用性和有效性，以此提高咨询报告及政策建议的质量。

智库注重发展政策研究的方法论，特别是论证性方法，如系统分析和其他政策分析法，包括可行性研究、预测技术、调查研究、PPBS、成本效用分析等方法。这些方法与技术为智库形成自己特色奠定了基础，促进政策科学的发展。系统分析方法最早是由美国兰德公司在二战结束前后提出并加以使用的。系统分析是由定性、定量或两者相结合的方法组成的一个集合，它既是一种解释性的，又是一种规定性的方法论。[①] 智库及时将各种新的研究方法及分析技术应用到政策研究中，并开发政策分析的技术，如兰德公司创造了头脑风暴法、德尔菲法；在趋势预测方面，乔治城大学战略和国际问题研究中心提出“战略发展趋势评估”，斯坦福国际咨询研究所提出“趋势估计”的方法。

为把政策研究的成果凝聚为一个独立的学科，智库专家作出了其独有的贡献。德洛尔的政策科学“三部曲”——《公共政策制定检讨》（1968年）、《政策科学构想》（1971年）、《政策科学进展》（1971年），构成政策科学发展的第二个里程碑。曾任兰德公司数学部主任的奎德主编的《系统分析和政策计划》（1968年）以及稍后的《公共决策分析》也是这一时期政策分析的代表作。按照奎德的说法，从运筹学到系统分析再到政策分析，这是同一个学科领域在不同时期的拓展及不同的名称，对于三者的关系特别是系统分析与

① 参见〔美〕R. M. 克朗著，陈东威译：《系统分析和政策科学》，商务印书馆1987年版，第20页。

政策分析的关系，奎德在《系统分析和政策计划》和《公共决策分析》以及克朗（R. M. Krone）在《系统分析和政策科学》中都有所论及；推动这种发展并将政策研究的理论和方法凝聚为一个独立的学科的主要力量来自于智库。

第三章　智库何兴

——智库兴起的动力和支撑条件是什么？

智库作为一种特定的现代社会组织，其发展从来都不是均衡的。横向来看，有的国家（地区）智库数量多、规模大，影响力甚至延伸到世界各地及各个领域；有的国家智库数量和影响力则微不足道，甚至与其综合国力不相匹配。纵向来看，一个国家（地区）的智库在不同时代有不同的发展水平，有时呈现迅速繁荣的状态，有时则比较平缓，甚至有衰落的趋势。通过本章的讨论，分析国外经验并结合我国实际，冀望我们能够更深刻认识智库兴起与发展的基本动力和支撑何在，有助于理解我国当前智库建设的必然性、必要性，以及存在的有利因素、需要克服的一些障碍等。

一、传统动力：强国路上的思想之矛

纵观近现代世界历史容易发现，智库繁荣和国家崛起有显著相关性。国家强盛往往伴随着该国智囊机构的涌现，智库成为支撑大国崛起和兴盛的强大“思想源”和“无形利器”“幕后推手”，国家“软实力”的重要组成部分[①]。从“海上马车夫”荷兰到“日不落帝国”英国，从后来居上的德意志帝国到强势崛起的苏联，从独享全球霸权的

① 参见《全球进入智库时代》，《新华月报》2014年第19期。

美利坚到撬动世界大格局的金砖国家，无不得益于智库的无形力量。中国智囊文化源远流长，但尚未建立起现代意义上的智库体系。我们以几个典型国家的智库发展为例，探寻智库在强国进程中的作用。

（一）荷兰崛起中的商团智库

荷兰是几乎白手起家的国家。14 世纪时，荷兰总人口不到 100 万，其中约有 20 万人从事捕鱼业。除此以外，经济、军事实力上没有可圈点之处。直到 16 世纪末期的大海上，飘扬的是西班牙、葡萄牙的军旗，弱小的荷兰在国际列强的缝隙里觅食。

后来，荷兰崛起为海上强国的过程中，雄心勃勃的商团扮演了国家扩张的智库角色，其一份情报鼓动起海上新霸权崛起的风帆。15、16 世纪，葡萄牙通过远洋探险、扩张海军建立了海上霸权，并垄断着欧洲与东方群岛的香料贸易。为了独享航海信息、垄断香料贸易，西班牙、葡萄牙设立盟约，它们的港口不对邻国荷兰的船只开放。1592 年，受荷兰商团委派，荷兰探险家康纳里斯·郝特曼（Cornelis de Houtman）潜往葡萄牙首都里斯本，刺探关于东方香料原产地的海上航线情报。他在葡萄牙蛰伏了大约两年，终于刺探到从欧洲到印度尼西亚的一条海上新航线——香草群岛航线图，并成功将获得的情报带回阿姆斯特丹。情报非常详尽，包括这条航线相关的海岸、暗礁、海岛、洋流、风向、陆标、鸟兽，以及土著的性情态度，葡萄牙人在当地统治的优势、弱点等等。荷兰人由此确认，万丹（Banten，现印度尼西亚所属的一个省，位于爪哇岛最西部，隔巽他海峡与苏门答腊岛相望）是欧洲在东方购买香料的理想之地。1594 年，荷兰人专门创立了远洋公司（compagnie van Verre），由郝特曼带领四艘舰船驾离阿姆斯特丹，远航印度洋，开创了荷兰的香料贸易，也是荷兰对印度尼西亚进行殖民的开端。在之后的 5 年中，多达 65 艘荷兰舰船到达东方进行贸易。不久，荷兰就垄断了印度洋及其周边的香料贸易，成为荷兰崛起与葡萄牙在海上争夺霸权的重要一环。

东印度公司一度发挥了荷兰国家智库的作用。荷兰作为老牌资本主义国家，早在英国人之前，就以发达的商业体系垄断了欧洲贸易，使荷兰这一弱小国家成为资本主义强国。在荷兰对外扩张中，离不开东印度公司在背后出谋划策。其诸多建议，成为荷兰称霸商业200年的秘诀。从1595年4月至1602年间，荷兰陆续成立了14家以东印度贸易为重点的公司。为了避免过度的商业竞争，这14家公司合并成为一家联合公司，也就是荷兰东印度公司（Vereenig de Oost-Indische Compagnie）。当时的荷兰国家议会授权，东起非洲南端好望角，西至南美洲南端麦哲伦海峡，东印度公司具有贸易垄断权。东印度公司并不是现代意义上的纯粹经济组织，它是第一个可以自组佣兵、发行货币的商团，也是世界上第一个股份有限公司。它被获准与其他国家订立正式条约，并拥有对外实行殖民统治的权力。这家世界上最富有的私人公司，拥有超过150艘商船、40艘战舰、5万名员工、1万名雇佣兵的阵容规模，股息高达40%。荷兰东印度公司的董事会由70多人组成，但真正握有实权的只有17人，被称为“十七名流”（Heren XVII）。他们不仅为荷兰的扩张出谋划策、提供解决方案，而且身先士卒，亲自用行动实践发展设想。荷兰东印度公司为荷兰扩张开了个“药方”，叫“商业垄断”。在200年的时间里，荷兰垄断了当时利润最高的香料市场，茶叶、丝绸、瓷器等市场的大部分也在他们手上。得益于东印度公司的成功，荷兰持续了200多年的辉煌。又如在管理上，人口少的欧洲人想到了“以华制亚”的手段。1619年，东印度公司占领雅加达后，百业待兴，急需劳力，于是看上了勤劳的中国人。这个公司千方百计地招徕中国移民，甚至派遣武装船只到中国沿海劫掠人口。虽然东印度公司也贩卖奴隶，但中国人即使是被抓到荷兰，做的却是平民，甚至是一般管理者。

（二）智库推动英国成为世界工场

英国是老牌的工业强国，英国智库也具有悠久的历史。英国智库几乎是与工业革命同时起步的，英国被认为是欧洲智库的创始国。经过两个多世纪的发展，英国的智库发展已经形成了一个规模比较大、行业发展比较成熟的体系，繁荣程度仅次于美国。

费边社（Fabian Society）被认为是英国最早的智库，成立于1884年，由一群中产阶级知识分子所发起，以古罗马名将费边（Fabius）作为学社名称的来源，意即师法费边亚有名的渐进求胜的策略。其奉行的思想被称为费边主义（Fabianism），又称费边社会主义（Fabian Socialism）。费边主义者重要的贡献在于透过各种活动，包括学术的研究出版、演讲、座谈会以及暑期学校的举办，向社会大众进行社会主义思想的教育与传播，唤起社会良知，鼓吹改革措施。费边社的传统重在务实的社会建设，倡导建立互助互爱的社会服务。尽管费边社本身并未创建一套完整的社会福利理论，但是在他们的社会实践中，明显地贯穿着期望通过社会各阶层的平等，包括平等的财产、社会地位和政治权利的分配而至自由，由实践平等和自由的理念达至社会合作和互爱的人际关系的理念。这是英国工人群众对福利国家制度最早、最直接的要求。费边主义除了对当时的英国工人运动和社会主义运动具有重大影响，更直接影响了英国工党的成立与发展，在世界社会主义思想史上拥有重要的地位。今日的费边社以智库的形式运作，并与工党有密切的合作关系。

英国工业革命的直接发动机就是英国皇家学会。其“世界工场”与“日不落帝国”的地位，离不开皇家学会贡献的大量智慧。伦敦皇家自然知识促进学会的会长、理事会及追随者们（The President, Council, and Fellows of the Royal Society of London for Improving Natural Knowledge），简称皇家学会（Royal Society），是英国资助科学发展的组织，成立于1660年，并于1662年、1663年、1669年领到皇家的各种特许状。学会宗旨是促进自然科学的发展，它是世界上历史最长而又从未中断过的科学学会，在英国起着国家科学院的作用。英国女王是学会的保护人。自1915年到1990年，皇家学会的历任会长都是诺贝尔奖获得者。

20世纪前半叶，皇家国际事务研究所、政治和经济研究所、国民经济和社会研究所为代表的一批智库成为英国的智力资本。皇家国际事务研究所出现在凡尔赛会议之后，其影响力随着二战的逼近不断扩大，成为其他国家类似外交政策智库的范本。在国内，由于英国在一战后经济形势严峻，政府对外部的政策建议格外重视，政治和经济研究所、国民经济和社会研究所应运而发展。国民经济和社会研究所发行的《经济评论》和高质量的研究成果受到社会的广泛关注。

20世纪七八十年代，是英国智库发展最活跃的时期，产生了一些著名的智库，比如经济事务研究中心、政策研究中心、亚当·斯密研究所等。这些智库主张回归经济自由主义和“小政府”。它们为撒切尔夫人的执政提供了帮助，并对她任期内的政策产生了重大的影响。

至今，英国智库依然在国内政治经济社会生活和世界范围内发挥着作用。英国智库在影响上排名比较靠前的四家智库是：查塔姆社（Chatham House）、伦敦国际战略研究所（IISS）、海外发展研究所（ODI）、亚当·斯密研究所（ASI）。其中，伦敦国际战略研究所在英国的许许多多智库中，是久负盛名的，它于1958年由战略问题方面的专家阿拉斯泰尔巴肯创办，该所有比较明显的“国际”特色，几任所长都是国际知名人士，该所经常聘请来自包括美国、澳大利亚、印度、中国、日本等国的研究人员，该所的理事会成员来自包括欧洲、北美、中东、东亚以及太平洋地区的16个国家，会员来自80多个国家，国际色彩浓厚。该所坚持经常性的研讨活动，每年9月举行一次年会，一次纪念创始人巴肯的大型讲座，每月至少组织两次讨论会。该所的研究期刊，如《军事力量对比》《战略研究》《年会报告》等被视为国际战略研究的权威著作。2014年6月18日，国务院总理李克强专门选择面向英国两大智库：英国皇家国际问题研究所和国际战略研究所，发表了题为《共建包容发展的美好世界》的演讲。

（三）美国百年强盛与智库繁荣相伴随

智库在当代西方社会中的地位与作用越来越突出，其中尤以美国为最。近代美国的崛起，与其强大的现代智库体系息息相关。当代美国的强大，仍然与它拥有世界上最顶尖的智库是分不开的。一战后，以美国外交关系委员会为代表的一批智库出现，为美国在世界秩序中扮演重要角色做了铺垫；二战后，以兰德公司为代表的一批新型智库涌现，甚至影响了全球化时代的历史进程。美国的经验在于，大国崛起必须确立适合国家发展的大战略理论和制度体系，使之成为国家崛起的智力资本。在美国，几乎任何一项政策或一个决策，都会受到智库直接或间接的影响。实际上，大到国家安全、对外关系和发展战略，小到退休金、社区卫生乃至儿童午餐等问题，都能听到智库的声音。时至今日，美国仍然执世界智库之牛耳，美国智库不仅深刻影响着世界局势，而且是全球领导力和世界影响力的重要保证。

20 世纪初，美国国力增长和改变孤立主义、对外扩张的意愿，是培育最早一批智库的肥沃土壤。此时的美国正经历从自由资本主义向垄断资本主义、从农业国向工业国、从乡村社会向都市社会大转轨的“大变动时期”。为应对突如其来的巨大变化，美国先自下而上、后自上而下掀起了著名的“进步运动”。政府一改立国以来少干预经济生活、社会问题的传统，开始加强国家干预，强调政府的功能和作用。为此，需要一批有组织、固定化的智囊机构为其出谋划策，以顺利渡过转型期，保证美国式资本主义发展道路的长治久安。国际上，当时美国从经济意义上讲已超过英国，已经成为世界上头号工业强国。实力的增强使美国政要对外扩张霸权主义野心膨胀，孤立主义外交路线被积极参与国际事务的外交路线所取代，寻求在国际舞台上施展大国抱负。因此，开始有限改变华盛顿确立的孤立主义外交路线，积极参与国际事务。

一战的爆发，迅速催生了智库建设高潮。美国在一战中所扮演的角色，增强了美国政治家们参与国际事务的意愿，著名的胡佛研究所就是一战直接催生的。在这种情况下，一批着力于研究美国的社会经济转变与全球作用的政策研究机构应运而生。其中。主要有拉塞尔·塞奇基金会（1907 年），卡内基国际和平基金会（1910 年），政府研究所（1916 年，该所 1927 年与经济研究所及罗伯特·布鲁金斯经济与政府学院合并成为布鲁金斯研究所），外交关系委员会（CFR，1918

年)，胡佛战争、革命与和平研究所（1919 年)，外交关系委员会于 1921 年成立，此后有布鲁金斯学会（1927 年)、海军分析中心（1942 年)、兰德公司（1948 年）等[①]。它们成立的背景虽然迥异，但其活动却无一例外地是从事大量基础理论与战略研究，其创新思想为美国崛起和维持世界霸主立下了汗马功劳。

二战之后，美国正式成为世界超级大国，再次兴起智库建设热潮。二战后波谲云诡的国际局势以及美国国内的剧烈社会变革，客观上要求政府制定出高质量的政策，这是依靠少数政治领导人及其助手所无法实现的目标。在这种背景下，美国智库得到了迅速发展，涌现出以斯坦福国际咨询研究所、兰德公司、外交政策研究所等为代表的美国第二代思想库。有资料表明，1930—1959 年，美国总共新建立了 17 个思想库。其中，最具代表性的是成立于 1948 年的兰德公司（RAND)。

冷战时期，复杂多变的国际关系、军事对抗等为智库建设提供了持续动力。美国为了打赢冷战，在社会科学的各个领域普遍建立了当时占主导地位的“地域研究”，智库如雨后春笋般涌现出来，美国思想库的研究领域也从经济、军事、外交诸领域扩展到社会文化领域，这些研究机构及其成果为美国奠立全世界的霸主地位提供了知识和智力的支撑。这一时期建立的思想库主要有赫德森研究所（1961 年)、战略和国际问题研究中心（1962 年)、城市研究所（1968 年)、三边委员会（1973 年)、凯托研究所（1977 年)、卡特中心（1982 年）和经济政策研究所（1986 年）等。与此同时，美国政府特别重视智库对于国家发展战略与政策制定的重要智力支持作用。美国联邦政府向兰德公司订购的政策咨询服务占兰德公司政策咨询服务的 65%。兰德公司专家艾伯特·沃尔斯迪特提出的“第二次打击”概念成为美国重要的军事战略。在 1981 年初里根政府推出包括削减政府开支、减税、改革管

① 参见任晓：《第五种权力：美国思想库的成长、功能及运行机制》，《现代国际关系》2002 年第 7 期。

制以及推行强有力的旨在降低通货膨胀的货币政策四项重大改革决策过程中，布鲁金斯学会、胡佛研究所、美国企业研究所等智库发挥了重要作用，这些智库的研究报告和决策建议充分阐述和论证了改革管制对于美国稳定发展的理由和意义，对于高层做出改革管制的决心产生了最为直接的影响，并赢得了公众对于削减联邦预算的支持。

进入20世纪90年代以来，美国智库进入全盛时期。随着冷战的结束以及全球化的迅速发展，两极对峙下被掩盖了的各种矛盾迅速激化，而且各国的国内事务也出现了许多新问题。在这种情况下，一些具有政治雄心的人物或其支持者，离任后试图进一步推进其政治和意识形态主张，开始利用智库来发挥其影响力，卡特中心（1982年）和尼克松和平与自由中心（1994年）即属此类。

总之，从世界历史发展经验看，智库对一个国家的发展有重大推进作用，它为国家崛起提供智力储备的有效组织形式。特别是在国家崛起的关键历史时期，尤为明显。大国崛起是在充分整合利用国内外一切条件与资源以及完备的智力支持的基础上实现的，是物质准备与智力储备共同作用的结果。其中，智力储备是国家实现崛起的基石，制度创新是国家崛起的促进力量。制度创新突破的是经济结构、政治结构和意识形态的限制，可促使社会政治经济体制及其运行方式产生根本性转变。而智库最大的特点，在于它的专家和思想资源，这种资源一旦与现实问题结合起来，将会产生无限的创造力和影响力，提升国家间竞争的软实力。在全球化不断深入的时代，智库繁荣的需求更加旺盛。城市、区域乃至国家之间的竞争有增无减，且呈现出新的形式，越来越表现为谋略和智慧的竞争。因此，在战略意义上，竞争终究归于“软实力”的较量，智库无疑是一个城市、区域乃至国家“软实力”的重要组成部分。

当然，智库也曾扮演过不光彩的角色，为军国主义扩张充当急先锋。例如在20世纪初，日本曾有过一些为军国主义对外侵略服务的知识密集型集团，具有智库性质。其中，最具代表性的机构是成立于1907年、隶属于“南满铁路公司”的“满铁调查部”。其任务，是专门对中国东北和内地、苏联远东地区的政治、经济、社会等情况进行调研。在那个时代，日本人在中国进行了最全面的县志调查，调查内容遍及地方的经济、社会、政治和文化、风俗、民风等，为其长期统治打下了基础。“满铁调查部”在其存在的40年间，先后提交各种专题报告1万多份。20世纪80年代，日本岩波书局出版的满铁调查资料达数十册之多。日本人对苏俄的研究当年在世界上也可谓首屈一指，仅仅在20世纪30年代翻译的俄文出版物就达80多册，居于当时苏俄研究的前列。

二、硬实力支撑：经济持续繁荣

在现代社会，智库发展如同经济、科技进步一样，呈现了西方发达国家领先的基本态势。其中美国最为突出，体现了智库与国家综合国力之间的正比关系。

智库发达程度与国家经济实力有明显关联。根据宾夕法尼亚大学2014年1月发布的《2013全球智库报告》，全球智库数量最多的前五个国家分别是：美国（1828家）、中国（426家）、英国（287家）、印度（268家）、德国（194家）。其中，全球最发达国家美国的智库数量多于其后四国的智库数量的总和，在数量上具有压倒性的优势。从世界各大洲智库的分布比例来看，经济发达的北美和欧洲地区，占据了智库的半壁江山。北美与欧洲智库数量分别以29.1%与26.6%排在前两位；亚洲（17.6%）与南美（9.7%）虽紧随其后，但与欧美相比，呈现出明显的数量差距。非洲、中东、北非以及大洋洲的智库则相对较少。发达国家智库在国际影响力和话语权方面，也远在发展中国家智库之上。在全球智库影响力排名中，美国一枝独秀，英国紧随其后，德国跻身三甲。作为全球智库领域的绝对领导者，美国在全球十大顶尖智库中独占五席。

相对而言，发展中国家智库总体处于欠发达状态。在全球治理和全球议题设置方面，发展中国家的智库大多时间在话语权上受制于西方发达国家，甚至处于一种集体“失语”的状态。大多数发展中国家的智库仅埋头研究国内公共政策，很少有鲜明的、突出的全球研究视野，很少参与国际性、全球性事务，很少有机会在国际组织或会议中表达观点，但智库在国家关系和全球治理中，往往担任议题设定者和舆论引导者的重要角色。因为缺乏有国际影响力的智库，所以缺乏国际事务的影响力。这在中国、印度和其他发展中国家很普遍。

当然，发展中国家的智库建设具有很大潜力。自 20 世纪 80 年代以来，发展中国家的经济社会发展登上了世界经济、政治的舞台，几乎与此同时，西方主导的经济全球化趋势也呈现加速发展的态势。发展中国家的智库，在服务于内政和外交、应对全球化挑战和参与国际事务的进程中开始呈现国际视野。经济全球化时代关涉的一系列问题，不仅使国家之间的关系更加密切，而且使全球性的事务与日俱增。内政外交、全球事务的相互交织，使互利合作在日益广泛的领域展开，经济、政治、军事、文化和社会生活的互动关系无不包含思想的交流和激荡。

尤其随着金砖国家的崛起，中国、印度、巴西、南非等国家的智库整体实力开始上升，初步显示出了影响力和发展潜力。根据《2013 年全球智库报告》，金砖国家智库在世界范围、特别是在区域范围的地位正在不断上升。在中南美洲的智库排行榜中，前 15 名中有 5 个来自巴西，其中第一名就是巴西的公共研究所。撒哈拉以南非洲智库排行榜中，前 10 名中有 5 名来自于南非。俄罗斯的智库占据中东欧排行榜中前 10 名的 4 个席位。同样，亚洲的印度和中国，则占据了亚洲智库前 10 名的 5 个席位。在全球 10 个新兴知名智库中，发展中国家占据 7 席，都分布在非洲和拉美新兴国家以及发展中国家。同时，虽然金砖国家智库与政府的联系普遍比较紧密，但最近也呈现出多元化的局面。当然，但与美国、西欧智库相比，新兴国家的差距还很大。如果按人口比例和国家经济实力，中国智库在全球 100 家顶级智库中至少应占据 20 席，至少应有 2 个智库跻身前 10。而目前，在全球前 100 家顶级智库中，中国智库仅占 6 家。新兴大国的崛起离不开智库，在全球化浪潮汹涌的当今世界，后发后生型的新兴国家面临的机遇和挑战空前增多，国际国内环境复杂多变，科学决策的难度空前加大。怎样把握机遇，如何应对挑战，是新兴国家的共同课题，而这就需要科学、专业、系统的研究作为决策的支撑。

三、软实力支撑：体制环境

经济实力是保障智库持续繁荣的基本支撑。同时，仅仅经济实力还不够，体制环境与软实力也是智库发展不可或缺的条件。西方国家智库繁荣，植根于相对包容的开放性决策参与体制。

开放性的政府决策体系，使智库有充分的发挥作用的空间。美国的政府体系，相对于其他国家而言，开放度更高。这又反映在美国的旋转门机制和美国国会的特性上。美国国会立法权力大，讨论、审议的议题繁多，涉及内政外交的各个领域。而国会议员不可能对所有的问题都非常熟悉。因此，除了利用助手提供必要的帮助以外，国会议员很大程度上是借助思想库等外脑来获得相关知识的。如果一个国会议员需要帮助以证明支持某种立场的合理性，或者需要支持以说服同事接受某种立场的优点，他就可以使用思想库的研究成果来帮助他提供论据。美国实行总统制，当新的一任总统上台后，整个行政当局中大约 3000 多中高级官员将发生变动，大批的人员将离开政府另寻职业，于是就会空出一大批政府高级岗位，从而为人员的流动交换提供了可能。这些人并非常任文官，而是政治任命官员（political appointee），他们的特点是隔几年就可能动一动，挪个地方，也即成为旋转门机制的一部分。另外，由于几乎所有的公共决策都涉及利益分配和再分配，涉及不同利益集团之间的冲突和协调。不同利益集团也愿意借助智库来为自己提供充分的决策依据，并以此作为影响政府决策的筹码，或者通过智库来游说国会的立法行为。由此可见，美国独特的政治架构本身就为思想库的产生和发展提供了广阔的活动空间。国家和社会从制度上保障了智库的地位和对它的投入。比如美国，绝大部分智库的资金来源不是政府（极少数如美国和平研究所 USIP），而是来自极为发达的私人捐赠。

宽松的舆论媒体环境，也有助于智库成果传播、扩大影响。智库的创造性思维和独立见解如果不能传播开来，其影响力就会非常有限。美国在言论和新闻方面的环境比较宽松，为提升美国智库影响力发挥着重要作用。现代社会，决策在很大程度上受舆论影响，而舆论则主要受媒体影响；不言而喻，智库要影响到决策层，首先要影响媒体。所以，美国智库千方百计通过媒体兜售自己的新发现、新思想、新对策。早期美国专家学者主要在报章杂志的言论版上发表新见解，随着传播手段的革新，现在主要在电视台、互联网直播节目里接受访谈。为了更及时准确地发声，美国布鲁金斯学会甚至自建电视台和电台，由有关专家学者及其领导的课题组以举行最新研究成果发布会的形式，直接向大众传播最新研究成果。相对包容的环境对美国智库创造性思维和独立见解的最重要贡献是，宽容它们提出的“标新立异”的想法乃至“异端邪说”。在美国境内举行的各种研讨会上，主办者往往刻意聘请意见对立的专家学者做主旨发言，通过激烈辩论判断谁是谁非。四年一度的总统大选前的候选人辩论演说，可以说是美国智库集中展示各自研究成果的“集市”或“庙会”，促使美国智库的影响力一次次达到高峰。因为无论是执政党还是在野党，其候选人都到智库里物色与自己执政理念相同的新思想、新对策，武装自己的头脑。美国选民通过候选人的激烈辩论，可以看出哪些新思想、新政策对自己有利，从而决定把自己手中的选票投给谁。有经验的国际政治观察家可以通过候选人的激烈辩论，洞察美国思想界的激烈交锋。他们观察研究美国总统大选，重点不是看谁胜谁负，而是看哪些新思想占上风，会演变成什么样的新政策，将对美国和世界带来哪些新的影响。

另外，20 世纪初，美国智库兴起与社会科学繁荣有密切联系。加拿大专门研究美国智库的学者唐纳德·阿贝尔森在评论美国这一时期智库的兴起时说：“这些机构在不同寻常的环境中诞生，但都意在鼓励学者调查社会、经济、政治问题。这些机构吸引了政治信念各异的政策专家，但他们努力使其不变成意识形态的战场。学者本人有时会明显支持或反对政府的政策，但这些机构的首要目标不是介入决策过程，而是作为一个提供政策专才的渠道。学者的建议转化为实际立法及可执行计划，在很大程度上依赖于他们的研究成果以及与政府官员联系的密切程度。”① 知识分子和各类社会活动家也纷纷走出象牙塔，标榜自己的社会责任和社会道义，开始寻求“经世致用”，由此形成美国社会科学研究和机构建立的历史高峰。

其中，政策科学在智库研究领域处于中心地位。无论何种领域的政策，如政治学、经济学、社会学、历史学、军事学等，智库都需要一门共同的学科支撑，即政策科学。智库作为政策科学或政策分析的最纯粹的组织体现，是催生并推动政策科学发展的重要组织机构；反过来，政策科学是智库的知识基础，是智库建设的最直接的和最主要的支撑学科。政策科学自身的完善，为智库发展提供了持续不竭的动力。也即是说，政策研究与智库建设的关系犹如一个硬币的两面，相互促进，密不可分。

智库的兴起及其强大的生命力，正是来自于它有系统的政策相关知识体系作为依托。智库主要凭借现代科学的理论、方法及先进的技术手段（而不是只凭个人经验、知识和能力），进行政策研究与咨询；在获取并及时处理大量信息基础上做出经验推理和判断，向政策制定者提供有足够事实与价值依据的政策建议，使决策得以做出与改进。在智库摇篮中成长的政策科学，促使人们逐渐把政策分析看作科学研究的一部分，承认它符合科学方法论的规则和程序，具有潜在的“确定性”，明确地将科学知识和公共政策过程联系在一起，使得政策是经得起科学理性和价值理性的检验。随着智库政策分析实践的深入，政策科学的理论、方法及技术不断得以丰富和发展，从而为智库的政策分析与咨询实践提供强大的武库、知识基础和物质基础。政策科学的

---

① Donald E Abelson. *American Think-Tanks and Their Role in US Foreign Policy*. Macmillan Publishers Ltd.，1996.

研究对象、范围和特征以及所形成的理论、方法及技术的知识体系，使得它成为智库或思想库的主要支撑学科。政策科学是政策分析家们的武库及看家本领。智库所要或所能发挥的基本作用或功能，都要依靠作为智库利器的政策科学的支持；不掌握政策科学的理论、知识以及政策分析方法及技术，智库专家将一事无成。

事实上，美国不仅是智库最发达的国家，而且也是政策科学最繁荣的国家。政策科学在 20 世纪 50 年代由美国学者创建并得到学术界承认，其时期正是美国智库行业需求旺盛、大发展的特定时期。政策科学与智库的契合，体现在两者共同具有的一些典型特征上：

一是跨学科综合性研究的取向。政策科学不是现有的某一学科的更新，它的产生和发展以大量的知识尤其是科学知识和方法为基础，几乎所有迄今为止人类所创造的知识和方法都可以运用于政策研究之中。政策科学正是在吸收其他学科尤其是政治学、经济学、社会学、管理学、心理学、哲学、统计学、运筹学、系统分析等学科的知识和方法的基础上，形成和发展起来的。另外，政策科学并不是由这些学科的知识和方法的拼凑堆积的大杂烩，而是在新的学术框架中将各种可应用于政策研究及政策问题解决的知识和方法有机地结合起来，形成较为完整的知识体系。这些来自于各种学科的知识和方法在政策科学的新知识框架中就获得了新的意义。

二是倡导以问题为中心的知识产生方式。政策科学将科学知识尤其是社会科学知识与公共决策过程密切联系起来，提倡以问题为中心，而不是以学科为中心的知识产生方法，提倡一门能把科学知识和方法尤其是社会科学的知识和方法直接运用于改进公共决策系统及提高政策质量的新学科。近现代社会科学起源于社会问题的解决，是人们为了解和控制日益复杂的社会的手段而成长起来。它既是模仿自然科学尤其是物理学研究方式的结果，更是人类社会发展尤其是由农业社会向工业社会和信息社会转变的产物。但是，近现代社会科学的各个学科基本上采用“以学科为中心”的知识产生途径，它们彼此划界，严格限定研究范围，在本身的学术框架内活动，并产生关于界定本学科问题研究的知识。政策科学倡导“以问题为中心”的新型知识产生方式，而非“以学科为中心”的知识产生方式。它主张从各学科不同的角度或侧面，融合各种知识和方法展开对同一社会问题进行研究并寻找解决办法。这一方面促进了社会科学不同领域学者的交流与合作，拓展或加深对相关社会问题的了解；另一方面，政策科学将社会科学知识应用于社会问题的解决之中，大大增强了当代社会科学解决社会问题的能力。

三是着力于实践应用。政策科学是一门以行动为取向的学科，体现着理论与实践的统一。政策科学既在实践中产生，又在实践中得到应用和发展。政策科学的奠基者们发现，以往的大部分科学知识尤其是应用社会科学研究并没有对政策系统的改进和政策质量的提高产生应有的积极影响。因为尽管也不乏解决社会问题的建言，但这些建议往往因不切实际的空泛或缺乏政治可行性而不被接受。政策科学的研究对象是政策实践及政策过程，它的目的和功能是提供政策相关知识，为政策实践服务。它要为执政党或国家的各项政策的制定、执行和评估的实践服务，它以发现、分析和解决社会的政策问题为导向；而政策实践则为政策科学提出需要解决的问题，提供经验教训，检验政策科学理论并推动其发展。

四是注重价值分析与价值评价。这是政策科学区别于一般的经验科学的另一个重要之点。经验科学注重对事实或问题的实证分析，被认为是价值中立的。政策科学将价值分析与事实分析并列，作为自己的两大方法论基础。政策科学是对（公共）决策研究，而决策是在两种以上的备选方案中作出选择，选择则以价值（观）作为基础。因而政策科学不仅关心事实，而且更关心价值和行动，它重视价值取向和价值评价，它的一个重要目标是创造和批评有关的公共政策价值的知识主张，或推荐应该采取的行动过程。政策选择往往涉及在健康、财富、安全、和平、正义、平等和自由一类的价值中作出取舍。选择哪一种价值，并不仅是一个事实分析的问题，而且需要伦理推导与价值评价。

第四章　智库何多

——智库只有一种模式吗？

在讲到借鉴国外智库建设经验时，我们往往会下意识地把“国外”当做一个整体，似乎国外智库只有一个模式、拥有共同的特征。至少，在看待欧美智库时容易有这种倾向。实际上，国外智库不仅数量多，而且种类丰富，绝不是某一个模式能够概括。因此，我们需要认真剖析国外不同智库的具体特征，知己知彼、扬长避短，有针对性地进行学习借鉴。这一章，我们将各个典型国家或地区的智库进行分析比较，从各个角度梳理出它们的特征或模式。

一、美国智库模式独树一帜

（一）智库产业化，影响力大

研究智库，无论如何绕不开的是美国智库。在世界各国智库当中，美国智库不仅数量最多，形成了一个特定的行业或产业；而且影响力最大，不但影响美国公共政策和社会思潮，还对世界政治、经济的走向发挥着重大影响。

美国智库已形成了大规模的政策咨询产业和战略谋划产业，并将此转化为巨大的社会效益。与欧洲老牌工业化国家相比，美国的智库起步比较晚。但在二战以后，美国智库的发展跃居世界首位。目前，美国作为西方发达国家的“领头羊”，其智库发展已经形成了非常成熟的经验和较为完善的运作机制，呈现出国际化大型智库的显著特点。美国智库经过一个多世纪的发展，数量非常庞大，而新型智库也在不断涌现。全美近 2000 家的大规模智库，仅在华盛顿特区，大型的咨询公司就有近百家。有些智库在国际上有十分重要的影响，如布鲁金斯学会、外交关系委员会、卡内基国际和平基金会、兰德公司、伍德罗·威尔逊国际学者中心、战略与国际问题研究中心、美国企业研究所、加图研究所、胡佛研究所被认为是当今美国的十大智库。而其他智库，如巴特尔纪念研究所、克林顿与美国进步政策研究所、麻省理工学院国际研究中心等，其影响也很大。华盛顿的“K 街”号称“智库一条街”，美国智库云集于此，天天盯着国会和白宫，想方设法把自己的政策分析和研究结果“塞进”国会议员和政府要员的大脑。

美国作为超级大国，其实力支撑之一来自智库发挥的举足轻重的作用。美国的大型智库实力雄厚，机构很大，经费充足，人才集中，经常从事全局性、战略性、综合性的研究课题，其竞争力很强，可以说是全球智库行业中的“巨无霸”。政界人士和政府官员都面临着信息和文件泛滥、而非信息匮乏的问题。因此，独立的公共政策研究和分析机构，便满足了决策人对同政策有关的资讯及其系统性分析的巨大需求。美国历届政府都十分重视智库的作用。自伍德罗·威尔逊进入白宫以来，美国总统、总统候选人往往都要向政策专家和智库咨询。美国政府也喜欢通过智库这个渠道来为一些政策的出台进行预先试探和寻求理论支持。由于智库的非官方性质，一些美国高官经常就重大外交政策在智库演讲，一来试探各界反应；二来寻求理论支持，并制造声势，影响舆论，为推出新的政策铺路。因此，智库某种程度上是美国外交政策的一个传声筒，国际社会都很重视与美国智库的关系，纷纷加强对美国智库的工作，并尽可能地搜集美国高官对智库透露的重要信息。同时，美国智库可以获得各种经费支持，尤其完善的募捐机制为智库提供了持续的财政基础。在美国特有的政治体制下，财团、智库和政界三者密不可分。

尤其二战以来，美国历任总统提出的各种战略和政策，其思想源头很多都来自关系紧密的智库。如尼克松政府和福特政府，依托美国企业公共政策研究所进行重大问题的咨询，遇到重大的决策，很重视听取该研究所的意见；卡特政府依靠布鲁金斯学会为其出谋划策，常请该学会就重大问题提供解决方案；里根政府把斯坦福大学的胡佛研究所作为自己的智囊团，让该智囊团频频为政府出招。许多观察家们特别指出，小布什政府中的新保守主义者大多来自与新保守主义相关的思想库。甚至还有人认为，伊拉克战争并不是美国总统从事的战争，而是一场智库的战争。

一些著名智库提出的政策建议，在美国对内对外政策中也确实发挥了重大作用。例如，美国第一个私营研究机构——布鲁金斯学会（The Brookings Institution）的历史可以追溯到 1916 年成立的政治研究所（The Institute for Government Research），它先后建议美国政府参加两次世界大战；二战结束后，它立即提出对外施行“马歇尔计划”“制裁流氓国家计划”，对内设立国家安全委员会、创建联邦预算规程、建立社会保障体系等建议。又如，二战刚爆发，外交关系委员会搞了一个大规模的“战争与和平研究项目”，先后向美国国务院提供 682 份研究成果备忘录，其中“占领德国”“创建联合国”“遏制苏联”等政策建议，均来自上述备忘录。再如，冷战结束出乎美国预料，老布什政府不知如何应对。对苏联研究极深的兰德公司（RAND）很快提出“扩大北约”“退出反导条约”“建立导弹防御系统”等冷战后美国的主要战略构想。小布什上台后，由于自身缺乏知识和外交经验，也不得不在很大程度上依靠智库提供外交政策建议。

（二）视野广阔，议题多元化

美国智库议题无所不有。除了传统的政治、经济、军事和外交外，一些前沿科技议题，如气候变化、环境保护等，也都被列为重点研究对象。

是否具有国际视野是衡量智库影响力的重要指标。从当前智库发展的总体趋势看，智库发展的国际化趋势日益明显。全球最有影响力的智库无不具有全球视野，国际著名智库大都纷纷开展国际交流合作、举办国际学术会议和讲座、跨国组织项目研究、拓展研究领域和业务范围、在世界各主要国家建立分支机构并拓展海外业务，获得来自不同国家和地区的真实信息，并站在不同的视野和角度研究问题，不断提升自身的研究实力，推动决策咨询国际化发展，增强智库的国际话语权和国际竞争力。

美国智库越来越走向国际化。一方面，美国的超级大国地位，使它更广泛地涉足全球各地区的事务，必须时时应对来自全球的挑战，需要智库提供具有全球性视野的解决方案和建议；另一方面，美国国内经济、社会问题不少，超级大国的地位受到来自各方面的挑战，美国更需要转移国内矛盾和应对国际挑战。随着美国智库的国际化，研究方向从原来冷战时期主要针对苏联等国家，转移扩大到研究各主要地区的经济、政治和社会问题。美国智库的服务对象、研究领域以及对外交流等，都具有高度的国际化特征。比如布鲁金斯学会每年都会邀请很多来自世界各地的访问学者和高级参谋进修、交流。

美国智库重视对亚洲尤其是对中国的研究。随着亚洲经济的迅速发展和国际地位的持续提高，美国各智库不约而同地开展了跟亚洲有关的研究和讨论，中国已成为美国各智库的主要研究重点。而印度、日本、韩国和中国台湾地区等也认识到了这一点，纷纷针对美国开展“智库外交”，以影响美国的政策，为自身利益服务。比如，布鲁金斯学会设立约翰·桑顿中国中心，并在清华大学设立了清华布鲁金斯中心，该中心主要聚焦于中国的崛起及其对美国、中国邻国乃至整个世界的影响。

（三）注重成果质量

着力打造智库特色“拳头产品”、树立“品牌”形象是智库强化核心竞争力与政策影响力的重要内容。保持智库的核心竞争力与政策影响力是智库在日趋激烈的竞争中立于不败之地的法宝，为此，许多智库都非常重视打造“拳头产品”和树立“智库品牌”。智库的“拳头产品”既包括一些特色研究项目，也包括一些有重大影响的学术刊物。国际智库大多定期出版自己的刊物，近年来，国际智库在学术期刊上的投入不断加大，有些智库甚至将学术期刊提升到与所在机构同等重要的地位，努力打造学术精品和“思想载体”，不断强化智库的品牌形象。例如战略与国际问题研究中心《华盛顿季刊》、布鲁金斯学会的《布鲁金斯评论》、卡内基国际和平基金会的《外交政策》、尼克松中心的《国家利益》季刊，而外交关系委员会的《外交》双月刊则影响最大、地位最高。

高度重视政策咨询成果的质量是智库发展的生命力所在。智库政策咨询成果的质量首先体现在成果的创新性、实用性和针对性上。能否提出解决经济社会现实中重大战略问题和关键问题的新思想、新论断、新理论，剖析问题的深层原因、提出富有针对性和实效性的新举措是智库成功的第一要素。布鲁金斯学会、兰德公司、斯坦福研究所等能成为国际一流的智库就源于其新思想、新观点、新理论。同时，著名智库都建立了严格的质量管控和成果评价机制。美国智库都很重视咨询研究的质量管理，每个管理库都有一套严格的成果评审制度。为了确保研究质量，兰德公司制定了一套严格的考核标准。考核标准主要有两个，一是兰德高质量研究标准；二是能够反映兰德特征的“兰德特殊研究标准”。兰德公司这些考核标准和程序是兰德享誉全球、成果质量高的基础。兰德公司按照上述标准，对公司内部研究团队和研究成果进行客观评价和考核。考核包括内部考核和外部考核两个部分，每 4 年或 5 年进行一次。内部考核是各研究部门的管理团队对自己部门的研究质量进行内部评级和总结。在进行内部考核的基础上，还要进行外部考核。参与外部考核的人员由两部分组成：一部分是来自兰德公司以外的考核人员，这部分人员属于核心成员；还有一部分人员来自兰德公司的其他部门。被考核部门的管理人员不得参加和干预本部门的外部考核。兰德公司还从社会上聘用了约 600 名全国有名望的教授和各类高级专家，作为特约顾问和研究员，主要任务是参加兰德公司的高层管理和对重大课题进行研究分析和成果论证，以确保研究质量及研究成果的权威性。

比如布鲁金斯学会，注重高质量的思想产品。高质量的思想产品奠定了布鲁金斯学会成为全球领先智库的基础和声誉，而决定学会产品质量的关键因素又在于其研究人员的素质、智库本身的独立性和有效的运行机制。布鲁金斯学会总人数近 300 名，研究人员有 100 多名。他们拥有极强的学术背景，在学术界很有影响力，使学会享有“没有学生的大学”之美誉。还有不少学者曾服务于政府部门和私人企业，被称为“学术实践者”。2008 年奥巴马入主白宫以后，更是将几个重要职位委任给布鲁金斯学会专家：苏珊·赖斯出任美国驻联合国大使；杰弗里·贝德担任国家安全委员会亚洲事务高级主任；彼得·奥斯泽格则再次挑起政府预算大梁，担任奥巴马白宫管理和预算办公室主任。布鲁金斯学会加入奥巴马政府的有 36 人之多。这种多元化的研究人员构成，保证了布鲁金斯学会的研究成果与社会实践的密切结合，也保证了思想研究与政治实践之间转换的可能性。

（四）人才流动的“旋转门”

在美国，“智库”成员出入政界已成为美国政治的一大特色。“智库”将精英输送到政府机构任职，由研究者变为决策参与者；同时，也为在政府换届中下台的官员提供容身之所，从而蓄积了很大的人脉资源。

美国的这种智库人才机制，就是所谓的“旋转门”。智库成员的身份在政要与研究者之间转换，智库的研究员经常能有机会进入政府机构，成为政要；而重要官员离职后又常进入智库，成为研究人员；由此而“旋转”，有的甚至“旋转”了两三次。

人才旋转门机制，对于美国智库发展具有特殊意义。一方面，这种“旋转”机制使政府保持着活力，官员有智库方面的专业知识和能力，智库成了为政府培植、储备人才的地方。另一方面，有丰富政界经验的人进入了智库，能强化智库咨询服务的人缘资源和实效性，对智库的发展其意义也非常重大。在美国，从国务院的总统顾问到普通的安全要员，他们在坐上这个位置之前很多都是智库的成员、大学教授。当他们所跟随的这一届总统任期结束后，又会回到智库或者大学里面，轮流“旋转”。几十年来，在“旋转门”的运转过程中，涌现大量名人。如前美国国务卿赖斯即是最典型的例子，她在被美国前总统布什任命之前，是大学教授。随着美国总统换届，赖斯也结束了自己的国务卿生涯，好几所大学向赖斯发出了邀请，但赖斯还是回到原先所在的斯坦福大学，进入该大学著名的胡佛研究所。

旋转门有助于构建政策精英的人际传播网络。所谓人际传播主要是指，智库在舆论传播的过程中依靠人际关系网影响政策制定。人际传播通常采用的方式和渠道有：在政府中直接担任官职；在总统大选期间担任总统候选人的政策顾问；给政府官员直接打电话，或者邀请政策制定者参加私人午餐、内部会议；保持与国会议员密切的私人关系；邀请前政府官员到智库任职等。而“旋转门”是使人际传播方式得以发挥重要作用的一个重要机制。正是通过“旋转门”，人际传播的网络才得以形成，美国智库才可以直接与政府决策者进行沟通，进而影响到政策制定。

旋转门尤其有助于搭建知识与权力的桥梁。通过“旋转门”，美国智库不但为下届政府培养人才，使得“在野”者的知识有“入朝”转化为权力的通道和可能性，也为前任政府官员提供了一个休养生息、再次入朝的机会和平台。美国智库为学者们提供了与政策决策者进行紧密接触的舞台和进行政策研究的最佳环境，使他们不但了解政策研究，还了解政治现实。美国历届政府都大量依赖智库学者来填补高层职位。卡特政府曾吸纳了三边委员会、外交关系委员会、布鲁金斯学会等智库的数十位成员。奥巴马组阁之后，2007 年成立于华盛顿的小型智库新美国安全中心有超过 10 位政策专家获得政府职务，如助理国务卿坎贝尔、副国务卿斯坦伯格等。通过“旋转门”，掌握大量专业知识的智库学者们成功地将知识转化为权力。美国智库之所以乐于聘用这些前政府官员，一则因为他们能够带来在政府内任职的经验和见识；二则也有利于智库在政策领域的公信力；三则是大家经常忽略的一点就是，为他们提供一个再次“旋转”的环境和平台。

美国的旋转门和两党轮流执政的政治体制密切相关。美国行政当局是典型的“一朝天子一朝臣”，每次换届选举后伴随着政府大换班，牵涉官员的变动达4000多项。政府部长等高级阁员不是由议会党团产生，也极少来自公务员，而是来自精英荟萃的智库。卸任的官员很多会到智库从事政策研究，而智库的研究者很多到政府担任要职。这种学者和官员之间的流通，就形成了美国特有的“旋转门”机制，并使得智库的舆论影响力更容易渗透到政策制定的方方面面。

比如，布鲁金斯学会跟政府有非常密切的关系，在某种意义上被视为跨党派“旋转门”的典范。有布鲁金斯学会研究人员认为：“我们处在一个独立的地位，没有特别强的党派色彩。如果民主党当政，我们的研究人员更多是共和党的；共和党当权的时候，民主党退下来的人进入我们的队伍，所以在一定程度上保持了独立性和对政府批评的作用。同时由于跟前政府官员、现政府官员或者未来政府官员之间紧密的关系，我们并不担心骨干人才交替带来的影响。”①

权力制衡分立的政治体制为智库提供了旋转空间。美国政治体制的基本特征是三权分立和权力制衡，这种制度结构必然形成权力的分散和决策机制的公开性和开放性。分权制衡的政治体制和松散的政党制度为“旋转门”提供了巨大的运作空间，同时这种权力的分散和制衡也使得政府决策必须依赖智库的智力支持。依照三权分立和相互制衡的政治制度，中央政府建立平等而又彼此独立的立法、行政和司法三大部门。这三个部门彼此平等，相互独立，并相互制衡。除了宏观上的分权制衡外，在微观上，无论是行政当局内部还是国会内部，权力也是分散的。在国会，参议院和众议院在立法上各具独立权，除此之外，还有很多委员会和分委员会具有决策的权力。而行政当局则是由很多强大的机构组成的，每个机构都有自己的政策取向。这种“分权”“制衡”的政治制度必然导致权力的分散和决策机制的公开性和开放性，也为智库“旋转门”的运转提供了必要的空间和机会。

---

① 戴闻名：《美国智库是如何运作的》，《瞭望东方周刊》2016年4月14日。

美国智库“旋转门”机制形成的背后，还包含一些重要而独特的政治文化因素。美国政治文化的核心要素是个人主义、自由主义、社会责任意识和不信任政府思想。正是这些要素塑造了美国国民的意识形态，为美国智库的“旋转门”提供了思想上和文化上的基础，是“旋转门”的深层推动力。美国的政治文化崇尚个人的奋斗和创新，鼓励个人积极表达思想，维护个人的言论自由，这种政治文化为美国智库“旋转门”的产生创造了民主的社会意识和舆论环境。另外，参与的政治文化是美国智库“旋转门”得以形成的基础。正是因为这种参与的政治文化使得美国知识分子、企业家和社会公众关注、参与政治，希望通过智库的创新思想提高政府的决策能力和水平。参与的政治文化从本质上鼓励了知识精英和社会各界积极通过“旋转门”使得思想与政策更好地结合。

（五）立场与运作强调独立性

知名度高的美国大型智库一般都强调自己的独立性和无党派色彩。虽然某些智库的研究带有一定的政治倾向性，但大多数美国智库都力求自己的研究成果不受任何党派和意识形态的影响。一方面美国智库都力图保持自己研究成果的独立和高品质；另一方面，美国智库的多样性使得不同的观点和声音得以表达，从而在一定程度上弥补了这种倾向所带来的危害。

比如，布鲁金斯学会不给研究员任何意识形态指引，不为任何一个政党服务，研究员不能以学会的名义参加政治活动。一旦接受政府部门邀请担任职务，必须请假或离开布鲁金斯学会。这点在学会内部被反复强调，尤其是到了大选年，学会会发邮件给每位研究员，提醒其不得以学会名义、不得利用学会资源、不得在上班时间给某一党派候选人助选或提供咨询服务。[①] 有时，独立性被作为智库评价的重要

---

① 参见马宇歌：《高质量、独立性、影响力：亲历全球第一智库》，《秘书工作》2012 年第 4 期。

衡量标准。布鲁金斯学会之所以多年来在各种智库评价中高居前列，与其不遗余力保持其独立性有重要关联。

多元化、多渠道的资金来源是确保智库运作的独立性和灵活性的重要基础。美国智库的经费来源于公司团体、基金会、政府、个人的捐赠、本机构的基金收入等多个渠道。智库虽然接受基金会、企业、个人的资助以及政府的合同项目资金，但是智库的研究不受资金来源的影响，每家智库在接受资金捐赠时都力图保证自己的研究过程和结论不受资金来源的影响。为了保证资金的独立性，美国智库的资金来源大都保持尽可能的多元化，包括大量公共和私人的资助方。如布鲁金斯学会，4%的经费来自政府，74%的经费来自公司和个人。多元化的、充足的研究资金来源，既保证了研究的资金支持，也有利于免受利益诱导而丧失研究的独立性和灵活性。布鲁金斯学会作为非营利机构，其运作资金来自于创始人布鲁金斯的基金、社会捐款及出版物收入，由学会财务部门进行专门管理，并在其官网上发布年度财务报告，接受公众监督。

即使美国智库，其独立性也只是相对的。首先，智库从一开始就有自己的定位，或保守，或中性，或激进，这些都为智库的研究先天性地设定了“有色眼镜”。而且董事会成员的背景和理念也决定着智库发展的方向和研究趋向，特别是一些完全依靠美国政府和军方合同的智库，虽然表面上极力证明自己的“民间独立身份”，但是细察其“捐助榜”，就可知道它在为谁效力。

但我们不能从一个极端到另一个极端，认为美国智库独立性都是虚伪的，是美国财团和政府的附庸①。比如：兰德公司的大部分项目研究经费来源于美国政府；布鲁金斯为奥巴马政府输送了大批高层官员。于是一些人得出了以下结论：美国智库标榜的独立性很虚伪。为确保智库研究的独立性，可通过合理的管理来保证，即将经营与研究

① 参见刘昌辉：《美国智库：具有特殊意义的“第四部门”》，《学习时报》2012年9月24日。

分开。当然，如果没有资金来源的多元化与智库研究采纳机制的完善，这种独立性可能是表面的。

实际上，许多美国智库既依托政府又独立于政府。美国智库和政府保持着密切的联系，依靠政府的政策支持，得到政府的优惠资助，优先获得政府的咨询项目，甚至吸纳了不少政府机构卸任人员。但毕竟美国智库又不隶属于政府部门，它们具有相当的独立性，其研究过程、研究结论均不受制于政府，各政府部门无权干预智库的研究咨询工作。政府部门需要咨询服务时，一般采用招标方式，委托智库自主进行，被咨询人员和被咨询机构不受任何政治力量和利害关系的左右，它们站在客观独立的立场上，凭借自己的信息资源、业务准则、智力判断来获得结论和提供咨询。美国智库的这种独立性确保了咨询行业的自主立场和超脱态度，保证了咨询服务结果的客观性和科学性。综合考察一些美国顶尖智库，可以总结出它们在运作方式上的一个共同特点，就是既依托于政府但又独立于政府，而且智库内部管理和行业自律管理的机制也很健全。

二、加拿大智库与近邻迥然不同

美国和加拿大不仅山水相连，而且历史传统与文化背景也高度相似。然而，两国在政治结构和经济状况等方面的诸多差异，导致了两国智库的发展水平和方向相去甚远。实际上，加拿大智库兼具美国和欧洲模式的特点。加拿大作为独立民族国家不足百年，智库发展同时深深地打上了前宗主国和强邻的印记。①

（一）加拿大智库的特征

加拿大智库数量少、规模小，影响力有限。智库普遍规模较小，人员精干。根据《2015 年全球智库报告》，加拿大智库 99 家，而同期

① 参见许宝健：《加拿大智库的特点及启示》，《中国经济时报》2015 年 1 月 22 日。

美国则拥有智库 1835 家之多。[1] 加拿大智库绝大多数属于中小型智库，资金投入少，人员规模小，超过 100 人的智库已经非常少见。比如，1958 年成立的贺维学会是加拿大著名智库，近年来在国际上也日见其影响，但学会全体员工加起来才 20 多人。在麦甘智库排名中排到第 22 名的弗雷泽研究所算是人员较多的智库，也只有 48 位员工，而专职研究人员也只有 20 人。多伦多大学莫厄特中心虽然发展目标定得很高，也仅有 20 名工作人员，其中 5 人还是做行政事务工作的。就影响力而言，加拿大智库对公共政策制定的直接影响力较弱，更多地是发挥讨论平台和宣传教育功能。

加拿大智库地方分散化倾向明显。有研究发现，在规模和资金情况相同的情况下，位于渥太华的智库与位于其他城市的智库相比，并不具有决定性优势。由于历史原因与移民因素，加拿大国家建设和民族建设至今仍然面临诸多难题，地方主义作为联邦主义的抗衡力量长期存在。联邦制下的分权导致联邦政府与省和地方政府之间在很多政策领域存在竞争，联邦政府在很多政策领域受到相当大的限制，很多政策权限都归属省和地方政府。在这种情况下，绝大部分加拿大智库分散在全国各地，为各省和地方政府提供公共政策决策咨询，以及进行地方性的政策讨论和公共教育也就在所难免。

加拿大智库对政府依赖性较强。与美国等国家智库时刻标榜独立于政府不同，加拿大智库并不讳言和政府的紧密联系。一方面，一些智库的创办者或主要研究人员就来自于政府。多伦多大学莫厄特中心的创始人就两进两出政府，最后选择回大学创办智库，从相对更客观的立场继续为政府服务。可持续发展研究所的一位主要负责人在政府工作过 37 年。另一方面，一些智库的定位就是为政府决策服务，使政府的决策更加符合实际，更加符合国家的中长期发展要求，更加符合大多数公众的利益。多伦多大学莫厄特中心成立的目的，就是要在政

① 参见〔美〕詹姆斯·G. 麦甘：《2015 年全球智库报告》，上海社会科学院出版社 2016 年版，第 16—21 页。

府、学术界和广大的公众之间架起一座相互沟通、理解的桥梁，推动政府与公众社会，包括和私营企业、非政府组织等，形成良性互动，促进相互了解，并通过这种目标设计，让政府理解智库的研究和建议，开放更多的咨询空间，以便实现帮助政府解决面临的经济社会发展问题的初衷。为此，智库不仅不刻意与政府保持距离，而且要加强与政府的联系，保持良好关系，才能时刻了解政府的需要，理解政府的运作，关键时刻提出的建议，也才能引起政府的重视。即使对政府有意见，甚至是对立意见，也会提出来，但会讲究方式和时机，要建设性而不是破坏性。

加拿大智库的资金来源中，政府资助占相当比例。由于智库规模一般都不大，所以占用资金量普遍也不是很大。即使这样，筹集资金依然是智库生存和发展的基础，也是智库机构最高负责人的主要任务之一，有的甚至要拿出一半以上的精力来做好这项工作。资金来源多样化是智库努力的方向，这种趋势越来越明显。与此同时，智库并不排斥从政府获得资助，事实上为数不少的智库从政府拿到钱。以全球化治理为主要研究方向的国际治理创新研究中心（CiGi）成立时，相当一部分开办资金即来自于联邦政府和安大略省政府。亚太基金会的启动资金 5000 万加元全部来自联邦政府，多伦多大学莫厄特中心成立时的资金也都来自于省政府。此外，贺维学会等也都十分重视政府或公共部门资助。但是，个别智库由于得不到政府扶持或社会捐助，面临关门的困境。颇有传统和影响的农业智库乔治・莫里斯中心就因差钱准备关闭。

因此，加拿大智库对独立性有自己的理解，不刻意站在政府对立面。智库的独立性既和智库的属性和定位有关，也和资金来源等有关，但归根结底，独立性问题的关键体现在智库和政府的关系上。莫厄特中心的专家认为，智库的独立性既是与生俱来，也是政府治理结构优化的需要。如果对独立性的认识和理解有误区的话，智库也是很难实现独立性的。强调所谓智库的独立性，不能让人利用而成为让政府尴尬的工具。它们特别不赞同这样一种观点：保持智库的独立性和帮助政府是矛盾和对立的。它们也从来不认同：只有站在政府的对立面批评政府才是保持独立性，而帮助政府就是失去独立性。如何看待智库的独立性，智库自身的立场很重要，角度定位也很重要。如果智库的目的就是批评政府、反对政府，这样的智库恰恰是没有独立性的。智库的独立性应当体现在对政府与大众的影响力和沟通上，不仅要影响政府，还要沟通大众，更要在政府与大众之间架起互联互通、良性互动的桥梁与通道。

加拿大智库普遍思想偏激、活力不够。研究显示，财政状况恶化也对加拿大智库的思想版图产生了令人担忧的影响。那些立场更加鲜明极端的智库，往往更能吸引特定群体的关注、同情与支持，从而获得捐款或拨款以维持运转；而那些不持明确立场或者立场随风摇摆的智库，则慢慢被日益恶化的财政状况打败。由此造成的结果，是存活下来的加拿大智库，要么旗帜鲜明地支持政府在经济社会事务中积极发挥作用，要么明确反对政府介入任何可以通过市场机制或社会力量协调的领域。与加拿大相反，美国智库经费来源多样，而且经费筹措模式与智库立场并没有明确的对应关系。在这种情况下，许多美国智库都能够在不依赖公共经费的情况下运转与发展。对于那些倡导政府发挥更大作用的智库而言，避免直接接受来自政府的资金支持，显然有利于增强自身的公信力。更重要的是，在加拿大，许多最初由政府部门建立的智库，为保证自身能够紧跟不断变化的政府政策，立场往往趋于中庸；而美国智库因为不必过于担心因失去政府资金支持而陷入运营困境，则不会避讳表达自己的立场，往往也显得更有活力。

（二）加拿大智库异于美国的原因分析

由此我们发现，美、加智库如此不同。加拿大与美国同属北美地区，政治、经济、文化等联系紧密，并有很多相通之处。然而，相对于美国，无论数量还是影响力，加拿大的智库都很容易受到忽略。表面上，智库发育与该国政治社会格局紧密相关，加拿大基本上是个国泰民安的国家，对公共事务的参与也以社会性为主，对外政策与政治安全领域相对更注重全球化等主题。然而，加拿大智库欠发达还有其他更深层次的原因①。

第一，加拿大智库的政治空间有限。加拿大与美国虽然历史渊源深厚，但政治传统、政治文化却有很大不同。美国早在 18 世纪就通过战争获得了独立，并建立了相对独立的行政机构，形成了“总统共和制”的政体。而加拿大则长期留在英联邦内，直到 20 世纪才真正成为独立的国家，并且在很大程度上复制了英国的议会制政体，继承了英国尊重权威的精英主义传统，掌握政策制定实质性权力的官僚体系对那些向政府提供建议的外部团体并没有足够重视。这种体制从利益集团处于半灰色地带可见一斑。而在美国，高度分散的政治制度，再加上松散的政党制度，为智库促成政治议程提供了空间。与美国相比，加拿大完全由私人发起的智库数量极其有限，发起政策研究与讨论的基本上是都来自政府自身或高级公务员。

第二，是党政部门组织结构的限制。美国和加拿大虽联系紧密，但两国的政治结构却完全不同。美国的“总统共和制”政体为智库提供了许多直接参与和影响政策进程的机会。在美国，由于行政机构首长拥有一定的自由裁量权和人事任免权，智库的意见在很大程度上可以直接影响政府决策，而智库和政府间更广泛存在着“旋转门”式的人员流动。而与美国相反，加拿大的议会制政体使政党在政策制定中发挥着更加强大的作用，这在一定程度上限制了智库的活动空间。加拿大政党成员必须遵循所在政党路线的原则、内阁团结等原则，他们在判断智库的思想时要考虑这些思想是否与其所在党的利益和政策协调。加拿大各级政府的机构设置异常庞杂，尤其是政府咨询委员会非常强大，政府本身的咨询研究功能较强。加拿大联邦官僚系统中有与政府机构、王室机构并列的咨询机构。咨询机构包括皇家委员会、政府及其各部的特设委员会以及顾问委员会等，这些机构与智库的某些职能非常接近。集权政党与责任内阁限制了加拿大智库发挥作用的空间，庞杂的机构设置也对相对独立的智库发展空间造成挤压。此外，加拿大各政府部门中存在大量价值

① 参见杨国庆：《加拿大智库及其运作》，《学习时报》2014 年 4 月 7 日。

中立且长期任职的专业文官，也迫使智库只能更多地采取媒体曝光等方式间接影响政策进程。因此，与美国相比，加拿大的政治结构在很大程度上限制了其智库的发展空间，智库只能通过有限的渠道发挥影响，智库在政策制定过程中所能发挥的作用也受到了限制。

第三，加拿大相比美国经济基础偏弱。美国是世界第一大经济体，加拿大是世界第七大经济体，而由美加两国构成的北美地区，则堪称世界上最富裕的地区之一。然而，美加两国智库所处的财政环境却存在着很大区别，这种区别也导致了两国智库资金来源的差异。美国不仅经济总量庞大，而且拥有大量富裕的企业和个人，这使许多美国智库可以完全依靠社会各界的捐赠运行。相比而言，绝大部分加拿大智库都无法脱离政府的扶持，它们要么直接从政府部门获取经费，要么通过承接政府外包的项目来维持自身的运转。

加拿大基金会虽然发达，但对智库的捐献却非常有限。美国，无论自由派智库还是保守派智库，都能获得各自同情者和支持者的捐款；而在加拿大，少数能够获得私人或企业捐赠资金的智库，往往更倾向于鼓吹旨在限制政府规模的保守主义政策；依靠公共财政支持的智库，则往往鼓吹相对中庸的政策路线，倡导政府与市场均衡协调发展。与美国的精英智库不同，加拿大的绝大多数政策机构现在没法用声誉显赫的专家队伍或数百万美元的预算来打动政策制定者，它们面临的最严峻的挑战是如何获得足够的资金和高素质的员工。资金不足导致人才吸引力不够，人才缺乏又导致政策研究薄弱。而且为了防止智库妨碍公务，加拿大政府规定，当智库在涉及参与政治、影响决策、关乎政策等政治目的的活动时，最多只能支出不超过全部经费的10%。

三、欧洲政党依附性智库发展模式及其反思

（一）欧洲智库的官方背景

欧洲国家的智库通常有强烈的党派倾向，具有浓厚的官方背景，

与政府的关系较为密切。一方面，智库经常根据政府行政管理的需要，对各自专业领域所发生的问题进行深入研究，提出研究结论和对策思路，供决策者参考。另一方面，智库与政府的关系又促进了智库的发展，为智库提供了发挥影响力的舞台，同时也更能确保政府出台的各类政策有利于国计民生。在全球十大“最优秀的政党智库”里，德国和英国智库坐拥8个席位。在英国，影响力较大的一些智库都是由保守党或工党成立的，以满足参与政治意识形态辩论的需要，但政党与智库之间在组织架构上没有直接的隶属关系。德国智库的经费绝大多数来自于联邦政府和各级政府的财政支持，或是通过法律规定的财政拨款，或是通过政府研究委托合同的方式支付。

比如，英国智库多为“政党依附型智库”，即智库依附于某一政党来实现对权力和决策的影响，具有明确的意识形态倾向。

英国特定的历史机遇造就了政党依附型智库发展模式。一战后，由于政府对外交和经济战略决策的需求，英国智库迎来了第一次发展浪潮。这一时期的智库坚持独立和理性的研究，拒绝党派和意识形态的束缚，致力于为政府决策者提供务实可行的政策建议。第二次世界大战后至20世纪80年代，为迎合政党竞争和冷战时期意识形态宣传的需要，出现了英国智库发展的第二次浪潮。这一时期先是出现了一大批右翼智库，如经济事务研究所、政策研究中心（CPS），亚当·斯密研究所，主张回归经济自由主义和“小政府”。它们与保守党关系密切，为保守党的执政提供了帮助。为与右翼政党相抗衡，工党在1988年成立了左翼智库公共政策研究所，致力于扩大左翼思潮的影响力。公共政策研究所的主要任务是促进工党的现代化转变并在人民大众中宣传左翼思潮。

更重要的是，英国特定的政治制度造就了政党依附性智库发展模式，与政党建立有效的联系渠道成为智库实现影响力的理性选择。首先，英国拥有较强势的文官集团，它们在决策时通常不依赖于政府部门以外的智力支持。其次，作为内阁制国家，英国大选只选出下议院议员，不直接选举政府首脑。在大选中获得议会席位最多的第一大党党首直接出任首相。因此，政党在英国的政治生活中扮演着非常重要的角色。最后，英国在各个选区奉行“简单多数制”而非“比例代表制”。这种选举制度强化了政党之间的对抗性竞争和意识形态分化。长期以来，英国的意识形态以右翼保守主义为主，并夹杂左翼激进主义。而英国的两大政党保守党和工党，则正好分属这两大思想阵营。这种保守主义和激进主义相互竞争、相互依存的局面为智库的意识形态化提供了土壤。此外，英国社会文化中私人捐助慈善事业的传统相对较弱，智库在经费上往往不得不有求于政党或政府。

如在德国，智库的经费绝大多数来自于联邦政府和各级政府的财政支持，或是通过法律规定的财政拨款，或是通过政府研究委托合同的方式支付。

德国是最早建立智库的国家之一，而德国议会中的主流政党基本上都有一个自己属意的基金会，成为智库的主要支持者。在德国众多智库中，活跃着作为重要政治智库的六大政治基金会。分别是亲近基督教民主联盟的康拉德·阿登纳基金会，亲社会民主党的弗里德里希·艾伯特基金会，接近基督教社会联盟的汉斯·赛德尔基金会，亲自由民主党的弗里德里希·瑙曼基金会，接近联盟绿党的海因里希·伯尔基金会以及亲左翼党的罗莎·卢森堡联邦基金会。在德国，只要政治基金会所倾向的政党能连续多次在联邦议会中获得议席，就可以获得国家财政资助。罗莎·卢森堡联邦基金会就是1998年左翼党进入联邦议会后设立的。基金会获得资助的幅度与政党在议会选举中获得的议席数量挂钩。

德国智库在思想倾向上往往体现政党利益。由于法律规定在一个政党中担任领导职位的政治家不允许在基金会中出任类似领导职位，所以政治基金会的领导层大多来自所亲近政党的退职要员，理事会主席通常是由该政党的知名代表担任。同时，一些基金会成员也在政党的外交事务委员会等职能部门兼职。所以，尽管在法律上政治基金会被赋予了完全独立的地位，但各基金会的工作都以政党的纲领和世界观为评判标准，在国际事务中除了维护国家利益，也在一定程度上体现政党利益。

德国政治基金会的资金大部分来源于联邦和州的财政预算。国家支持基金会的经费包括两个部分，一是来自于联邦内政部用以维持基金会正常运作和政治教育工作的费用；二是项目经费。项目资金除了少部分来自于联邦德国外交部，大部分来自于联邦经济发展合作部，主要被用来开展国际合作、政策研究、人才培养和留学生资助等项目。近年来，项目资金所占比重不断提高，逐渐成为主导智库发展运行的关键。这一方面有助于将有限的财政资金用于有针对性的政策研究，另一方面也便于追踪资金使用情况。

在法国，政府主要部门都建立了研究中心，从事本领域的中长期趋势研究，如国防部建立的战略事务委员会和装备总委员会，外交部建立的分析预测中心和法国现代中国研究中心，法国计划总署建立的前景研究与国际信息中心。而那些独立于政府和政党的智库，由于缺乏稳定的资金支持，发展规模和影响力远不如政党型智库。

（二）欧洲智库对政党依附性的反思

目前，英国主要智库的党派属性依然显著，意识形态之争仍有市场。传统的右翼智库大多仍然坚守阵地。如经济事务研究所和政策研究中心仍然强调自身的意识形态属性，拒绝任何委托项目，只接受源于意识形态目的的捐赠。即使是一些新成立的智库也强调自身的党派属性。如1998年建立的促进研究会（Catalyst），就旗帜鲜明地站在了工党一边。同年成立的外交政策中心（FPC），虽然对外宣称是独立的政策研究机构，但它是由时任英国首相的托尼·布莱尔一手创建起来的，因此也被认为是左翼智库。

同时，近年来，英国越来越意识到政党依附型智库的局限所在。依附于政党虽然为智库提供了连接权力中心的便捷渠道，却限制了智库的长远发展。首先，智库的关注议题被局限于宣传党派主张和开展意识形态辩论，不利于开展高质量研究。其次，造成了不同党派智库之间的对立，无助于取长补短、合作与共同进步。最后，政党依附型智库的兴衰很容易受到执政党更替的影响，如撒切尔夫人支持的右翼智库在工党执政后就变得处境艰难。政党依附属性不但对智库本身造成很大局限，而且对英国的国家和社会发展也很不利。一方面，智库依附于政党限制了其决策外脑作用的发挥，导致政策辩论成为意识形态之争，不利于政府实现理性决策。另一方面，意识形态化和党派化的智库很难在社会中营造开放的舆论环境和理性的政治氛围，导致智库启迪公众的潜力难以充分发挥，反而加剧了整个社会的思想对立。

基于对时代变迁的适应和对传统模式的反思，当代英国智库大都在积极调整发展策略。就目前的状况来看，传统智库的独立性正在增长，党派属性则呈现下降趋势。一方面，政策制定者越来越关注具有实际操作性的解决方案而非抽象的意识形态，因此智库受党派的影响有所减弱。同时，智库自身也希望逐渐淡化研究的意识形态色彩。例如公共政策研究所目前已经将主要关注领域转向了对具体政策问题的研究，对研究成果的评价基于其质量和影响力而非意识形态，经费来源也转为主要依靠项目收入而非政党拨款。同时，新型独立智库虽然在经费和研究水平方面仍然难以和传统智库相抗衡，但是近年来发展迅速，影响力在逐步扩大。另外，依附政党已经不再是智库实现影响力的唯一选择。人们参与政治的渠道更加多元；英国的政党政治逐渐走向衰落；两大政党的党员数量都在不断减少。为适应这一系列变迁，智库实现影响力的途径也随之走向多元。当前英国智库正在反思和转变中走向成熟，并试图超越政党依附型智库的种种局限。

对于德国智库来说，虽然项目资金由政府部门拨付，但是政治基金会仍保留适当的自主性。有时会出现一些“基金会外交”与政府外交政策不一致的情况，促使联邦政府对外交政策进行反思、修正和调整，这集中体现在政府对发展中国家的发展援助政策中。

首先，政治基金会不仅将公众作为政治教育的对象，也视为影响政策制定的重要目标群体。近年来，西欧国家民众与政党之间的传统组织纽带因为生活方式的改变和科技力量的发展而弱化，以网络新媒体为代表的社会舆论在公共政策制定过程中的影响越来越大。基金会通过提供内部研究报告来影响少数政治精英决策的可能性已经大大降低。在这一背景下，德国政治基金会开始更多地将独立研究或与其他部门机构合作研究的成果通过电视、网络、学术会议、公开刊物等方式向公众开放，将自己影响决策的目标群体从少数政治精英扩大到普通大众，以达到影响政党和政府决策的目标。

其次，政治基金会积极参与推动政党的改革与发展。由于在组织结构和人事上与德国国内权力体系密切相关，政治基金会始终密切关注所属意政党的发展与转型。例如在德国社会民主党陷入选举和意识形态危机时，艾伯特基金会就曾经积极参与讨论，通过专业化的辩论，把政党改革的必要性传递给了各级党员和组织机构、工会和公众，间接推动了德国社会民主党党纲的修订。

最后，政治基金会渗透到外交实践中并对传统外交模式产生了深刻的影响。通过网络化交往和项目化运作，德国政治基金会在国际上编织了从学界权威到政府高官的稠密精英网络。在全球超过 100 多个国家开展教育、咨询和政策对话，并驻有长期的办事机构，是德国外交决策的重要预警系统、信息来源和咨询部门。另外，作为非官方组织，德国政治基金会本身是由各种不同利益和政治倾向的基金会组成，宽容度高，社会接触面相当广泛，为德国政府提供了对外施加影响的特殊外交途径，使德国向发展中国家和转型国家提供的某些援助更容易被视作善意帮助，而不会被视为霸权主义的干涉内政而遭拒绝。

（三）欧洲智库模式的其他特征

欧洲智库倾向于走“高端”宣传路线。与美国智库主动开发各种业务不同，欧洲智库更喜欢走“高端路线”。它们举办各种论坛和活动，以提高自身的知名度和影响力。如查塔姆社每年举行多达 100 多场国际会议，每年举办的活动中，重要的两个就是重要人物演讲会和专题讲座。前者主要是请来英国访问的外国总理、部长等就国际问题发表演说，时任中国外交部部长的钱其琛、杨洁篪曾分别于 1995 年和 2007 年在该所发表演说；后者主要请国际问题专家就当前国际热点问题进行分析、讨论和讲解。法国国际关系研究所于2005年在布鲁塞尔成立了分支机构，每周二在布鲁塞尔举行活动，把它作为该中心与世界要人的联络中点站。而作为《2012年全球智库报告》西欧第一智库的布鲁盖尔（BRUEGEL）更是这方面的代表，它们利用自己被称为欧洲政治中心的“布鲁塞尔”这一有利位置，主动和欧洲甚至世界各国政坛要人保持良好的双边关系，打造自己世界一流的国际平台，把世界各国名人、要人等作为自己推销产品的主要客户。

欧洲智库国际化视野相对狭窄。欧洲智库数量在近年来大约增长了4倍，但数量的增加，并没有使其在欧盟决策方面造成更大的影响。根本原因在于，相比较欧盟地区的一体化，欧洲智库还处于“四分五裂”状态，大多数的研究以国家发展为导向，而将整个欧洲的安全发展列为研究对象的还很有限，大多数智库研究的侧重点在于国家决策和部门前景上，对于欧盟整体利益，则涉及不多。冷战后，欧盟一体化趋势明显加快，欧盟作为世界独立的一级越来越被世界认可，但是，由于欧盟国家众多，内部的问题和矛盾也越来越多。近年来，出现过“新欧洲”和“老欧洲”在伊拉克问题上的对立，也出现过面对希腊、意大利债务危机的束手无策。这本是欧洲著名智库大显身手的时候，但是没有听到欧洲智库应有的声音。而同一时期，面临世界经济危机的美国，面对美国的“财政悬崖”，美国智库的言论天天见诸报端媒体。欧盟的出现以及欧盟的战略，客观上要求欧洲智库的欧盟化和世界化，但显然欧洲智库目前还没有跟上时代的步伐，国际化视野仍有待提升。

欧洲学术氛围浓厚、商业气氛不足。秉承着优厚的文化和思想传统，欧洲智库出版了全世界最多的研究书籍，这与政府的大力资助以及智库丰富的学术资源密不可分。相对来说，欧洲智库的商业氛围不像美国那样明显。一个智库的运营除了要有较高的学术研究水平外，还需要适当地推销自己的产品和服务，否则，智库的发展将会受到制约。在欧洲，很多规模较大的智库都面临着资金不足的现实困难，被迫千方百计筹集资金，否则很难生存下去。所以，那些活跃的大智库不得不依附于政府或某个主流政党，政府控制智库的现象普遍存在。欧洲政策中心主任 Stanley Crossick 认为，欧洲的智库过于依赖政府和欧洲委员会，因为其资金来源大多出自政府，因此欧洲智库的未来发展应该从更多的私人基金获得资本，就像美国一样。

四、亚洲智库的政府背景最为显著

（一）亚洲智库特色及差距

亚洲地区在经济、政治、文化和社会等方面的特点，赋予了亚洲智库自己的特点。亚洲大多数国家是在二战后建立或独立的，经济、社会的快速发展则开始于更晚的 19 世纪末，亚洲智库是伴随着国家的发展而发展起来的，因此亚洲智库的历史并不长。亚洲地区独特的经济、文化，与国家发展相依存的成长方式，使得亚洲智库总体上对政府的依附性较强，研究具有很强的政策导向性，独立性相对较弱。

与欧美智库相比，亚洲智库的政府背景更为明显，它们甚至直接向政府内政和外交机构提供咨询服务。如中共中央党校、中国社会科学院等，在中国的经济社会发展中一直扮演着“智囊”角色。韩国发展研究所也是如此，它隶属于国务院，其地位相当于中国的国务院发展研究中心。日本的国际问题研究所在 1996 年成立裁军和核不扩散研究中心就是出自日本外务省的授意。日本内阁府的“经济社会综合研究所”、央行的“日本银行金融研究所”以及经济产业省的“经济产业研究所”，这些为日本政府部门的经济社会、金融和产业政策提供政策参考的智库都隶属于政府。负责印度尼西亚内政和外交等重大政策研究和咨询的印度尼西亚国际战略研究中心，同样具有极深的政府背景，它是由时任总统苏哈托的亲信创立的。印度的防务分析研究所被称为印度第一个独立于政府和高校以外的研究所，但是其一直在扮演着重要的官方“智囊”的角色，与印度政府有着千丝万缕的联系。该研究所的理事会主席一直由国防部长担任，其理事会成员主要是退休的高级将领。该研究所在其成立后的近 50 年（1965 年成立）里，对印度的对外安全政策，包括核武器、军队支出、对印度的传统威胁和非传统威胁等方面，都起着非常重要的作用。

与欧美智库相比，亚洲智库在课题研究、前沿关注方面，习惯于“命题作业”。亚洲智库的这种运作方式与东方文化重社会、重和谐、重情、重义的文化底蕴有很大的关系。东方文化是建立在服从的基础之上的，儒家文化教化民众服从政府，稳定公序良俗。亚洲正是儒家文化盛行之地，服从思想自然也就成为亚洲各国文化的主流。存活于这种文化中的智库也不可避免地要受其影响。因此智库在选择研究课题、关注前沿问题的时候多少都会对政治系统运行和决策过程做出一定的妥协，研究成果在一定程度上要服从政治的需要。例如，我国很多智库，主要以国家重大课题为主，而且乐此不疲。而这些国家、政府的课题，具有很强的政策倾向，也就是所谓的“命题作业”。智库很多时候只是去证明这些“命题的正确与否”。同样，在日本、韩国、印度尼西亚和马来西亚等国家也一样，这些国家的智库很少会主动关注和研究国家，甚至世界当前的热点和重点问题，只有当政府或相关机关需要时，它们才会进行研究和跟踪。

与欧美智库相比，多数亚洲国家智库的研究课题大都围绕本国的发展进行。它们对解决本国的问题更感兴趣，而对全球性问题和国际事务则少有问津，因此甚少有机会针对全球性问题和国际事务发表自己的观点，难以形成国际影响力。在全球性战略议题的研究上也大多是拾人牙慧，失了先机和在这些问题上的话语权和国际影响力，因此在某些政策方面受制于人也就在情理之中了。在这方面，印度尼西亚就是一个很好的例子，印度尼西亚智库的研究基本都是以印度尼西亚的内政外交为主，虽然对国际事务也有涉及，但研究成果及影响力都不尽如人意。

（二）具有本土特征的日本智库

与欧美的发达智库业相比，亚洲的智库起步比较晚。而相对说来，日本智库的发展在亚洲国家中是比较早的。二战结束后，日本有一个稳定的经济发展期，为适应社会经济发展的需要，为了给企业和各种经济机构提供智能服务，日本的智库业得到了较快发展。日本智库的发展大体上可分为三个阶段：1970 年以前是第一阶段，属于日本智库开创、借鉴和探索的阶段；1970 年到 1980 年是第二阶段，属于日本智库由激烈竞争转向稳定发展的阶段；1981 年至今是第三阶段，日本智库迎来了发展高潮，也进入了既具综合性又具专业化的发展阶段。日本智库既借鉴美欧智库，但同时又扬弃了美欧智库，形成了具有日本本土特征的智库模式。日本智库主要分为四种类型：

第一类是由大型财团、银行系统主办的大型智库，这类智库依托大型企业（财团、银行）的优势，充分利用国内外的强大信息资源，拥有出色的人力资源优势，有着较为丰富的咨询研究经验，主要为政府各部门、跨国公司、大中型企业集团等提供综合性咨询服务和课题调研。日本的一些著名综合性智库，例如，野村综合研究所、三菱综合研究所、冈山技研等，由于有大型财团、金融机构或大型企业集团做后盾，已经发展成为非常著名的巨型智库，不仅为日本政府和大型企业集团提供咨询服务，而且还为国外的一些国家的政府部门和大型企业等提供工程、技术等方面的咨询和管理、决策方面的顾问服务。同时，这些大型综合性智库还经常参与日本国防等方面的尖端技术研发。

第二类是由政府部门或政党出资或主要资助的“准官方”的智库，主要是承接为官方政策服务的课题。日本政府和一些政党非常重视智库建设，比如，原田中内阁的官房长官、后任自民党干事长的二阶堂进，就非常积极地倡导和支持智库。他筹建“综合研究开发机构”，联络政界、财界和学术界，亲自主持制订方案，招揽人才，着力把该机构建成日本的全球性战略智库，其研究课题涉及经济、政治、外交、军事以及日本发展道路等重大问题。日本政府不仅有计划地委托这些“准官方”智库研究许多重大问题，而且有些首脑人物还常直接参加智库举办的活动，甚至有些高官还在一些智库中兼职。这类智库除了二阶堂进倡导的“综合研究开发机构”之外，日本外务省有“日本国际问题研究所”，防卫省有“日本防卫研究所”，内阁府有“经济社会综合研究所”，通产省有“亚洲研究所”，央行有“日本银行金融研究所”，经济产业省有“经济产业研究所”等，这些智库的经费主要是由政府以“补助金”名义提供的，研究成果多为政府决策服务。其中，比较典型的是被称为日本“兰德公司”的“日本防卫研究所”，它专门为日本政府提供防卫政策理论支持，并研究包括中国在内的一些大国的军事发展状况。此外，还有创立较早的“日本经济研究所”，该研究所每年80%左右的经费是通过向政府经济、技术职能部门申请获得的，它为政府提供经济政策建议和经济发展状况研究。这一类的智库可以说是日本政府部门、政党的最亲近的“智囊团”。

第三类是日本政府指定和支持的事业法人智库。这类智库实际上是一种综合性事业开发与管理的准政府性质的行业性指导机构，它们承接中央政府或地方政府委托的研究项目，从咨询方面为中小企业提供全方位的事业支援。它们背后有政府撑腰，获得了政府在政策、资金方面的支持。这类智库的业务范围和服务网络已经覆盖了全日本各个地区、各个行业，对于推动日本经济发展发挥了巨大的作用。例如，“日本中小企业事业团”“全日本能率联合会”“中小企业诊断协会”“日本贸易振兴会”“全国商工会联合会”“中小企业关系团体联合会”“全国转包企业振兴协会”“中小企业地域情报中心”“全国中小企业信息化促进中心”等。这类智库对促进中小企业和行业发展起着重要的推动作用。

第四类是各种民间咨询机构。包括个人独立创办的咨询公司和各类团体或企业创办的智库等。它们针对行业内或相关专业领域的发展现状、所遇到的问题、所面临的发展趋势等提供多层次多方面的咨询服务和专题性的课题调研。这类智库反应快捷、服务及时、针对性强、见效快，与财团主办的大型智库相比，它们犹如智库中的“游击队”，服务活动更灵活。例如，“（株式会社）NTT经营研究所”等就是日本民营智库的典型代表。这一类智库绝大多数是由取得中小企业诊断士资格并注册登记、具有丰富经验的经营咨询师创办的，比如，位于大阪的“木村经营研究所”，是由日本咨询界资深的咨询师木村创办的，他任该研究所所长，该所的主要业务是为中小企业提供全方位的经营咨询服务，同时也为外资企业和地方政府提供相关的咨询服务。

（三）韩国民营智库异军突起

自20世纪60年代以来，在短短20多年的时间里，韩国由世界上最贫穷落后的国家之一，一跃跻身为最有代表性的新兴工业化国家之一。韩国并不将自己仅仅定位于一个“闷声发财”的“经济动物”，经济崛起后的韩国十分渴望在国际舞台尤其是亚太舞台上展示自身的影响力，包括外交和思想影响力。从20世纪90年代开始，韩国就一直期望携经济发展和民主改革之利，在国际政治棋局中一展抱负。在这一进程中，形形色色的智库开始粉墨登场，主动承接起替韩国政府出谋划策、聚集人脉、传播思想的职责。

韩国种类繁多的智库大致可分两大类：官方智库和私人智库。官方智库通常是由国家财政拨款运营的。比如直属于韩国国务院的开发研究院（KDI），大致相当于中国的国务院发展研究中心；而在外交领域，最知名的官方外交智库则非外交安保研究院莫属，它隶属于韩国外交通商部，大抵类似中国的国际问题研究所。近些年来，随着韩国经济的发展和民间社会的培育，大量的私人智库如雨后春笋般迅速发展起来。几乎每个有实力的大型企业集团都建有自己的研究所，但这些智库主要充当本企业利益代言人的角色。

私人智库开始异军突起，成为韩国智库中引人瞩目的一员。这些智库通常强调服务于整个国家的利益，它们积极介入对国家重大公共政策包括外交政策的研究，并为政府提供各种政策菜单。这些智库通常由大企业或公共财团（如基金会）出资建立，为国家社会发展进行综合性、战略性研究，强调的是公益性和独立性，而非营利性，它们频繁介入各种公共事务，成为影响韩国内政外交政策走向的一支重要力量，并越来越受到政府的倚重。

位于首尔的峨山政策研究院（The Asian Institute for Policy Studies）是韩国最为活跃的一个智库。峨山政策研究院成立于 2008 年，其宗旨是促使半岛和平与统一、东北亚地区的和平与稳定。虽然成立时间不长，但因其在人才招纳、活动举办、舆论宣传和政策研究等方面都出手不凡，而在韩国乃至东北亚、美国和欧洲都声名日隆。①

峨山政策研究院的创始人是韩国最大财阀之一、现代重工集团的总裁郑梦准。有这样一个强大的东家，峨山研究院便有了源源不断的资金支持。强大的资金后盾通常是一个年轻智库快速崛起的不二密码。因此，峨山政策研究院与那些企业智库有明显的不同。它的研究领域远远超出了企业的经营业务，而是放眼整个韩国在世界舞台上的国家利益。峨山研究院曾公开表示，它从事的是独立的外交政策研究，致力于推动半岛和平与朝韩统一。

有了资金，人才便是智库发展的关键。峨山政策研究院从美国吸纳了大量的“海归”博士，这些具有国际交流能力的“海归”成为峨山政策研究院的坚强砥柱，也成为峨山政策研究院打入美国国际关系和外交圈的重要砝码。峨山政策研究院设有理事会，数十位理事绝大多数是韩国知名大学的教授和政府研究部门的学者，还有几十名专职研究人员，几乎全部是毕业于欧、美、日等国名牌大学的博士，就连普通工作人员也大多是海外留学归国的学士、硕士。

与其他智库通常只强调“收割”成熟人才不同，峨山政策研究院特别强调对年轻人才的培养。在峨山政策研究院，通常有大量的实习生，对于其中的优秀者，研究院往往不吝资金给他们提供出国留学的机会，并支持他们学成回国进入政府。不仅如此，峨山政策研究院还积极鼓励跨国青年交流。这样的人才和人脉储备为峨山在未来占领政策研究的制高点打下了坚实基础。

和国际上知名的私人智库一样，峨山政策研究院的研究人员与政、商、学界之间的流动性非常频繁，总是不断有研究人员走出峨山政策研究院，进入政界或者商界，或者到大学任教，同时，也不断有政界、

① 参见李巍：《峨山政策研究院：韩国思想之矛》，《学习时报》2012 年 12 月 3 日。

商界或者大学的人员来到峨山政策研究院。这种跨界的频繁互动，一方面有利于为峨山政策研究院在社会各界建立强大的人脉网络；另一方面也有利于扩散其政策和思想影响力。

峨山政策研究院一直注重加强与国际同类单位的合作，在短短数年时间里，就与中国的国防大学、社科院亚太所、改革开放论坛、上海国际问题研究院等机构建立起了学术合作关系。除此之外，峨山政策研究院还频繁举办各种跨国性的大型论坛、中小型学术会议和交流访问，邀请国外知名官员、学者和媒体人士参加，并为来韩的国外访问学者的学术研究提供资金，从而使作为后起之秀的峨山政策研究院一开始就具备国际影响力。

在外交政策思想上，峨山政策研究院把中国和美国作为最主要的两个研究对象，并特别设有中国研究中心和美国研究中心。它强调韩国要以各种手段坚决捍卫国家利益，主张“联中用美”，通过灵活处理与美国的传统盟友关系和与中国的新型邻邦关系来折冲于亚太舞台。因此峨山政策研究院特别强调对待中美这两个大国要并重，不能依赖一方而疏远另一方，否则韩国就丧失了回旋的空间。它认为，韩国不应成为中美任何一方的棋子，相反，韩国应该主动利用中美之间的合作与斗争，在其中谋求韩国最大的外交空间和国家利益。

（四）新的趋势

近年来，随着亚洲经济、社会发展迅速，传统官办智库更是难以满足经济、社会发展对智库的需求，因此，更多新型智库开始涌现。其中附属于大型企业的智库，企业自己创办的智库以及私人智库都是新型智库中非常有代表性的力量。附属于大型企业的智库或大企业自己创办的智库，都对企业的发展承担着责任，其目的是充当企业的“大脑”，为企业的研发和市场营销出谋划策，为企业创造盈利，日本和韩国的大型企业都有自己的研究所。丰田研究所、索尼研究所、松下研究所、三星研究所、现代研究所、LG 研究所等，就属于这一类的智库。

近年来私人智库的发展引人瞩目，成为智库军团中的一匹黑马。这类智库一般由大企业或公共财团（如基金会）出资建立，强调研究的公益性、独立性，而赢利不是其最重视的因素。私人智库重视国家利益，因此它们的研究多是为国家经济、社会发展服务的，它们通过研究国家重大公共政策，包括外交政策，来为政府提供解决问题的参考。目前，私人智库已经发展成为影响各国内政外交政策决策的重要力量，并日渐得到政府的青睐。韩国的峨山政策研究院就是其中的佼佼者，并始终将“促使半岛和平与统一、东北亚地区的和平与稳定”视为其宗旨。

即使亚洲智库取得了长足的发展，但与欧美知名智库相比，其国际影响力与亚洲地区在世界版图中的经济地位仍是不相称的。造成这一状况的原因有很多，亚洲智库起步晚是非常重要的一个原因，但却不是全部的原因。

亚洲智库发展过程中经常不能脱离的政府影响、宣传交流不到位等都是阻碍亚洲智库进一步发展的问题。亚洲公共政策领域的智库大多跟政府联系紧密，这使得智库更多地集中研究地区的经济、政策和安全问题。再加上这些智库多是官办或半官方的机构，其经费全部或者部分来自政府，这使其独立性存在很大问题。这两方面的原因导致的结果就是智库的研究会受到政府导向的左右，其公信力和研究成果的专业性因受到质疑而大打折扣。近年来，虽然亚洲智库也试图扭转这种状况，努力实现经营独立化，也取得了一定的成效，但一些知名智库在这方面的状况还有待于进一步改善。如韩国的发展研究院，该机构就是由政府直接提供帮助的。但如果是在美国，这种情况就不会发生。美国的执政党并不是确定的，而是通过竞选决定的，政党交替的不确定性决定了智库难以从政府那里得到长期稳定的资助。

不注重媒体宣传，是亚洲智库影响力小的另一个原因。随着媒体网络的兴起，各种信息资讯更新换代的时间严重缩短，很难有信息长期有效地吸引公众的眼球，长久地影响公众的思维。这就要求成功的智库不但要有强大的科研能力，还要有强大的宣传渠道和宣传能力，能及时有效地将自己的研究成果推广出去，并形成一定的影响力。在公众政治参与度越来越高的情况下，智库的舆论宣传可以使自己的研究成果在社会各阶层中形成影响力，有利于智库实现其影响政府决策的目的。然而，亚洲智库在网络、媒体宣传方面普遍做得不够好，与欧美国家有很大的差距。特别是在中国，大多数智库都没有自己相对成熟的英文网站，这就大大缩小了这些智库研究成果的传播范围。在全球化时代，英语是国际交流中最常使用的语言，没有成熟的英文网站，很难使智库的研究成果走出一国的范围，从而走向世界。

在全球化的时代，亚洲智库要打破闭门造车的局限，加强国际交流与合作。加强国际交流与合作可以实现信息的互通有无，提高研究成果的科学性和专业性，有利于塑造智库的公信力与国际影响力。随着全球化趋势的日益加强、各个国家都变成了世界的一分子，任何希望“独善其身”的国家都是不可能存在的。亚洲智库需要参与到国际问题的研究中去，与国际知名智库建立良好的沟通交流渠道，形成自己在国际问题上的影响力，建立起自己的话语权。但目前，亚洲智库在这方面的表现令人扼腕，在很多国际问题，甚至是亚洲的区域性事务上，很难发出自己的声音，这就不能不令人担忧。亚洲要发展，要融入世界，要寻求自己在国际事务中的地位与影响力，要实现“亚洲世纪”，就需要一批具有国际影响力的一流智库。要在尽可能短的时间内缩小与世界一流智库的差距，亚洲智库仍需努力。

而不同于西方文化中重个人、重竞争、重利、重法的观念，东方文化重社会、重和谐、重义、重情。在儒家文化盛行的亚洲国家，“服从型政治文化”占主流，公众对政治系统运行和决策过程存在着盲从倾向，参与政治决策的意愿较低，不愿公开、主动地表达不同政见。同时，政府对独立政策分析的需求也不强，通常很少重视和支持智库的发展。由此，东方国家的智库发展一直相对缓慢，在世界舞台上难以形成影响力。但随着国际形势的日益复杂化、国内经济发展和政府决策的民主化和科学化，这类智库将面临转型，迎来新一轮发展机遇。

从运行机制上看，缺乏资金来源，专业研究人才和合法、独立的地位是阻碍亚洲国家智库发展的三个关键问题。欧美国家的智库研究定位明确，拥有专长的研究领域、研究目标、稳定的资金来源和服务对象，具有较强的连续性、前沿性和计划性的特点。与之相比，目前发展中国家的智库在发展中以临时、短期性研究合同为主，还没有形成比较稳定的运行模式，智库的资金来源和研究成果质量不稳定。

近年来，欧美国家的智库对发展中国家，包括亚洲国家智库的支持也逐渐增强，如向发展中国家的独立政策研究机构提供非限制性的运行经费，在研究方法与技能、沟通与对外联系和组织发展三个方面提供长期帮助。世界银行也主办了一些会议和研讨会，帮助发展中国家和新兴民主国家的智库成为推进社会、政治和经济变革等方面的最有效途径。同时，随着新兴经济体在全球政治经济体系中日益增强的影响和作用，发展中国家之间的智库合作与交流也越来越紧密，如金砖国家智库峰会，对增进共识、扩大合作，促进国际社会对金砖国家的积极认知起到了积极的作用。

五、俄罗斯智库的计划体制模式

俄罗斯现代意义上的智库出现在苏联中后期。准确地说，是在苏共二十大之后即 20 世纪 50 年代后期。当时以赫鲁晓夫为代表的苏联执政精英阶层，发起了所谓的“解冻”浪潮，开始认真反思国内经济和政治现实。在对外政策上，列宁主义的和平共存思想取代了斯大林时代与西方强硬对抗的方针。由于长期受困于教条僵化的官方意识形态，当时的苏共领导层对外部世界尤其是西方世界的认知严重不足，客观上要求对世界各国经济和政治进行全面深入的研究，苏联科学院旗下的一系列智库机构由此应运而生。科学院体系内的著名智库机构包括世界经济和国际关系研究所（1956 年）、非洲研究所（1959 年）、世界社会主义体系经济研究所（1960 年）、拉美研究所（1961 年）、远东研究所（1966 年）、国际工人运动研究所（1966 年）、美国研究所（1967 年，后更名为美国加拿大研究所）等。

除了科学院体系内的智库，苏联共产党内也设立了一些分析研究机构，主要职能是提升官方意识形态，使之适应新的世界水平和新时代的要求。苏共党内智库最有影响力的“三套马车”是苏共中央直属的社会科学院、苏共中央内部的社会科学研究所和苏共中央马列研究院。专业水平和收集情报能力相对要逊色一些的是各级党校以及共青团的研究机构。此外，国家安全委员会，即大名鼎鼎的克格勃也从事对策研究。克格勃不仅内部成立了很多分析研究部门，还直接管理各学术机构下设的专门研究处。苏联领导层利用这些党内智库来维护意识形态安全。受当时历史的局限，苏共党内智库专家学者的主要职能是证明苏共各种决策的正确性。

到 20 世纪七八十年代，苏联智库机构不断壮大，结构更为复杂，专业分类也更加精细。有的机构专注于信息收集领域，比如全俄科技情报研究所、社会科学学术情报研究所等。有的机构专注于分析研究，比如世界经济和国际关系研究所、美国加拿大研究所、世界社会主义体系经济研究所等。还有的侧重于宣传职能，比如苏联新闻社（俄新社的前身）、苏联保卫和平委员会、青年组织委员会、苏联亚非国家团结委员会等。这些机构之间为赢得对党的最高领导层的影响力而相互竞争。苏共中央领导层对这些智库研究成果的关注度就是衡量各研究所业绩的主要标准。

戈尔巴乔夫发起改革后，苏联智库机构的发展进入新的阶段。苏联政治体制面临向市场经济和民主机制转型等许多问题，戈尔巴乔夫的领导团队试图依靠那些倾向于改革的智库机构学者。一些学者被直接吸纳参与制定新的国策，在新国家机构里出任要职。比如苏联科学院经济和科技进步预测研究所（1991 年更名为国民经济预测研究所）的沙塔林院士出任国家经济改革委员会委员，负责制定市场经济转型方案；全苏社会舆论研究中心总裁扎斯拉夫斯卡娅院士当选苏联人民大会代表，成为最高苏维埃委员；苏联科学院西伯利亚分部的经济学家阿甘别吉扬院士出任苏共中央总书记经济问题顾问；苏联科学院世界经济和国际关系研究所普里马科夫院士出任苏共中央政治局委员；

苏联科学院经济学研究所所长阿巴尔金院士出任苏联部长会议副主席等。一些智库专家还尝试提出新的改革方案以供选择，比如亚夫林斯基和沙塔林提出的“五百天”改革方案等。

苏联解体过程中，苏共和苏联国家意识形态基础受到重大冲击，那些为维护和强化苏联政治体制而设立的智库机构可以说首当其冲。在当时的背景下，苏共党内智库的命运尤其令人关注。一些智库经过变更形式和地位得以保留，但在这个过程中流失了大量的研究人员。

苏联解体直接改变了旧的智库体系。俄罗斯的国家机构都开始实施大规模改革，相应的专题分析和研究需求日益增长，新的智库机构也应运而生。俄罗斯新型智库的涌现有几方面的原因。第一，苏联学术界事实存在的国家垄断被打破，国家不再为政治学研究提供经费。第二，随着俄罗斯社会转向选举制、多党制以及政治和意识形态的多元化，很多专业从事选举咨询和操作的智库应运而生。这些智库可以为不同阵营的政治精英代表提供服务，选择不同的政治方向。第三，俄罗斯实施私有化之后，各种商业机构登上政治舞台。从 1992 年起，智库开始承接越来越多的商业订单，很多银行和大公司开始积极成立自己的研究分析机构。1991—1993 年间，俄罗斯社会开始出现私营的自负盈亏的智库机构。第四，各家智库在共同的研究平台上（比如内政、经济政策、外交、社会民意调研等领域）展开竞争。当代俄罗斯的主要智库可以分为三类。

1. 官方智库。官方智库包括俄联邦总统和联邦政府组建的智库，比如总统经济委员会、俄罗斯战略研究所、俄罗斯现代发展研究所，一些由政要领导的准官方智库，比如战略研究中心等，以及科学院系统的智库，比如世界经济和国际关系研究所、美国加拿大研究所、经济战略研究所等。此外，莫斯科大学、圣彼得堡大学、莫斯科国际关系学院、高等经济学院、俄联邦总统国民经济和国家行政学院等著名研究型大学也都设有智库性质的分析研究机构。根据 2012 年 1 月 19 日美国宾夕法尼亚大学国际关系项目组在纽约联合国总部发布的年度《全球智库排行》报告，俄罗斯最老牌的智库——世界经济和国际关系研究所排名最高，名列全球第 24 位。

2. 学术性智库。这一类智库属于非商业的独立社会团体，侧重于学术研究，研究成果的学术性强于实用性，一般都与科学院机构和各种学会有关联。智库经费多来自于机构和个人赞助，很多智库接受国外资助。学术性智库的典型代表包括外交和国防政策委员会、“INDEM”中心、国家战略委员会、俄罗斯社会政治中心、盖达尔经济政策研究所、战略和技术分析中心、库尔吉尼扬中心等。

3. 商业性智库。俄罗斯商业性智库的客户包括政党社团、政府机构、商业机构、政界和商界精英等，主要业务包括提供竞选技术咨询、民意调研、公关服务等。商业性智库通常采取合同制工作方式，自负盈亏，商业客户较多，力求研究成果和客户群体的多样化。这类智库的典型代表包括“政治”基金会、政治技术研究中心、俄罗斯政治行情研究中心、全俄舆论研究中心、“舆论”基金会、列瓦达中心、效率政治基金会、“齐尔孔”研究组等。

六、探索中国智库模式

从以上讨论可以看出，在世界范围内，并没有统一或标准的智库发展模式。每个国家智库建设，都是在历史、政治、经济、文化等因素综合影响下的作品，各具特色。而且，每个国家智库建设不是一成不变的，会根据实际运行经验和现实需求、环境条件等的变化而不断调整。我们也应从实际情况出发，既要借鉴国外智库发展模式中有益的经验，又应避免照搬某个特定国家智库的发展模式。

比如大家常提到的智库“旋转门”机制。美国智库领导者经常会提到“旋转门”机制是美国智库赖以成功的法宝之一。进而，一些国内学者也提倡中国智库应建立“旋转门”机制。但是我们可以发现，除了美国以外，别的主要西方国家的智库都不存在“旋转门”机制。如此看来，中国其实完全没有必要去照搬美国“旋转门”机制。诚然，当前确有一些中国退休高级官员担任民间或半官方智库领导人，但这是转型期中国自己的探索和创新，和美国智库“旋转门”并无太多关系。政府决策者和智库为了适应中国社会的深刻转型，正在进行着有益探索，并且为不同类型机构发挥各自能力优势提供了舞台。

再如大家常提到的智库“独立性”要求。从上述讨论可以看出，世界上根本不存在绝对独立的智库。对独立性要求强调最多的是美国智库，而许多美国智库实际上仍然与政府、政党、意识形态、利益集团等保持着千丝万缕的联系。欧洲智库对政党具有很显著的依附性，主要表现在人员交流、资金来源和研究倾向等方面。而亚洲智库在很多国家具有强烈的官方色彩，智库直接属于政府管理，或由政府资助、支持建立。

因此，我们对“独立性”应该有自己的界定。从我国基本国情看，智库的独立性不能用国外智库“组织独立、经费独立、价值中立”来衡量，并不是一定从组织体系上独立于党和政府，而是从系统的开放性、研究的专业性和创新精神方面彰显智库的思维独立性，这样其研究成果对于党政机关决策才真正具有参考和咨询价值。具体来说，智库独立性主要指的是研究独立性，智库研究应能够自主选择研究课题，研究过程能够进行自主组织和独立判断，忠实于客观研究结果，而非一味强调组织、意识形态、资金等的独立性。判断独立性的标准应考察研究机构是否能够坚持客观的研究成果，表达独立的政策主张。在中国，官方背景的智库也会公开批评政府政策，而一些公认的纯民间研究机构也承接了大量的政府研究课题，并以能够得到政府委托课题为荣。可以看出，一个机构是否拥有官方背景并不妨碍它根据研究成果批评政府，而一个机构的纯民间属性也不妨碍它为政府服务。

当然，智库研究的独立性仍然是许多智库所缺乏的，也是在智库发展中应该大力提倡的。至少，智库研究的独立性是和影响力相辅相成的。一方面，影响力有助于智库研究保持独立性。智库有了影响力，政府和社会各界对其研究成果的需求就会越大，智库获得的研究经费和影响渠道也就更多，这样就能够帮助智库摆脱依附于单一财政来源的局面。另一方面，研究独立性是影响力的基础。保持研究独立性能够取得政府和社会的信任。一旦智库的非独立观点被政府和社会所识别，这些智库研究成果的价值就大大降低，从而使其很难取得社会信任。

实际上，在看待智库最发达的美国时，应意识到美国智库建设在一些方面的不可复制性。与欧洲智库相比，美国智库更遵循了一种市场化的运行方式，恪守了思想独立、资金独立和政治独立的行为规范。不同于其他国家政党，美国政党是组织分散、权力分散、稳固的两党制。民主党和共和党虽是全国性的两大政党，但没有中央领导机构，没有形成统一的权力核心，彼此独立，各自为政，选民可以随便改变立场。这样松散的政党制度导致的直接结果是政党自身没有建立有规模的研究机构，而必须依靠智库发挥作用。这种背景下，美国智库成为历届政府人才与思想的强大后盾。尽管美国很多智库和政党或政府关系密切，依靠政府的政策支持，优先获得政府的咨询项目，并通过“旋转门”猎取政界高端人才，但多数美国智库不隶属于政府部门，保持中立的政治态度，其研究课题、研究过程和结论均不受政府或党派影响。政府部门需要咨询服务时，一般采用招标方式，委托智库自主进行研究，研究人员和智库不受任何社会力量和利害关系的左右。

以美国为代表的西方社会，长期奉行多元和公开辩论的政治文化。受“参与型政治文化”主导的美国公民有着高度的政治意识、鲜明的政治倾向，有积极影响政府决策的兴趣，希望通过智库研究加强政府决策民主化、科学化。这种主观能动性，从本质上鼓励了政治精英和社会各阶层民众在智库中发挥一席之地。同时，美国政治体制以三权分立和权力制衡为基本特征，造成权力分散、决策机制公开化与开放化，政策制定者强烈需求并依赖于前瞻性、独立性的政策信息。作为总统制国家，美国国会和以总统为首的行政当局两大部门分立，经由不同的选举渠道产生，经常出现意见相抵的情形，需要进一步斡旋协调。由于国会所讨论、审议和立法的问题复杂，涉及内政外交的各个领域，尤其需要“外脑”辅助。这为美国智库创造了充足的发展空间。

第五章　孰优孰劣

——如何看待智库评价排名和标准？

智库评价就是对智库相关表现进行测定的研究过程。近年来，随着新型智库建设的兴起，智库评价开始成为研究热点。智库评价不仅着重引介了国外的智库研究成果，还使得国内智库评价报告不断涌现。然而，智库评价研究带来的不仅是“热闹”，还有许多“是非”。因此，智库评价是讨论智库建设所绕不过去的问题之一。本章通过对当前智库评价研究现状的梳理，探讨了智库评价研究的主要障碍和误区以及开展智库评价研究的新思路。

一、智库评价迅速成为热点

（一）国内智库研究

在2014年之前，我国关于智库研究的论著不多。相应地，关于智库评价的研究更少，即使有，也大多是在介绍国外智库的时候，论及国外的智库评价问题。2014年之后，随着中国智库研究的兴起，智库评价迅速成为焦点。比如，2014年1月，上海社科院智库研究中心版《中国智库报告》发布；2015年1月，零点国际发展研究院与中国网的《2014中国智库影响力报告》发布；2015年11月，中国社会科学院版《全球智库评价报告》发布；2015年11月，四川省社会科学院、中国科学院成都文献情报中心的《中华智库影响力报告》发布；2016 年 7 月，光明日报智库研究与发布中心和南京大学中国智库研究与评价中心联合发布《中国智库网络影响力评价报告》。应该说，近段时间智库评价研究发展速度之快异乎寻常。各份研究报告特点如下：

1.《中国智库报告》。该报告的突出特点，是与麦甘《全球智库报告》具有紧密联系。首先，是人员的紧密联系。从 2011 年起，智库研究中心与美国宾夕法尼亚大学麦甘教授建立了合作交流关系，中心成员被邀请作为专家参与麦甘主持的《全球智库报告》（Global Go To Think Tank Index）评选工作。其次，研究方法上的紧密联系。该中心毫不讳言，2013 年起，中心积极借鉴麦甘智库研究（TTCSP）项目的研究方法，专门研制了中国智库的评价标准与方法。这种借鉴，不仅包括评价指标体系，也包括数据获取方法、排名种类划分等各个方面。最后，两份报告的相互借势。麦甘《全球智库报告》之所以能够在国内产生如此大的影响力，和上海社科院智库研究中心对麦甘《全球智库报告》在国内的持续引介有关。上海社科院智库研究中心在翻译出版《全球智库报告》的同时，也借势出版发布了自己的《中国智库报告》。两份报告一份定位全球，一份聚焦国内，相辅相成，引起国内广泛关注。

《中国智库报告》的开拓价值值得认可，具体研究也不乏创新之处。首先，该报告作为国内首个系统的智库评价研究，显著推动了国内智库研究。在智库评价研究领域论及我国智库研究尤其是智库评价时，业内几乎都毫无例外地提及该报告的贡献。其次，该报告根据中国智库建设的特点，在具体研究中做了一些尝试，比如报告将中国智库划分为党政军智库、社会科学院智库、高校智库和社会智库四类。再次，为丰富研究内容，在每年的智库评价报告中，除了智库排名外，都会就往年智库建设进展进行总结，对部分智库研究领域进行理论分析。这种形式，也被其他一些智库研究报告所借鉴。最后，从 2014 年至今，《中国智库报告》已经连续发布 4 份年度报告，每年的报告中都会对评价指标体系进行部分调整。[①] 与 2014 年度智库报告相比，2015 年度、2016 年度智库报告的评价指标体系从二级指标扩展成为三级指标，从而提升了指标的可测量性。[②]

同时，不少学者也指出了该报告存在的问题。比如，对智库的界定不明确。报告对高校智库的遴选，在综合影响力和系统影响力的评选时，以所在大学为单位；在专业影响力评选时，以高校下属的二级学院和研究中心为单位。如何界定高校智库，将涉及智库数量和规模等问题，值得进一步探讨。[③] 当然，最具争议的部分在于评价方法，尤其是数据获取的可靠性和全面性，这也是智库评价排名研究普遍存在的问题。根据各年度发布的报告内容可以发现，智库评价程序是不断改进的。2013 年度，通过问卷调查，《中国智库报告》项目组获取了受访者对中国现有智库的主要评价信息，并运用问卷信息处理程序，计算加权得分得到中国智库综合排名与各类排名结果。2014 年度，项目组以多轮主观评价法为主，利用相对模糊的序数排名，参考个别定量指标，对于智库影响力进行评价。经过两轮问卷调查，项目组获取了受访者对中国现有智库的主观评价信息，并运用问卷信息处理程序，计算加权得分获得中国智库综合排名与各类别排名结果。2015 年度，《中国智库报告》首次比较详细地对评价程序进行了说明。《中国智库报告》主要采用问卷调查和专家评议相结合的方式开展研究。其中，调查问卷采用主观排序法，专家评议则参考了部分智库的可公开指标。评价结果以调查问卷为主、专家评议为辅。但这些并不能真正回应大家对评价程序透明度、评价权重设定等的疑问。比如，哪些人参与了问卷调研，评委专家的构成、地域分布、学科分布是否均衡等？这些问题对最终的评价结果起着至关重要的作用，应当公开相关信息。再

---

① 参见上海社会科学院智库研究中心：《2013 年中国智库报告——影响力排名与政策建议》，上海社会科学院出版社 2014 年版。

② 参见上海社会科学院智库研究中心：《2015 年中国智库报告——影响力排名与政策建议》，上海社会科学院出版社 2016 年版；《2016 年中国智库报告——影响力排名与政策建议》，上海社会科学院出版社 2017 年版。

③ 参见荆林波等：《全球智库评价报告》，《中国社会科学评价》2016 年第 1 期。

比如，即使采取主观评价方法，也应当对评价指标的权重加以说明，特别是对排名榜单中的相关智库的得分给予披露，让参评智库做到清楚明了。而现在只是给出了一个简单的排行榜，无法起到让相关智库发现差距的作用，也很难让他人对其评价工作进行合理的衡量和评判。

2.《全球智库评价报告》。该报告最突出的特点是其“国际视野”，即把评价对象定位为世界各国的著名智库。其目标是做出一份除了麦甘 TTCSP 报告之外的第二份具有较大影响力的全球智库评价报告。作为国内首份将评价范围扩展至全球的智库评价报告，该报告以智库概念、评价方法、指标体系、评价过程为主要阐述对象，并在结尾给出了建设中国特色新型智库的建议。该报告以智库影响力为其评价对象，在评价方法上借鉴了其他报告的方法，采取的是定量与定性相结合的评价方法，增加了第三方评估力量，肯定了同行评议的重要性。

该报告采用的评价指标体系包括吸引力、管理力、影响力三个方面。吸引力（Attractive Power）：即智库吸引人才、资金等资源的能力。管理力（Management Power）：即智库对于自身运作的管理能力。影响力（Impact Power）：是对于公共政策的影响能力。综合评价指标体系由五级指标构成，每级指标分别设有自己的权重，共 355 分，按照一级指标吸引力 105 分、管理力 70 分、影响力 180 分进行分配。在实际应用中，由于一些指标数据获取困难，中国社会科学院社会科学评价中心将上述“全球智库综合评价指标体系”进行简化，制定了所谓的“全球智库综合评价指标体系（2015 年试用版）”，从全球智库综合评价指标体系的子类之中选取了其中的大部分指标作为评价指标体系 2015 年试用版的指标。

相对于麦甘和上海社科院的智库评价报告，全球智库综合评价指标体系有自己的特点。首先，体现在基本方法上，该指标体系提出的是定性与定量相结合的方法。这是与上海社科院智库研究中心评价方法的一个显著的不同之处。根据智库的研究内容（地区＋专业领域），课题组将 1781 家智库划入 39 个大类，在每个大类中寻找为该类智库评分的专家。专家来源覆盖世界主要国家和地区的各专业及各行业，共发放专家问卷 20162 份。同时，在客观评价数据方面，课题组通过邮件、电话、实地走访等方式尝试与所有来源智库建立直接联系，送达智库调查表 1575 份，回收有效调查表 156 份，43 家智库拒绝参与本次评价。课题组从 1781 家来源智库中挑选出 359 家最具影响力的智库，对其中没有返回调查表的智库进行人工信息搜集，以期做到重点智库不遗漏。且不论该报告从多大程度上实现了定量与定性相结合的评价方法，该思路是值得肯定的。对于已有的全球智库评价，主要依靠主观定性方法已经成为智库评价的瓶颈，需要构建全面的定性加定量的评价指标体系。

其次，体现在指标体系上，该指标体系不再局限于智库影响力评价，而是从智库工作流程角度拓展评价对象。如该报告所说，该指标体系从吸引力、管理力和影响力做了分析，吸引力好似一个漏斗，显示智库的外在声誉及对外界的吸引能力；管理力好似孵化器，展示智库的内在运作能力，即智库如何提高内部的有效管理及提高产出能力；影响力好似喇叭，展现智库的对外传播、政策作用等能力。这三种力相互作用，影响力大了则会反哺到吸引力，而吸引力加大则会促使更多的高品质人员聚集到智库，提升管理水平。具体而言，吸引力包括声誉吸引力、人员吸引力、产品/成果吸引力和资金吸引力；管理力按照 7S 理论包括：战略（strategy）、组织（structure）、系统（system）、人员（staff）、风格（style）、价值观（shared value）和技术（skills）；影响力则包括政策影响力、学术影响力、社会影响力和国际影响力。

当然，相对于麦甘报告的多年积累，中国社会科学院社会科学评价中心的报告至今只开展过一轮，短时间内，在有效获取数据方面仍然存在很大欠缺。比如在界定全球智库评价范围时，根据其报告的描述，通过“课题组综合现有国内外智库评价成果，利用互联网、相关著作等对全球重要智库及基本信息进行了摸排和初步收集，并邀请各学科专家推荐本学科的重要智库”来逐步缩小来源智库范围，最终确定来源智库 1781 家，其具体过程和结果的客观性难免差强人意。而课题组将1781家智库划入39个大类，在每个大类中寻找为该类智库评分的专家，共发放专家问卷20162份，但有效回收率并未提及。在客观评价数据方面，课题组通过邮件、电话、实地走访等方式尝试与所有来源智库建立直接联系，送达智库调查表1575份，而回收有效调查表仅156份，回收率不到1/10。

3.《中国智库影响力报告》。该报告最大的特点是以定量研究方法为主。零点国际发展研究院即著名的“零点调查”，是北京零点市场调查有限公司、零点咨询研究集团的智库身份。“零点调查”作为商业公司，其业务范围和特长就在于市场调查。从智库评价进入智库研究领域，是发挥其业务本行，而采用定量研究的方法，则是扬长避短，既回避了商业公司与专家学者联系有限的不足，又弥补现有智库评价以主观评价为主、客观性容易受到置疑的缺憾。

该报告采取的是定量研究为主、定性研究为辅的研究方法。该报告宣称期望建立一套完全由量化指标构成的体系，但这一体系的确立还需要多年的积累和试错，主观得分的比重将在以后逐年减小，直至去除。在具体操作上，该报告将上海社会科学院智库研究中心的智库评价排名作为一级指标，将排名换算为得分后，与他们通过客观指标加总得到的分值进行综合后计算出智库的最终得分。从公式可知，智库排名的得分以量化的客观指标为主。量化评价与主观评价的权重分配采用如下公式：智库得分＝客观指标得分×70％＋主观指数得分×30％。

该报告的研究主体与众不同。具体来说，这是一份社会调查机构与媒体机构的合作成果。与其他智库评价研究机构都是专事研究或教育的“事业单位”不同，“零点调查”是一家商业机构。采用了“零点国家发展研究院”的名称，虽然不能改变其市场机构的身份，但也在一定程度上淡化了其商业色彩。同时，“零点调查”曾经在公益性的民意调查领域积累了一定的社会声望，有利于加强其社会公信力。“零点调查”与“中国网”进行合作，则是一种以往从未有过的智库研究组织方式。前者具有开展独立研究的能力，后者则有扩大研究成果社会传播效果的优势。至于这种合作方式未来效果如何、是否具有良性的可持续发展空间，则有待进一步观察。

该报告在指标体系的设计上并未着力过多。该报告采用了现有智库评价最常见的以智库影响力为评价对象的角度，其智库影响力分类也采用了最常见的指标，即专业影响力、政府影响力、社会影响力和国际影响力。每类影响力设置 3～5 个客观指标。每个二级指标在数据收集过程中可能会根据实际情况再分为更详细的指标，比如研究人员数量会再细分为国内研究人员和国外研究人员。这也意味着这份报告具有浅尝辄止的特点。比如，报告没有公开相关智库的最后得分，也没有完全展示量化的过程，缺乏评价的透明度。尤其是对智库的界定没有给出一个明确的范围，对智库的客观数据、打分等也没有加以公开。“零点调查”相关人员认为，该报告在具体数据采集上仍然存在较大的问题，对数据采集所投入的人员和时间不够充足，评价过程中征求的专家也不够全面。①

4.《中国智库网络影响力评价报告》。这份报告的评价指向非常“聚焦”。它首次引入了智库网络影响力概念及定量分析方法，提出智库网络影响力评价模型。这份报告将庞杂的智库评价指标体系的范围一再缩小，从庞杂的智库评价体系到明确的智库影响力、再到传播影响力，最终到网络传播影响力，可以说是对智库评价研究的一个新的尝试。作为我国首份网络影响力评价报告，其在评价范围上另辟蹊径，将智库影响力范围缩小至网络影响力，这种做法有其合理性。通过聚焦评价指向，一方面反映了“互联网＋”时代中网络在信息传播中的重要性，包括智库研究成果的网络传播；另一方面避免了与现有智库评价研究可能存在的研究过程重复和研究结果冲突，大大减少了智库评价研究的工作量和难度。

这份报告更加强调其属于“纯”定量研究。基于上述大大缩小评价指标范围的做法，以及一些网络数据容易公开获取的特点，使得该

① 参见荆林波等：《全球智库评价报告》，《中国社会科学评价》2016 年第 1 期。

报告显著提高了评价指标的可测量性。表面上看，这是一种“讨巧”的做法。背后的原因，是源于近些年来对于智库评价指标体系的争议性一直存在，并且有愈演愈烈的趋势。其实质则在于现有智库评价存在的缺陷、受到的置疑和面临的困境，也就是构建评价体系的难度、获取无论主观定性数据还是客观量化数据的难度以及评价结果的公信力不足。

这份报告采取了研究机构与媒体机构相互合作的方式发布研究成果。这种运作方式和上文中“零点调查”+“中国网”的合作相类似。一方面可以看做智库研究方式的创新；另一方面，也可以看出智库研究者，尤其是智库评价研究者过于看重宣传效果的“浮躁”。

该报告总体上比较“简单”。首先，是评价指标的确定比较“简单”。从媒体传播的角度来考察智库影响力的思路，无疑借鉴了国外智库研究的经验。然而，由于国内外政府决策机制的显著差异，相对于西方国家，尤其是美国，我国媒体传播与智库影响力的相关性高低值得商榷。用媒体传播数据，甚至进一步聚焦网络传播数据来评价智库影响力，其公信力也容易受到质疑。其次，研究对象的确定也比较“简单”。该报告对选定的 68 家样本进行了排名。这 68 家智库的来源主要有 6 个，第一个是来源于美国宾夕法尼亚大学全球智库综合排名中入选的中国智库，第二个是上海社科院对我国智库排名中全部的中国智库，第三个是中国社会科学院排名入选的中国智库，第四个是四川社会科学院对我国智库排名中的全部中国智库，第五个是零点咨询集团排名的中国智库，此外还包括 2015 年入选的 25 家国家高端智库。

同时，该报告也呈现出“复杂”的一面。该报告提出了智库网络影响力评价模型。按其说法，该体系称为 RSC 评价指标体系，由二级指标构成，主要分为网络资源指标 R、网络传播能力指标 S、网络交流能力指标 C 三个部分。三个指标分别代表雪球上的三个三等分点，当智库不断滚动时，雪球也就越来越大。如果三个指标不能均衡的发展，那么雪球也就不再保持球形，而会变成其他形状，也会影响雪球的坚固程度。

5.《中华智库影响力报告》。该报告的特点在于，首次在国内将大数据理念引入智库影响力评价的研究成果。具体来说，该项目组建立了“中华智库数据平台”。其目标不仅为首次智库评价提供客观数据，也通过持续地收集智库数据，为后续的研究提供基本素材。智库信息采集既通过程序自动采集，也有人工录入。人工录入的数据来源于主要智库的官方网站、国家科学技术奖励工作办公室网站、国家自然科学基金和社会科学基金官方网站、各省市社科联和科技厅官方网站等，将需要的信息逐一写入平台。自动采集的部分主要使用了网页分析工具，数据来自于不同的信息源。在进行智库排名之外，还为每家智库建立自己的数据库，并尝试建立了智库专属的大数据平台。通过大数据平台的建立，帮助不同智库抓准自身角色定位，找准自身缺陷，以便总结分析得出未来的发展策略。

总结以上五份研究报告，从基本研究方法来看，可以明显看出从定性研究向定量研究的“光谱”移动特征。上海社会科学院智库研究中心的《中国智库报告》是典型的定性研究，主要通过征询专家意见为智库进行排名。中国社会科学院中国社会科学评价中心的《全球智库评价报告》是以定性研究为主、同时结合定量研究，主要通过发放专家评分问卷和智库信息调查表来收集信息。零点国际发展研究院（联合中国网）推出的《中国智库影响力报告》，则采取的是定量研究为主、定性研究为辅的研究方法，定量评分显著多过定性评分的比重。四川省社会科学院、中国科学院成都文献情报中心提出的《中华智库影响力报告》虽然没有明确提出是定量研究，但其数据主要通过网页抓取软件获取，应当归入以定量研究为主的范畴，而南京大学中国智库研究与评价中心（联合《光明日报》）提出的《中国智库网络影响力评价报告》，则强调其是纯粹的定量研究。

从研究角度来看，各家研究机构尽力体现了自己的研究特色，避免了研究对象和内容的重复，同时又发挥出自身的研究优势。比如，国内最早开展智库研究的中国社会科学院智库研究中心，发挥对国内智库理解更准确的“本土”优势，将研究对象明确限定为“中国”智库，并同时引进、发布麦甘《全球智库报告》，使得两份报告从形式上来看相得益彰，并弥补了后者对中国智库了解不深、排名结果争议较多的缺陷。中国社会科学院中国社会科学评价中心提出的《全球智库评价报告》，则与上海社科院反其道而行之，针对麦甘研究团队力量有限的缺点，发挥自身开展社会科学评价的各方面资源优势，将视野扩展到全球，期望在公信力、权威性上超越麦甘的《全球智库报告》。“零点调查”凭借长期开展市场与社会实地调研的优势，主要通过获取客观数据来开展智库评价，试图在评价方法上对现有智库研究进行超越。针对自己研究能力不足，“零点调查”在主观数据部分则直接“借鉴”了其他智库评价报告的排名结果，并没有将建立自己的评价指标体系作为着力点，而是引用了现有智库评价中的一些影响力指标，提出《中国智库影响力报告》。南京大学中国智库研究与评价中心（联合《光明日报》）则独辟蹊径，为使智库评价对象更加明确或更加有针对性，从智库“网络影响力”入手，获取一手的网络信息数据，提出了《中国智库网络影响力评价报告》。四川省社会科学院、中国科学院成都文献情报中心成立提出的《中华智库影响力报告》，则发挥了文献信息搜集的优势，着力获取智库客观数据。

从传播的角度看，现有智库评价已经显著超出了“学术研究”的范畴，且均重视研究结果的社会影响力。所有的研究报告，都通过正式的“发布会”向社会公布。上海社会科学院智库研究中心将《中国智库报告》与麦甘《全球智库报告》一同发布，有明显的相互借势、扩大社会影响的新闻操作色彩。甚至，“零点调查”和南京大学直接与媒体合作，其中媒体的作用主要在于扩大对研究成果的新闻传播效应，而不是智库研究本身。

（二）国外智库评价研究

国外智库评价研究可追溯到 20 世纪 90 年代。国外智库评价研究内容主要立足于智库影响力，以智库排名为目标。总体上，根据智库评价所采用的基本方法，可以大致分为定量评价和定性评价两种。前者以埃布尔森为典型；后者以麦甘《全球智库报告》为突出代表。

1. 智库定量评价研究。定量评价方法就是依据那些易于识别且可计量的指标对智库活动和表现进行量化评估。这些定量指标一般包括四类：一是基本资源指标，如专、兼职学者规模、年度预算等；二是知识生产指标，如出版物数量、主办或参加的会议等；三是知名度指标，如媒体引用率、网站点击率、报告下载量、国会听证等；四是外部影响指标，如被决策者（或其他精英群体、专业协会等）采纳的建议或报告、进入决策者团队或被提名到政府部门任职的智库专家数量等。其中，前三项是智库定量评价的主要根据①。定量分析方法评价的是智库的单项活动，或某几项活动而非整体，其客观性强，但目前学界对这些指标能否反映出智库的影响力并无共识。

最早运用定量方法开展智库评价的是美国学者多尔尼（Michael Dolny）。从 1996 年开始，多尔尼每年都要撰写一份年度报告，基于 LEXIS/NEXIS 数据库将美国主流媒体对 20 多家智库的引用率进行统计和排名，并对年度引用变化情况做出简要分析。其中有几篇年度报告（如 1997 年）还进行了回归分析，发现右翼智库比左翼智库更受媒体关注。

加拿大学者埃布尔森（Donald E. Abelson）在智库评价方面也做出了很多贡献。他将美国外交政策的决策过程当作一个政策子系统，论证了智库参与政府决策过程的作用机制②。他以加拿大 21 家智库为例，探索了知名度与政策制定过程中的两个阶段的关系，包括参与咨

---

① 参见 James G. McGann. *Think Tanks and Policy Advice in the United States*, 2007, pp. 40—43；Howard J. Wiarda. The New Powerhouses：Think Tanks and Foreign Policy，*American Foreign Policy Interests*，Vol. 30，No. 2，Apr.，2008，pp. 110—112；Mahmood Ahmad. US Think Tanks and the Politics of Expertise：Role，Value and Impact，*The Political Quarterly*，Vol. 79，No. 4，October-December 2008，pp. 543—545；〔美〕安德鲁·里奇著，潘羽辉等译：《智库、公共政策和专家治策的政治学》，上海社会科学院出版社 2010 年版，第 67—94 页。

② 参见 Donald Abelson. Think Tanks and U. S Foreign Policy：an Historical Perspective，*U. S. Foreign Policy Agenda*，Vo-lume7，Number3.

询阶段和出席政府听证会阶段。他还以主流媒体在1985年至1997年间和政府多个部门在1980年至1997年间引用和咨询智库的数据为根据，试图运用回归分析法来确定智库知名度及其与政府的关系。在其2001年的专著《国会观念》中，埃布尔森提取了2001年至2005年间美国6家主要报纸在6个主题项下对12家美国外交政策和安全研究领域的智库的媒体引用量，并据此对这些智库排出名次[①]。上述方法被进一步应用到他之后的另外一部专著《智库能发挥作用吗？——公共政策研究机构影响力之评估》中，但更为系统详尽[②]。在此之前，埃布尔森还撰写过多篇智库评价方面的研究论文[③]。

埃布尔森把智库影响力中更为具体的公众知名度来作为其评价研究对象，主要采用定量分析的方法，对于智库知名度和智库对于政策制定影响力的大小之间的关系展开了研究，进行了数据收集，并最终得出智库排名。虽然埃布尔森的智库评价指标不是完整意义上的智库评价体系，但其研究也是一次很有成效的尝试。他通过在不间断的五年时间，对包括报纸、媒体、议会援引智库观点的次数进行了统计，也统计了包括政府向智库进行咨询的次数。埃布尔森通过对数据之间的相关性进行检验之后发现：虽然智库的公众知名度与智库的政策影响力有着密切的关系，但是二者之间并没有直接的关联性[④]。

多尔尼和埃布尔森的工作奠定了智库评价的基本框架，即首先确定样本种类及数量、时间段、媒体范围等规定要素，然后确定智库的

---

① 参见 Donald E. Abelson. *A Capitol Idea*: *Think Tanks and U. S. Foreign Policy*, Montreal & Kingston: McGill-Queen's University Press, 2006, pp. 171—178; p. 147.

② 参见〔美〕唐纳德·E. 埃布尔森著，扈喜林译：《智库能发挥作用吗》——公共政策研究机构影响力之评估》，上海社会科学院出版社2010年版，第89—117页。

③ 参见 Donald E Abelson. A New Channel of Influence: American Think Tanks and the News Media, *Queen's Quarterly*, Vol. 99, No. 4, 1992, pp. 849—872; Donald E Abelson. In Search of Policy Influence, The Strategies of American Think Tanks, *NIRA Review*, Spring 1998, Tokyo, pp. 28—32; Donald E Abelson. *American Think Tanks and their Role in U. S. Foreign Policy*, London and New York: Macmillan and St Martin's Press, 1996.

④ 参见〔美〕唐纳德·E. 埃布尔森著，扈喜林译：《智库能发挥作用吗？——公共政策研究机构影响力之评估》，上海社会科学院出版社2010年版，第201、210页。

表现，如媒体引用或接受政府咨询等，最后确定评价目标。2012 年，乔治梅森大学的彼特·利森（Peter T. Leeson）等人以计量回归方法，分析了美国州一级的以自由市场导向为意识形态取向的智库（state-based free market think tanks，SBFM）在税收、政府支出以及私有化三大领域的 8 个相关公共政策的影响力。[①] 知名智库研究学者里奇（Andrew Rich）首次将回归分析的定量方法应用于智库研究。[②] 他通过电话采访政府官员、议员和新闻工作者等智库受众，依据媒体引用和参与国会听证会情况，评价分析不同智库实现影响力的行为差异，回归分析智库预算与智库知名度之间的关系。例如，2001 年里奇通过对 1991 年至 1995 年间美国 66 家智库的媒体引用和政府听证数据的分析，认为位于华盛顿及意识形态中立的智库更受媒体和国会的欢迎。[③] 此外，英国《世界经济》（*International Economy*）杂志曾先后数次邀请一些学者以《华尔街日报》等主流媒体的引用量为依据，对经济研究类智库及在其中任职的经济学家的影响力进行排名。[④]

国际气候治理中心（ICCG）的三位学者的评价方法是将定量指标赋值。他们的具体做法是，首先确定智库的出版物、组织活动与研究成果传播三大领域内的 15 项评价指标，然后通过一个由 9 家智库负责人组成的专门工作小组确定上述指标各自的权重，此后测度各指标及其相互关系所需的沙普利值（Shapley Value）及互动指数（Interaction Indices），在将上述所有指标转化为分值之后依次排序。为了更好

---

① 参见 Peter T Leeson，Matt E Ryan，Claudia R Williamson. Think Tanks，*Journal of Comparative Economics* Vol. 40，2012，pp. 62—77.

② 参见 Ricci David M. *The Transformation of American Politics：the New Washington and the Rise of Think Tanks*，New Haven：Yale University Press，1993，p. 78.

③ 参见 Andrew Rcih. *Think Tanks，public policy，and the politics of expertise*. Cambridge University Press，2009，pp. 201—209.

④ 参见 Nicolas S Ruble. Think Tanks：Who's Hot and Who's Not—The Results of a New Study Comparing Economic Think Tank Visibility in the Media，*The International Economy*，Vol. 14，No. 5，Sep/Oct 2000，pp. 10—16；Adam Posen，Think Tanks：Who's Hot and who's Not，*The International Economy*，Fall 2002，pp. 8—11，54—59；Susanne Trimbath，Think Tanks：Who's Hot and who's Not，*The International Economy*，Vol. 19，No，3，Summer 2005，pp. 10—15，pp. 39—47.

地反应规模较小智库的表现，他们还设置了两种排名方案：绝对排名以各智库的总评值为依据，标准排名则以人均值为依据。① 这份报告评价的是全球近三百家气候研究领域的智库，是该中心发布的第二份年度评估报告。此外，利用加权和赋值进行智库评价的还有知名智库专家、芝加哥大学斯塔克教授及其同事海达威。2011 年，这两位学者依据对 19 个发展中国家的 34 家政策研究机构相关多种指标的统计和赋值，试图在智库的影响力与其运营方式和环境之间建立起统计学上的变化关系，并运用回归分析法对其调查结果进行多层面的比较。②

在互联网新时代，分享思想变得更为容易，迫使智库拥有足够创造力才能吸引公正和政府官员的注意。③ 因此，有学者从网络表现评估智库的影响力，包括智库网站的访问量、点击量、下载量，社交媒体粉丝数量，甚至有学者认为相对于访问量和下载量，超链接更能反映智库产品的可靠性、可信赖性，是评价智库知名度和受欢迎度最重要的指标。例如，加拿大学者麦克纳特等人以超链接分析法考察了加拿大十多家智库在社会政策、气候变化等 5 个领域的网络表现。他们认为，较之网站访问量与文件下载量，超链接更能反映出智库产品的可靠性、可信赖性，因而是衡量智库受欢迎程度最重要的指标。④ 另外，全球发展中心（CGD，位于华盛顿）的克拉克（Julia Clark）和路德曼（David Roodman）除了统计传统的智库表现指标之外，还增加了网站访问量、外部链接和社交媒体（如 Twitter）粉丝等网络表现

---

① 参见 I. Alloisio et al.，The 2013 ICCG Climate Think Tank Ranking：A Methodological Report，Venice，Italy ：International Center for Climate Governance，June 2014，pp. 28—39.

② 参见 Raymond J Struyk and Samuel R Haddaway. What Makes a Successful Policy Research Organization in Transition and Developing Countries? *Nonprofit Policy Forum*，Article 4，2 .1，May 2011)，pp. 1—30.

③ 参见〔美〕詹姆斯·麦甘恩、理查德·萨巴蒂尔著，韩雪、王小文译：《全球智库：政策网络与治理》，上海交通大学出版社 2015 年版，第 52 页。

④ 参见 Kathleen McNutt and Gregory Marchildon. Think Tanks and the Web，Measuring Visibility and Influence，*Canadian Public Policy*，2009，Vol. XXXV，No. 2，pp. 219—236.

数据，作为对美国 20 家智库进行排名的依据[①]。

2. 智库定性评价研究。定性评价法是指通过问卷调查、访谈、座谈及专家打分的方式来确定智库排名的方法，其与定量评价法最大的不同，是基于受访人和评议专家的主观印象对智库做出评价。

美国智库专家麦甘是智库定性分析法的先驱。他在 1995 年出版的《公共政策研究界的资金、学者和影响力竞争》中，通过访谈和调查问卷的方式，根据自己收集到的数据（如人员组成、媒体引用等），按照知名度、推送策略等 14 个类别对 7 种具有不同代表性的智库进行了综合性比较。[②] 麦甘设计的调查问卷共有 61 个问题，受访者均为智库管理人员[③]。这项研究奠定了麦甘之后多年从事智库排名工作的基础。

里奇在《智库、公共政策和专家治策的政治学》中，考察了 1991 年至 2001 年美国医疗改革、电信改革和减税政策三次有争议的政策辩论中智库和专家的意见，并通过对 125 名国会议员和记者的电话采访，考察了 306 家美国智库的影响力。此外，里奇还用回归分析法分析了智库预算与公众知名度之间的关系。里奇的这项研究还有另外两个特点：第一，尽量保持受访者职业（国会议员和媒体人员）及政党（共和党和民主党）之间的平衡；第二，公开受访者名单（包括受访者姓名、职位和服务机构）。[④]

除了发放调查问卷之外，还有几家机构采用的是专家评议法，其中较有代表性的是英国的《前景》（*Prospect*）杂志和美国宾夕法尼亚大学的智库研究项目（下文将作专门介绍）。在专家评议方面，国外开

---

① 参见 Julia Clark，David Roodman. Measuring Think Tank Performance：An Index of Public Profile，*CGD Policy Paper* 025，June 2013，pp. 1—2.

② 参见 James McGann. *Think Tanks and Policy Advice in the U. S：Academics，Advisors and Advocates*，Routledge，2007.

③ 参见 James G McGann. *The Competition for Dollars，Scholars and Influence in the Public Policy Research Industry*，Latham，MD：Rowman & Littlefield，1995，pp. 81—120.

④ 参见〔美〕安德鲁·里奇著，潘羽辉等译：《智库、公共政策和专家治策的政治学》，上海社会科学院出版社 2010 年版，第 203—220 页。

展最早（始于 2001 年）和最有影响力的是英国《前景》杂志主办的年度最佳智库评选活动。[①] 其具体做法是，首先由各智库报名，然后由来自欧美多个领域知名专家组成跨界小组决定候选名单，在经过数轮讨论之后，最后评选出年度最佳。2014 年共设“最佳美国智库”“最佳欧盟智库”和“英国最佳智库”3 类以及英国智库中在经济与金融等 4 个领域的年度最佳奖项。该活动在国际上有较高的知名度。受其启发，秘鲁也在 2013 年开始借鉴这种方法开展了对本国的智库评价。《前景》杂志的评选活动有如下几个特点：限于欧美地区、自愿申报、评选项目类别少、仅评出年度最佳、评选专家均为业内知名人士，且名单公开。

除上述案例外，近年来国外另有多家机构也开展过智库评价，如德国《法兰克福汇报》（FAZ）以及韩国的《韩国经济》报社等。[②] 德国的莱布尼茨协会以协会的身份作为第三方的评价机构，通过把关入门门槛以及会员资格门槛，可以最大限度地保证协会内智库的综合实力水平。同时，莱布尼茨协会报告也具有一定的权威性，可以直接影响到智库所需要获得的资源的分配。当然，该协会的智库评价并未涉及全球范围。

3.《全球智库报告》研究。目前来说，对智库综合影响排名相对而言最为系统、影响最为广泛的，无疑是美国宾尼法尼亚大学的詹姆士·麦甘（James G. Macgan）主持的智库研究项目，以及从 2007 年开始每年发布的《全球智库报告》。

该系列报告以世界各国智库影响力为其评价研究对象，囊括了 55 个国家的著名智库。报告主要有两方面的内容：统计各国及各地区年度智库存量和全球智库排名。作为首份全球范围的智库评价排名报告，《全球智库报告》旨在研究政策和研究机构在世界各地的政府与社会中

---

① 参见崔玉军：《〈全球智库报告〉“权威性”难以服众》，《中国社会科学报》2015 年 2 月 4 日。

② 参见 Patrick Koellner. Think Tanks：The Quest to Define and to Rank Them，*GIGA Focus International Edition English*，Number 10，2013，p. 6，footnote 9；p. 5；p. 4.

发挥的作用，并且致力于提升智库的地位和表现，以加强公众对智库在世界各国政府与社会中所发挥的重要作用的正确认知。全球智库报告最终的评价结果是以智库排名的形式呈现，具体包括综合排名和专业性排名。每年排名会有不同程度的变化，不同专业、不同地域均有相应的智库排名。根据排名结果来看，我国智库无论在数量还是质量上都远远落后于美国等智库大国。排名靠前的智库便可以凭借全球智库评价报告的影响力获得更多的资源和竞争力。虽然这一报告饱受争议，但是它仍是目前全球范围内最权威的一份智库评价报告。该项目设置了多项复杂而详细的质量控制标准，为撰写全球智库报告提供了技术和数据上的支持。

首先，关于评价标准。以 2013 年《全球智库报告》为例，除了可量化指标之外，另有诸如“成功挑战政策制定者的传统智慧，以及激发创新性思想和项目”“生产新知识、创新政策建议或备选政策思想”等方面，是一份非常详细的智库发展战略清单。① 它采用的评价指标体系主要分为四个方面：资源指标、效用指标、产出指标和影响力指标。指标体系分为两级，且各指标权重相同。影响力指标只是作为四个指标之一而非全部。

与许多将媒体曝光率（包括智库观点被媒体引用、智库网站的访问量、点击量、下载、超链接）和智库是否能够参与政府和国会听证会等较为单一的指标来评价智库不同，麦甘领衔的全球智库评价的指标体系更全面、更系统。麦甘的全球智库提名和排名指标包括定量指标，诸如机构的财源水平，智库产出与成果（学术出版物量、发表的论文、询报告、政策建议、媒体引用、网站访问量、采访、被提名出任公职的雇员、获奖等）；还包括很多定性指标，诸如提供新知识，创新政策建议，弥合学术界、政策制定和公众之间鸿沟的能力，对决策者和公众的传统思维挑战的成功，机构在议题或政策网络担当核心或

① 参见〔美〕詹姆斯·G. 麦甘：《2013 年全球智库报告》，上海社会科学院出版社 2014 年版，第 16—21 页。

核心参与者的能力等。

其次，关于评选专家。报告采用专家评议法，根据其年度报告，这一队伍越来越庞大，最近几年每年都有超过1500名来自世界各地媒体界、学术界、基金会和政界的专家参与评选。专家通过自荐或他荐的方式进行智库提名，建立一份全球智库数据库，根据提名结果由同行和专家进行排名，通过排名结果的汇总，筛掉部分不合规的提名智库，最终得出全球智库排名名单。

最后，关于评选控制。在评价体系和评选专家确定之后，就是为期三个阶段的评价过程。一是项目组向分布在全球各地的其项目资料库中专家以及其他感兴趣的公众发送电子邮件，邀请他们登录项目组网站，并推荐有资格参加“国际咨询委员会”（International Advisory Committee）的人员名单及联系方式。然后，项目组向咨询委员会成员发出提名邀请，请他们按照若干类别分别提名每个类别中他们认为能够排在前25名的智库。二是项目组把各智库的提名情况制成表格，经过筛选，凡获得超过五次提名的智库均列入候选名单，并确定最终入选智库名单。三是专家确定本年度各类别智库名次。在汇总提名结果后，将所有被提名为顶级智库的候选机构的汇总资料发给“专家小组”（“Expert Panelists”，以下简称为“EP成员”），邀请他们以参考项目组提供的评价指标对这些筛选后的机构进行分类排名、确认和调整，在每年年底确定各个类别的最终排名。以2011年度为例，项目组共向全球182个国家的6545家智库发出了参评邀请，并收到了120个国家的1500多位个人的提名回复，其后要求提名者按照30个类别分别推荐出各类别中排在前25名的智库，30个类别共收到25000项提名，被提名智库共计5329家，其中202家智库被提名为世界顶级智库。①

近几年，宾夕法尼亚大学的智库研究项目及其《全球智库报告》

① 参见王继承：《麦甘“全球智库报告”排名机制及其影响》，《中国经济时报》2012年8月28日。

迅速受到我国智库界的关注，并得到各方肯定，甚至在国内成为引用率最高的智库评价依据。尤其是在 2014 年，2013 年度《全球智库报告》发布，国内媒体对此事作了广泛报道，有媒体称其“权威性和公信度也受到了业内外的认可”。① 同时，因为一些设计方面的缺陷和质量控制比较疏松，《全球智库报告》自发布以来而受到多名业内专家的批评和质疑，主要体现在两个方面。②

第一，报告细节不够严谨，存在较多明显的漏洞和错误。仅就涉及中国智库的内容而言，2012 年的报告，将中国社会科学院下属的“世界经济与政治研究所”单独拿出来与中国社会科学院一起参与排名，显然没有搞清楚机构之间的隶属关系。在 2013 年度《全球智库报告》“全球智库前 100 家（不含美国）”排名中，中国现代国际关系研究院（CICIR，排名第 28 位）在中国国际问题研究所（CIIS，排名第 30 位）之前，但在“全球智库前 150 家”排名中，中国国际问题研究所排名第 36 位，反而位居中国现代国际关系研究院（排名第 44 位）之前。在 2014 年《全球智库报告》中，“世界顶级智库（含美国）”150 强榜单里排名第 48 位与第 99 位的智库都是中国的“国务院发展研究中心”。③ 像这类“硬伤”还有不少，使得我们不得不怀疑我们相对陌生的国际智库是否也存在这样的情况。实际上，该报告在 2009 年将“麻省理工大学经济系”单独拿出来排在“科学和技术类前 10”中的第 2 名，而在此后历年的系列报告中，该智库再也没有出现过在这一类别里面。2010 年的报告，不一致的地方多达 20 余处。如英国的“大赦国际”在“西欧前 40”中只排到第 12 名，却同时又被排在了“世界前 10（非美国）”中的第 5 名；在“西欧前 40”中比大赦国际排名还要靠前的德国“艾伯特基金会”却未排进“世界前 10（非美国）”类别之中；等等。更令人困惑不解的是“布鲁金斯学会”在 2012 年“环境类前 70”排名中位列第 2 名，然而布鲁金斯学会却在其官方网

① 赵博：《智库必须思考如何以新形式传播成果》，《文汇报》2014 年 2 月 17 日。

② 参见荆林波等：《全球智库评价报告》，《中国社会科学评价》2016 年第 1 期。

③ 赵博：《智库必须思考如何以新形式传播成果》，《文汇报》2014 年 2 月 17 日。

站上公开声明其并不关注环境政策方面的研究。

上述情况至少反映了几个方面的问题。比如，研究工作不够严谨细致，导致低级错误没有被发现；对美国之外的智库情况并不熟悉，出现了所涉智库所在国家的专家很容易发现的常识错误；研究力量有限，不足以支撑工作量如此之大、难度如此之高的研究任务。实际上，承担全球智库评价如此庞大的项目，必须拥有一支具备科学素养的研究团队，必须有相对稳定的财力支持。尤其是麦甘所采用的“主观整体印象评价法”，要求必须通过优秀的调研人员来最大程度地去除主观评价中的偏差，这是保证“主观整体印象评价法”有效实施的关键环节。然而非常遗憾的是麦甘所进行的该评价项目只由一名全职工作人员负责，而这个项目的数据收集、研究和分析，不是借助于实地调研或者专门的工作人员完成的，而是依靠来自宾夕法尼亚大学和费城地区其他高校的实习学生。参加全球智库评价项目的这些实习生，本身没有经过严格的学术训练。对于全球智库的理解也比较粗浅，有的学生只是把该项目作为暑期实习以此获得调研经历而已。由此可见，倚重这些人员所进行的调研，其质量令人担忧。

第二，评价方法的信度和效度有待进一步提升。在全球智库排名工作中，麦甘采用的是“主观整体印象评价法”。这种评价方法的优点是简便易行，可以快速地对大量客观主体（比如全球智库）进行评价，但与此同时这种评价方法的缺点也十分明显，具体而言就是主观导向的影响过大，评价者所处的地域、所研究的领域、所持有的观点等等都会对全球智库的评价产生不同程度的影响，因而也必然会影响到全球智库评价结果的准确性。笔者认为，客观且全面的全球智库评价方法不仅要有主观的评价，而且更需要有大量的、多层次的客观指标的评价。只有主观定性评价与客观定量评价相结合，才能较为全面地对全球智库做出相对公正客观的评价。

与主观评价方法相对应，是专家遴选机制有待规范化与透明化问题。从麦甘报告可以看出，该排名工作中最重要的一环是专家小组的形成。2011 年，麦甘通过在互联网平台上公开民主推荐国际咨询委员会（IAC）和专家小组（EP成员）的方式，吸收了来自各地区和各研究领域的专家、跨领域的记者与学者、现任和前任智库负责人、智库的捐助人、社会民众的代表，以及其他智库相关人员等组成了专家小组。然而，麦甘并没有给出专家小组成员的专业领域、地区所属、职务职称等具体分布情况，例如亚洲地区有多少人员参与到国际咨询委员会和专家小组等，这些专家成员的构成会直接影响到调查样本对该地区智库的认知熟悉程度。在麦甘致评选专家小组成员的一封电子邮件中，他明确告诉这些评选专家，“你的选择和排名将被严加保密”，同时，麦甘还向评审专家提议，“如果你没有时间为所有智库排名，那就花上几分钟为你所在的地区或你的专业领域的智库排一下名”。这种随意的评选要求显示出该项目在质量把控方面太过宽松草率。

二、智库评价研究的争议

（一）智库评价研究得与失

理论上，智库评价研究本身有其必要性。在许多领域，尤其是在社会领域，都存在各种形式的可评价对象。一般情况下，社会评价可以起到鼓励先进、激励后进的作用，这也是开展社会评价的初衷。具体来说，智库评价有利于进一步理解智库的性质及其在政策制定中的作用、策略及其局限性，还可以通过理解智库评价中的方法及其指标体系，进一步思考提高智库服务决策的途径和策略。这不仅对于智库自身能力的提高起到一个导向的作用，而且更加明确了智库的角色定位，并且有助于智库建设的发展完善，因而对于智库的整体发展具有不容忽视的推动作用。随着智库评价报告的涌现，一些智库机构的公众知名度也得以慢慢提升。智库评价的逐渐发展完善也为智库树立了一系列的发展目标和要求，评选出的部分智库代表确实在一定程度上起到了标杆和榜样的作用，提高了智库竞争活力。从另一个角度看，智库评价，尤其是智库排名，有智库自身宣传的需要。由于智库数量短时间内的快速增长超过了社会对于智库的需求限度，便加剧了智库对于人才、资金等资源的竞争。甚至有些智库中慢慢的分生出了宣传部门，专门负责智库研究成果的宣传推广。而对于国家、公众或者想要了解智库工作成果的机构或个人来说，浏览报告要比评估他们的真实业绩容易得多，因而催生出了智库排名，世界智库评价也就应运而生。

然而，智库评价研究从来不缺少质疑和争议。目前的智库评价报告大都以智库排名作为其主要研究成果。那些排名靠前的智库对评价报告比较认同，利用智库排名来提升自身影响力。比如，布鲁金斯学会很乐意见到自己被该报告评为“全球第一智库”，并且在其官方网站上对此进行大张旗鼓的宣传。然而，无论是美国卡内基和平基金会、美国企业研究所，或者美国战略与国际研究中心、美国外交关系委员会，抑或世界资源研究所，它们则都对布鲁金斯学会荣膺“全球第一智库”不以为然。也许，只有在自己被报告的某个分类评为第一时，它们才会接受其评价结果。

对于我国智库评价研究，质疑和争议声音更加显著。不少智库评价报告热衷于智库排名，无意中推动了智库机构攀比之风，对于一些社会知名度不高或新兴智库尤其显著。这种为排名而排名的研究取向，不仅无助于智库评价研究自身，更无助于当前的新型智库建设实际需要，甚至会将我国智库建设方向引入歧途。某种程度上，这反映了智库建设与研究领域的浮躁和功利。而且，这些智库排名本身存在社会公信力问题，排名顺序争议较大。究其原因，一方面，许多智库评价报告的数据资料的信度和效度都存在问题；另一方面，这些智库评价报告的主要排名依据是智库成果影响力，而智库成果的特殊性及决策过程的复杂性、不透明性，使得智库成果影响力本身存在测量瓶颈，不能简单地通过数据采集方式方法的改进加以解决。

对这些质疑进行梳理，可以发现主要集中在三个方面：智库评价排名“榜单”受到质疑、智库评价数据获取过程和结果受到质疑、智库评价指标体系存在争议。有学者认为，虽然当前的智库评价体系仍存在着各种各样的争议，但不能否定其社会贡献，智库评价排名体系也一直在进步和完善，仍有相当大的发展空间。[①] 那么，我们就需要深入去探讨这些争议的症结所在，症结背后的原因是什么，以及如何寻找解决问题的思路。

笔者认为，智库评价的最大障碍在于其测量难度，从而带来了对评价结果的一系列争议。而之所以出现以上争议，其背后原因在于智库评价研究本身走入误区，主要体现在三个方面：智库评价研究过于将注意力放在影响力这个视角、智库评价研究过于将落脚点放在排名上、智库评价研究理论框架不清晰。要解决上述问题，就需要有针对性地排除以上误区。从评价思路上，明确智库形成与壮大的过程，也就是智库能力建设的过程；在评价内容上，从智库影响力转到智库能力；在评价落脚点上，从追求排名到对照重要指标进行检验，立足智库建设；在具体目标上，重视智库评价理论框架的构建问题。

（二）智库的可测量性

智库评价的最大问题或挑战，在于智库本身难以测量。智库评价就是对智库运营其中的各种环境因素的整体认识，其面对的不单是智库一方，还有比智库更复杂的其他不可忽略的因素，如复杂的政策制定过程、国内外具体的政策环境、评价人（包括受访者、评议专家）的专业水平及政策认识水平，等等。因此，可靠的、具有公信力的智库评价要面对许多难以克服的挑战。从方法上来看，智库评价方法有两种：一种是定量分析，一种是定性分析。然而我们发现，无论采取何种评价方法，都难以达到客观评价智库并获得较高社会公信度的目标。

第一，智库难以被定量评价，主要在于数据资料的效度问题，就是量化数据在多大程度上能够说明智库影响力大小。定量分析方法，

---

① 参见朱旭峰：《智库评价排名体系：在争议中发展完善》，《光明日报》（智库版）2016年2月3日。

是依据一些可量化的数据作为评价依据。定量分析的优势在于易于操作，有时的确可以反映智库在一个或多个方面的表现，显示出与政策制定之间的某种相关性。埃布尔森认为，应该把媒体的引用或智库的公众知名度与不同的政策议题、政策阶段及智库自身的属性如预算规模、政策立场结合起来，以数据为基础，采用回归分析方法，在智库影响力与智库表现及其知名度之间建立起一种实证关系。①

不过，定量评价的劣势在于往往不能如实反映智库的影响力。定量分析是智库评价中被运用较多的一种方法，但有些国外学者除了对智库评价表达了普遍的怀疑之外，还直接对定量评价法能否反映出智库影响力感到怀疑。因为，所采集的数据与智库影响力并不一定存在必然的联系，也就是定量分析结果与政策影响的相关性问题。即使辅以一些数学统计方法（如回归分析）使得智库的一些产出指标的确可以与智库影响力之间建立起某种关系，那么这种关系也不一定可靠，更不能一定能够普遍适用于各个国家。比如传统媒体影响力和当前热门的网络影响力，这方面的智库产品及其产量不等同于影响力。某家智库的研究报告被《华盛顿邮报》引用并不意味着会对决策者产生影响。媒体报道或网站浏览量等指标仅仅是表示某个机构的知名度、活跃度，但并不真正表示智库的思想能够转化成政策或被决策者知悉。

在国外，智库排名研究得到一些智库管理层的认可，有其特定的智库生存和发展情景。这是智库扩大宣传的根据，也有利于筹款。但在严谨的学者看来，那些看上去貌似事实的可能不过是猜测而已。因为，有些智库开展研究、推广成果、寻求捐款和培养政治人脉的方式，很难被一般人直接观察到。在这种情况下，即便知情者不断地谈起某些逸闻，其行动细节也可能不过是道听途说而已。不仅如此，许多可识别的行动——例如举办说明会、午餐会、研讨会——也不过是过眼

① 参见 Donald E Abelson. Public visibility and policy relevance：assessing the impact and influence of Canadian policy institutes，*Canadian Public Administration*，1999，pp. 240—270.

烟云而已。就如里奇所说:“在研究这一课题的时候,我密切地观察这些智库的所作所为,从他们写作、举办研讨会到参加政策说明会或早餐会。我还询问智库的研究人员和管理人员,他们如何看待这些活动的产生结果?我看到、听到的越多,越明白无人确切知道会发生什么。”①

第二,智库难以被定性评价,主要问题在于数据资料的信度问题,即定性评价本身的客观性、可靠性难以保障。定性分析是指通过问卷、专家打分等方式进行智库评价。这个方法的优势在于,如果专家能力突出,对于智库十分了解,那么可以更全面准确地给出评价。但同时,专家的选取却是定性分析法难以解决的一个重要问题。

国外学者对定性类智库评价的研究,大多针对美国宾州大学麦甘在《全球智库报告》中提出的年度全球智库排名,其批评和质疑之处,主要集中在评选专家人选不透明,以及评价过程中质量控制不够严谨等方面。与《前景》杂志提出的评价报告不同,《全球智库报告》项目组一直没有公布评选专家名单。这些观点从一个侧面反映出,国外学者对智库评价定性分析的可靠性值得探究。开放社会基金会(OSF)智库基金项目负责人布尔迪奥斯基(Goran Buldioski)是一名在智库领域颇为活跃的学者。他认为,全球范围内的大型智库排名,应该公布参评专家的名单,因为这样可以为其活动增加可信度——避免互相投票及其他可能的舞弊行为,也可避免A地区(专业领域)的专家参加他并不熟悉的B地区(专业领域)智库的提名和排名这种缺陷。路德曼也从区域均衡的角度指出了该项目的设计缺陷:因为美国智库数量众多,评选专家很可能多半是美国人,且对美国智库更熟悉。相比而言,有些国家的智库可能非常出色,但往往没有多少评选者了解它,甚至不知道它的存在。

在专家定性评价中,评价指标体系往往成为“摆设”。实际上,在

① David Ricci. *The Transformation of American Politics: the New Washington and the Rise of Think Tanks*, New Haven: Yale University Press, 1993, ix.

评选专家因素之外，国外很多学者也提出应该加强评价过程中的质量控制。一些智库评价报告有着严密周详的评选标准，例如，《全球智库报告》2014 年的标准含有 4 个指标体系和 28 项标准。尽管如此，如何保证这些提名者和专家严格遵守这些数目众多的标准？如何避免他们走捷径，比如说基于与智库的个人关系或仅仅关注那些名气大的、历史悠久的智库？排名过程中的不透明和不完善造成的不实排名不但会误导捐助者，而且还会鼓励一些智库为提高名次而弄虚作假，比如挖空心思开展“动员投票”，甚至与其他智库勾结操纵投票。

第三，即便是定性与定量相结合的方法也难以保证智库评价效果，因为症结在于智库影响力本身难以界定，这不是研究方法能解决的问题。

相比于麦甘《全球智库报告》的单纯定性分析方法，有些智库评价研究采取了定量分析和定性分析相结合的方法。比如，国内上海社会科学院《2015 年中国智库报告》主要采用定性分析和定量分析相结合的评价方法。其中，定性分析是通过调查问卷的形式采用主观排序法，定量分析是在定性分析的基础上参考部分智库的可公开指标进行多轮专家评议，对调查问卷得出的智库排名结果进行局部修正，力图在探索中不断完善主观评价与客观指标相结合的智库影响力评价方法。以定性方法为主、定量方法为辅，希望在一定程度上辅助的定量分析能弥补定性分析主观性较大的缺陷。与上海社会科学院《2015 年中国智库报告》采用评价方法相似，中国社会科学院《全球智库评价报告》同样采用了定量与定性相结合的评价方法。但不同的是，《2015 年智库报告》以定量分析为主，力求突破单纯依靠主观定性评价方法的瓶颈，以构建全面的定性加定量的评价指标体系。而且，相对于麦甘报告和社会科学院报告，该报告采用了定性分析法中的专家评分法，通过分值对专家的主观性做了进一步区分。在定量分析方面，报告通过多种方式（邮件、电话、实地走访等）来搜集智库的相关客观评价数据。

然而从以上分析可以看出，无论是定性方法，还是定量方法，都不能保证智库评价结果的客观性。表面上，定量分析和定性分析在智库评价领域各有其优缺点，是互补关系。定量分析法能够反映智库某些方面的活跃程度，但难以反映出其整体表现或政策共同体中对该机构的基本印象。相反，定性分析以访谈和调查问卷及专家评议为主，减少了对数据和指标的依赖，如果受访人或专家对该机构的了解比较深入全面，相对而言反而更容易确定其整体影响力。不过，在运用定性分析法评价智库时一定要严格质量控制（包括受访人或评选专家的甄选），否则会影响到排名结果的公信力。然而，与一般实证研究不同，在智库评价领域，定量分析和定量分析两者之间不是互补关系。问题的症结所在，并非采取何种分析路线，而在于智库影响力评价本身具有难以测量的特征。

第四，智库"跨界"评价现象的存在，加剧了智库影响力排名争议。所谓智库"跨界"评价，既包括对不同国家或地区智库的横向对比评价，也包括对不同专业领域智库的横向对比评价。相对于同样专业领域的智库评价，不同专业领域的跨界评价在逻辑上难以成立。智库成果具有特殊性，只能特殊情况特殊分析，而并不存在任何政策建议是具有专业及地域的整体适用性。因此，进行跨界的比较，暂且不说难以实现，就算可以实现，也容易让人质疑其意义。比如，美国的布鲁金斯学会和英国的经济与政策研究中心（CEPR）之间，关注的问题不同，运营环境也不同，这两个智库之间的比较能有多大价值？简单而言，不同国家的智库对政策制定的作用也不一样，其运营方式和营销策略也有较大差异，因此全球性或区域性智库排名价值不大。

不少学者提出应对"跨国"智库评价进行反思。相对于同一个国家的智库评价，跨国的全球智库评价难度更大。在完全不同的决策体制下，难以想象如何进行横向智库影响力评价。政策具有本地属性，以政策为中心的智库不能离开其所在国家的政治、社会和经济环境，因此不同文化、政治制度之间的智库比较既困难也没有意义。成功地把定量指标和智库影响力联系起来的智库评价报告，大都以个案研究为主，不仅需要把辛苦收集来的数据分析、总结、拼合起来，还要与具体的环境结合，以便对其发现做出合理的解释。这些环境因素包括何种政策讨论、智库所在的具体国家（比如说，加拿大和美国）、智库的推销策略等。当然，评价者（如里奇、埃布尔森等）自身对所评价的智库及其运营环境的了解程度也非常重要。换言之，智库的影响力有赖于在不同的政策阶段和环境中展示其特殊的能力。这样，又应如何判断美国的智库（有丰厚的捐赠，敢于自由地表达其集体思想）优于厄瓜多尔的智库（运营资金匮乏、不敢畅所欲言）？

实际上，现有智库研究报告，无论中外，往往都有意无意地掩盖了“跨界”评价问题。即使有些智库评价报告提出了专业智库排名的概念，但最引人注目的智库榜单无疑仍然是“综合”排名。至于“全球”智库报告，无论其综合排名，还是专业领域排名，“跨国”因素都没有被充分考虑进去。

第五，国内研究报告大多淡化“官方色彩”，突出个性研究特质，但这种“市场化”评价模式在中国的适用性值得商榷。

有人将国外智库评价分为三种模式，包括以市场为主导的美国模式、以第三方为主导的德国模式和以政府为主导的日韩模式。[①] 美国市场经济体制十分完善，市场在资源配置过程中起决定作用，在此背景下，美国的智库评价模式是以市场尤其是政策市场为主导的，即智库存留与否、成功与否主要取决于市场，由市场对智库整体运营做出评判：符合市场需求的智库就会逐渐壮大，不符合市场需求的智库则会逐渐萎缩，直至倒闭。也就是说，美国智库的评价主体是市场，评价标准是其在市场竞争中的表现。

与美国市场主导的智库评价模式不同，德国设有中立的第三方机构专门负责对全国智库进行评价，其中以莱布尼茨协会的评价最为权威。莱布尼茨协会本身也可以看做一个智库，或者更为准确地说，它是德国各专业领域研究机构（智库）的联合协会。该协会拥有法律所赋予的对全国研究机构和智库，尤其是国家级和州级研究机构进行评价的权力。作为德国著名的科研评价机构，莱布尼茨协会制订了完善

① 参见孔放、李刚：《国外智库评价的主要模式》，《新华日报》2015 年 7 月 10 日。

的评估标准和体系以及科学的评估流程和原则，能够组织专业力量对智库进行评价。在德国，智库一般要接受两个层面的评价。首先，在加入莱布尼茨协会之前，智库需要委托第三方评价机构对自身进行评价，评估智库是否满足加入莱布尼茨协会的要求；其次，在加入莱布尼茨协会之后，智库要接受协会的评估，这种评估是周期性的，如果智库被要求退出协会，就无法再得到国家的资金支持。但智库可以通过自身的调整和新发展，重新通过评价加入莱布尼茨协会，从而获取国家资金支持。

日本和韩国的智库评价有着很深的“行政”烙印。日本一般会在智库内部设立评估委员会，专门负责监督和评价智库运作。评估委员会虽然是智库内部的组织机构，但其人员一般由国家公务人员和兼职教授组成，代表国家的利益对智库活动进行监管和评价。韩国的智库评价则全部归属于国家经济人文和社会科学研究会（NRCS）管理，NRCS不是一个第三方的联合协会，而是由韩国政府设立的智库管理机构。由此可见，日韩的智库评价模式基本是以国家为主导、以政府为评价主体，这与日韩智库的资金来源和智库体系是分不开的。

相较于以上智库评价模式，我国当前智库评价研究报告的模式大多更接近于美国。这是因为国内智库研究大多源于各社会机构自发推动，并非政府或协会统一组织。由此，其权威性只能依赖于报告本身的质量，而非政府或协会的官方认可。然而，和美国相比，我国智库所处的体制环境远非那么“市场化”。国内关于智库影响力的数据，大多来自被公开报道的媒体数据，相对其真实的决策影响力，这些数据是非常片面的。实际上，一些体制内智库对社会上的智库评价排名并不关心。

（三）影响力评价与排名

智库评价研究，尤其国内智库评价研究，大都以智库影响力评价为主要内容。比如，“零点调查”的《中国智库影响力报告》、南京大学中国智库研究与评价中心的《中国智库网络影响力报告》以及四川省社会科学院、中国科学院成都文献情报中心提出的《中华智库影响力报告》，都直接将影响力作为唯一的评价内容。即使上海社会科学院智库研究中心的《中国智库报告》更加重视智库成长能力，但也仅仅将其作为参考指标。而中国社会科学院社会科学评价中心的《全球智库评价报告》加入了吸引力和管理力的评价内容，但影响力仍然为主要评价指向。有学者明确认为，“智库评价就是确定智库在政策开发、辩论、决定及评估等各个环节对政策议程发挥了何种影响力。”[①]

在任何领域，影响力评价都极具挑战性。作为评价标准的各种形式的智库成果本身难以衡量，而评价智库影响力难度更高。[②] 其根本原因在于政策过程复杂，是否有智库参与决策过程，以及是否产生实质影响力都难以确定。尤其是思想性较强的智库成果，在智库或者其他任何非组织、个人提出之后，其产生任何可识别的影响通常需要数年时间。正如美国对外关系委员会（CFR）副总裁谢尔兹所说：“因为我们从事的是观念生意，所以很难精确追溯某一观点来自何方，以及是否对政府产生影响。”[③] 许多机构声称自己是那些受欢迎或进入决策的政策观点、产品的原创者，但在公共政策这种产品上，没有类似于DNA这样的物质实体来验证其渊源和血统。观念的产生不是一朝一夕的事情，也不是某个人的产物，甚至不是一成不变的过程，确定其来源相当困难。

对于相同的政策问题，智库之间可能会产生相同看法。提供相同或类似的政策建议的情况，使得智库思想归属划分不清。由于寻求影响政策制定的个人和组织数量越来越多，追寻政策观念的起源就变得非常困难。事实上，智库产品从提出到被引入政策制定，可能已经不是最初的样子了，这就更加提升了确定其“思想”原创者或所有者的

① 崔玉军：《国外智库评价：理论与实践》，《社会科学论坛》2015年第11期。

② 参见帕瑞克·克勒纳、韩万渠：《智库概念界定和评价排名：亟待探求的命题》，《中国行政管理》2014年第5期。

③ Donald E Abelson. *A Capitol Idea*：*Think Tanks and U. S. Foreign Policy*，Montreal & Kingston：McGill-Queen's University Press，2006，pp. 171—178；p. 147.

难度。政策制定是一个历时较长、透明性较弱的过程，智库在不同的阶段有着不同的作用，其影响程度也差别较大。政策建议被采纳需要较长的一段时间，而大多数情况下，被采纳的政策建议与最初的政策建议存在较大的差异。政策观念的产生和演变比较复杂，难以追溯其来源和原创者。这也就造成了难以判定智库所产生的影响力的局面。①很多情况下，多个机构和个体都参与了政策制定，智库仅为其中比较重要的参与者之一。在评价其作用时，需要将智库的贡献与其他参与者剥离开来，这在操作层面上比较困难。

智库评价不仅涉及智库一方，更与智库所在的决策环境关系密切。对于我国来说，部分政策制定过程处于不透明状态，智库报告是否发挥作用，尤其特定智库报告是否能发挥作用，发挥了多大作用，更加难以确定。即使有一些体制内智库报告对决策产生了影响，这些智库报告也是不公开的，其作用更不为社会所知。相应地，提出智库报告的机构，其决策影响力也难以被外界所知晓，也就不能体现在智库评价研究中。所以，无论采用定量数据评价，还是采取专家主观印象评价，智库影响力评价都难以测量。坚持以智库影响力为评价对象进行智库评价研究，不能从根本上实现以评价促进智库发展的目标。

另外，我们必须面对的现实是，现有智库评价研究过于注重智库排名。实际上，所有的智库研究报告的最终成果，也是最重要、最引人关注的部分，就是智库评价排名。然而，质疑的焦点，恰恰是智库排名。即使国内当前研究推动了智库评价的本土化，也没有消除对多个智库排名"榜单"的质疑。有学者已经意识到，智库成果的价值及其社会影响可能比排名更重要。②

还有，智库评价研究缺乏理论框架或理论框架缺乏严谨的内在逻辑。一些研究机构发布的中国智库报告，往往在无任何理论分析下直接提出若干智库影响力评价指标，仅采用少量受访者的简单主观性评

① 参见郝时远：《中国智库在全球智库排名中的启示》，《中国社会科学报》2013 年 10 月 9 日。

② 参见唐果媛：《中美三份智库评价报告的比较分析》，《智库理论与实践》2016 年第 2 期。

价，具体受访者、评价程序和统计方法等模糊不清，作为科学研究不够严谨严肃，研究成果公信力不足。要达到智库评价效果，需要在评价指标体系设计、评价专家甄选和评价过程控制等方面做好工作，否则就可能流于为评价而评价，从而导致其公信力和权威性的下降。

通过以上对现有智库评价研究的分析，作者提出两个主要观点：第一，我国新型智库建设和智库研究尚处在初级阶段，应肯定智库评价研究本身的必要性，以及当前一些评价研究报告内容的原创性、合理性和探索性，甚至填补智库研究领域空白的开拓价值。第二，针对当前我国多数相关机构智库研究能力尚待提升、智库运行且发挥作用的“思想市场”环境远未形成等情况，在智库评价研究中应谨慎进行排名，甚至放弃各类排名研究，包括综合排名和所谓专业排名。智库影响力是自然形成的，而不是评出来的。

三、能力视角的智库评价研究

开展智库评价的一个新思路，就是以智库能力为视角开展智库评价。研究成果只有转化为公共政策，智库的使命才算完成。智库研究成果的转化既是智库系统一个循环的结束，也是下一个循环的开始。智库成果转化的过程和结果，甚至相关人士也不一定能够说清楚。因此，我们应转变思路，以系统论为理论框架，考察智库活动过程中的关键环节，提出其系列能力要素，形成新的智库评价指标体系。通过智库能力评价研究，充分发掘并发挥我国新兴智库建设中的独有优势，正视我国新型智库建设中面临的一些不足之处甚至制度性难题，真正实现“以评促建”，而非“为评而评”，更非为了排名而评。

政治系统理论是政治学行为主义学派的研究方法。它包含了两个基本观点：一是政治系统处在一个环境之中，并且经常会受到来自环境因素的影响，这些影响存在把系统的基础变量逐出其临界范围的可能性。系统为保持自身的持续稳定，必须采取一定的办法予以反应，从而缓和这些影响带来的压力。二是政治系统内部包括多个子系统，每个子系统有自己的边界，通过它们相互之间的积极作用，可以保证政治系统的连续性和稳定性。

政治系统与环境、子系统间的互动主要通过四个环节完成的，即输入、转换、输出、反馈。输入，是指环境对政治系统的要求（压力）和支持。转换，它是指输入中的要求和支持进入政治系统以后，转化为政策问题，并最终纳入政治决策议程的过程。输出，它是指在经过政治系统转换后形成的决策和行动，其中决策是各种政治产品，包括法律、法规、政策、规定、措施等。行动是政治系统执行和实施决策的行为过程。反馈，它是指政治系统在经历完输入、转换和输出三个重要环节后，环境对输出结果的反应，反应的信息将通过输入环节反馈到政治系统。

我们可以把政治系统的分析思路借鉴到智库分析上。智库机构是典型的具有广泛社会联系特征的组织形态，是社会大系统中的一个子系统，需要通过从社会大环境中汲取支持，并经过有效的内部治理、输出智库成果、履行社会职责并得到社会认可，才能保持自身生存和稳定、发展。一方面，智库系统处在社会环境之中，智库运行必须与之相适应。因而，智库系统想要求得稳定和平衡，就需要和社会环境保持协调，以满足社会需求的方式获得智库系统赖以存在的各种条件。另一方面，智库系统通过智库产品和沟通传播对社会环境进行回应和影响。

通过对政治系统论模型的稍加改造，一个全新的智库能力模型就呈现出来了。整个智库能力的表现过程是这样的：智库系统处在社会环境之中，社会向智库系统输入自己的要求和支持；智库系统在接收到社会信息后，整合各种社会资源、协调各种社会关系，经过内部治理，提出智库产品，并通过沟通与传播，回应政府、社会等方面对其提出的职能诉求；智库输入的效果连同社会对智库活动的评价作为反馈信息再次进入智库系统，形成新的系统输入。具体来说，智库能力体系所包含的要素如下：

1.“支持性输入”之一：资源汲取能力要素。一个系统必须有输入环节，才能开始运转。环境对子系统的支持性输入是一个极为重要的变量。只有得到足够的支持，子系统才能有效输出产品。这种思路同样适用于智库系统。从智库管理的实际来看，智库活动的顺利开展需要获得社会在资源方面的有力支持。资源支持能力是智库能力的前提和基础。智库若要开展工作，首要条件就是获得一定的资源支持。资源包括软资源及硬资源，软资源如人才、信息等，硬资源如经费、设施等。智库通过从外部环境中汲取经费、人才、信息等资源，从而为发挥决策辅助作用奠定基础。不同时期，智库需要的资源支持不同。现如今，智库更倾向于多元的资金来源、不同学科背景以及从业背景的人才、更优惠的政策以及更开放的信息。智库获得的资源支持越多，其能力越强。资源支持能力的强弱也会影响智库成果产出能力以及成果转化能力。

2. “支持性输入”之二：制度支持能力要素。制度作为一种行为规则，是一种非常稀缺的社会资源。政府建立制度，有助于界定个人和组织的行为选择空间，约束行为之间的相互关系，降低交易成本和保护产权，从而实现资源的优化组合。可以说，制度供给能力和制度创新能力是政府能力的核心组成部分。制度改进的重点是要增加制度资源的数量、改善制度的质量和结构、提高制度的规范能力。智库作为非政府组织，其兴衰还与国家法律、政策的约束以及保护休戚相关。如若法律、政策的出台有利于智库的发展，那智库的发展将如虎添翼，反之，则智库发展会受到各种制约。现实情况往往是复杂的，政策资源不仅包括法律、政策对智库的注册、税收等的直接规定，也包括对智库相关对象的规定，比如对基金会的注册、税收的规定。

3. “支持性输入”之二：协同创新能力要素。智库并非孤立存在，智库与其他相关机构之间可以通过协同创新提高各自资源汲取能力。甚至，智库之间也不都是竞争关系，也存在协同创新的广阔空间。在各智库主体和智库平台功能定位基础上，可以突破区域、单位、学科、身份本位的界限，促进智库人才、经费、课题、成果的优化配置，实现智库主体的合纵连横、智库平台的联动互通、智库要素的优化重组和智库管理的机制创新。说到底，智库协同创新，体现了“开门办智库”的有益思路。具体而言，协同创新包括区域内智库间协同创新、“条条”系统内智库间协同创新、智库与企业间协同创新、智库与政府间协同创新、国际间智库创新等各种形式。

4. “压力性输入”：职责要求能力要素。智库机构往往被赋予重要的咨政职能。这时候，智库能力是对智库机构有效履行职责的基本要求。相对于前述“支持性输入”，职责要求能力要素属于“压力性输入”。压力性输入的出现，意味着政府对智库成果不断增长的诉求。“在成员把愿望转换为要求时，他们实际上是表明这样一种态度，他们希望政府运用手中的力量和资源，把系统整个儿朝着他们的要求表达或包含着的目标推进。”① 要求性输入会以两种方式向智库机构施加压力：一种是直接由要求产生的压力，即政府要求智库机构及时提供所需要的智库成果。另一种是间接由要求产生的压力，也就是在要求得不到满足的时候，政府对智库机构可能表示不满，从而削弱了政府对智库机构的重视和支持。相应地，智库的支持性输入要素资源也相应减少。智库机构要维持政府支持，必须及时有效回应政府提出的咨政要求。

实际上，职责要求并非仅仅是压力。有时，这种被赋予或认可的职责定位也是智库“权力”的一种特定形式。被赋予智库职责，往往意味着需要配置相应的资源要素，或者以之为理由要求配置资源。这时，职责定位可能成为一种特殊的能力资源，不仅在诸多能力要素中占据突出位置，而且可能是获得其他资源要素的前提，如人才、经费、信息、制度等。在我国特定体制下，无论通过部门职责、绩效表现还是领导重视等何种方式，只要能够在党和政府政策咨询体制中占据重要位置，就相当于掌握了智库能力的核心资源。否则，在智库运行的

① 〔美〕戴维·伊斯顿著，王浦劬译：《政治生活的系统分析》，华夏出版社 1999 年版，第 167 页。

各个环节，智库能力发挥都将受到制约，而这种职能定位能力的获取，往往并不掌握在智库自身手里。无论智库自身如何努力，都可能处在决策咨询体系光谱中的边缘化位置。由此，在许多具体场景中，往往出现机构积极争取“被”赋予智库职责，或者增加智库职能的比重。

5. 内部“转换”：治理创新能力要素。输入性要素为智库产出高质量成果提供了条件，但并不表示智库必然能够产出高质量的成果。更直接的因素是智库内部治理能力的高低，即智库能否通过内部治理创新，有效吸收外界资源，通过自身努力，产出高质量智库成果。相对于输入性要素，内部治理能力容易受到忽视，甚至可能成为智库运行过程中的“黑箱”，不为外人所知，也就失去了推动智库自身治理能力创新的动力和压力。就实际智库建设而言，就是智库注重资源而忽视智库自身能力建设的现象。智库获取资源种类的不同，也会影响智库的管理方式。多样人才与多元资金的输入，需要智库创新人才管理、经费管理方式、调整组织架构。这种内部治理创新能力体现在很多方面。

6. 系统“输出”之一：智库成果产出能力要素。有了人、财、政策、信息等资源的投入，智库通过自身内部的人事管理、经费管理、选题机制、组织架构等将其转换为研究成果并输出，这便是智库的成果产出能力。成果产出能力是智库能力的关键。智库凭借其高质量的研究成果影响公共政策。研究成果质量越高，数量越大，其成果产出能力越强。研究课题的选题、研究视野、研究方法等会影响研究成果的质量，智库获取资源的能力的强弱，也会影响研究成果的质量。成果产出能力的高低，反过来也会影响智库获取资源的难易。近一步，智库研究成果的质量，会影响研究成果转化为公共政策的难易。

7. 系统“输出”之二：成果传播能力要素。智库高质量的研究成果不可能全部也不可能立刻就转化为决策。在这个“酒香也怕巷子深”的年代，智库高质量的知识产品若要转化为决策，少不了成果的“营销”，这就需要智库建立畅通的推销网络。影响力较大的智库往往都拥有多元而通畅的推销网络。这个网络一般由政府决策机构、学者专家团队、大众传播媒介和民间团体组成。智库在多大程度上影响公共政策就取决于其网络的强大和通畅程度。智库的成果推销有多种形式，比如人际传播、组织传播和大众传播。① 人际传播指智库依靠专家个人关系网发挥影响；组织传播是智库就热点政策问题举办大型公开会议，邀请各界专家进行讨论或者召开成果发布会，还包括各种中小型会议；大众传播模式包括纸媒介、电子媒介、网络媒介三种渠道，通过大众传播模式，智库可以设置政治议程、塑造公共舆论，进而影响决策。当然，在我国智库活动环境中，最直接有效的智库成果传播途径是各种形式、各种级别、各个系统内的“内参”，可以将智库成果直接摆到决策者的案头。智库只有建立强大的推销网络，采用多种推销形式，才能不断扩大影响力。

8. “反馈”环节：沟通调适能力要素。“反馈”对智库系统能够保持自身地位并实现不断发展的作用是非同寻常的。虽然智库输出研究成果的目的是为了满足政府决策的咨政要求，但是我们不能想当然地认为每一项智库成果都能取得预期效果。智库必须清楚有关支持的现状和输出结果的相关信息，否则智库的任何咨政成果输出都可能只是无的放矢，“他们将无法决定继续这同一种输出，还是以某种方式修正他们”。② 因此，对于需要得到持续支持并保持咨政地位的智库而言，具备反馈功能是一个重要条件。反馈能够帮助智库了解自身面临的状况，能“获得关于该系统自身之性质的信息、关于其环境的信息、关于其资源及将其意志强加于其环境之可能的信息和关于它在那里可能发现的抵抗的信息”。③ 正是有了信息的反馈，

① 参见王莉丽：《大国智库影响力——路还有多远》，中国经济导报网，http：//www.ceh.com.cn/xwpd/2009/07/49723.shtml.

② 〔美〕戴维·伊斯顿著，王浦劬译：《政治生活的系统分析》，华夏出版社 1999 年版，第 400 页。

③ 〔美〕戴维·伊斯顿著，王浦劬译：《政治生活的系统分析》，华夏出版社 1999 年版，第 405 页。

智库才可能总结经验、弥补不足，从而才有足够的动力和适应性来提升咨政能力。当然，智库在咨政活动中及时、准确地获得反馈信息并不容易。

从智库系统的“支持”“要求”“转换”“输出”“反馈”等主要环节看，智库具有8项基本能力要素（如图5—1所示）。其中包含：智库系统支持性输入环节，包括资源汲取能力要素、协同创新能力要素、制度支持能力要素；智库系统要求性输入环节，即职责要求能力要素；智库系统转换环节，即内部治理创新能力要素；智库系统输出环节，包括智库成果产出能力要素及智库成果传播能力要素；智库系统反馈环节，即智库沟通调适能力要素。

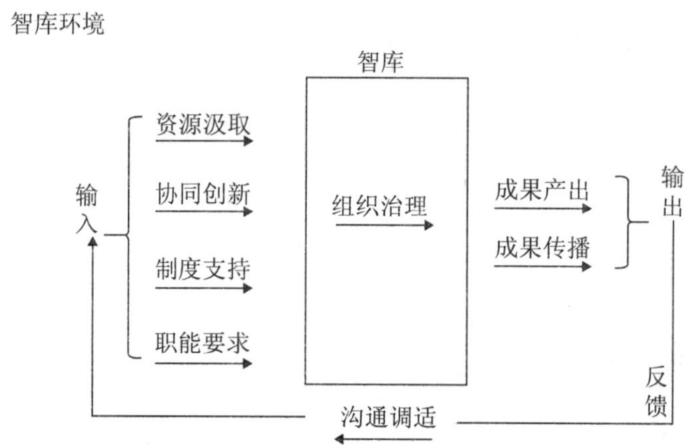

图5—1 智库能力评价体系基本要素

同时，每项基本能力要素可能包括具体各分项要素。比如，资源汲取能力要素，至少包含人才汇聚能力、经费筹集能力、信息获取能力等分项；协同创新能力要素，至少包括区域协同创新、行业协同创新、跨部门协同创新、国际协同创新等；内部治理创新能力要素，至少包含考评激励能力、组织再造能力、经费管理创新能力、选题定位创新能力等分项（详见表5—1）。

表 5—1　智库基本能力与分项能力要素示意表

系统过程	基本能力要素	分项能力要素
输入环节	资源汲取	人才汇聚、经费筹集、信息获取等
	协同创新	区域协同创新、行业协同创新、跨部门协同创新、国际协同创新等
	制度支持	政策参与制度、登记制度、税收制度等
	职责要求	政府职责要求、自我职责定位、政策咨询地位等
转换环节	内部治理	考评激励、组织再造、选题创新等
输出环节	成果产出	成果产量、成果质量、成果创新性、成果可应用性等
	成果传播	内参报告、社会传播、国际传播等
反馈环节	沟通调适能力要素	沟通渠道、自我调适等

上述能力要素可以区分为正向能力要素和约束性能力要素。它们在智库建设中的作用各不相同。有些要素属于正向能力要素，一般情况下，在这些方面做得越好或表现越好，越有利于智库建设，比如资源汲取、制度支持、协同创新、内部治理、成果产出、成果传播、沟通调适等。同时，还存在约束性能力要素，如职责要求要素，对智库建设的重要性不言而喻。然而，不能简单地认为对智库职责要求越高越好，也不是越少越好，具体要根据实际情况进行分析。所以，我们把“职责要求”这项能力要素作为约束性能力要素，区别于其他正向能力要素。

上述能力要素还可以区分为主动能力要素和被动能力要素。智库作为社会大系统中的一个子系统，其作为和表现并非都是取决于自身努力。反映在治理能力要素上，有些能力要素是可以通过自身主动努力就可以得到改进的，比如：资源汲取、协同创新、内部治理创新、智库成果产出、智库成果传播等；有些能力要素则主要取决于外界，自身几乎没有努力争取的空间，比如制度支持、职责要求。这里需要说明的，即使是主动能力要素，也仅仅指在这些方面智库有自我努力的空间，但环境大系统是否能做出积极有效的回应同样关键。实际上，一般情况下各能力要素都在智库与环境互动中发挥作用，既不是单纯的主动能力要素，也不是单纯的被动能力要素，如沟通调适能力要素等。

智库能力的视角为我们打开了另外一扇窗户。既然智库影响力作为智库运行的“结果”难以测定，那么，我们可以尝试将视角转向智库运行的“过程”，对智库在诸多运行环节中表现出来的能力进行研究。并且，将智库评价研究的立足点从智库排名移开，而将重点转向对智库进行能力分析、树立智库能力标杆、推动智库能力建设。能力也称胜任力，是管理学、心理学上的名词，是指顺利完成某一活动、目标或任务所必需的主、客观条件和素质。斯班瑟认为：能力是指符合能力影响因素，并可以对影响因素产生进一步影响的特质。所谓智库能力，是指智库在获取一定资源的基础上，通过有效运行、产出高质量研究成果、进行有效沟通与传播，对决策体系产生有利影响，完成相应职能定位的水平。具体来说，以能力为视角开展智库评价的价值在于：

第一，抓住了我国智库建设的关键。我国智库数量众多、规模庞大。例如，进入国外一家智库影响力排名报告视野的中国智库有 420 多家，数量仅居美国之后列世界第二。国内一份权威的研究报告统计，我国共有智库 2000 多家，中国社会科学院有专职研究人员 3200 多人，而党校系统专职研究人员有 5 万余人。然而，我国智库体系长期处于大而不强、多而不精的状态，相对于智库数量和规模，智库成果数量、质量和影响还远远不够。所以，中国智库建设的最大问题不是数量、不是规模、不是投入，也不是社会智库弱小、官方智库独立性不足、高校智库发育不够，归根到底在于智库能力不足。所以，需要切实通过各种层面的治理创新提高智库能力，尤其是加强高端智库能力。如果忽视智库能力提升问题，智库体系建设必然存在一哄而上、投入巨大而效益不高的风险，进而贻误我国智库体系及时转型升级的历史机遇和进程。所以，从能力视角切入智库评价研究，是抓住了我国智库建设和研究的关键问题所在。

第二，有利于建构一个更加清晰的智库评价理论框架。总体来说，当前的智库评价缺乏成熟的理论视角，难以抓住智库建设的关键；缺乏系统的理论框架，导致研究成果零散化、宽泛化、表面化；缺乏实证研究，尤其基于一手研究资料和现代分析方法的实证研究几乎空白，导致研究结论缺乏实证基础和说服力；注重介绍国外智库建设经验、引进国外研究成果，但对中国特色新型智库特在哪里、新在何处缺乏切实理解，对中国智库建设缺乏解释力和指导价值等。所以，我们期望这个理论框架是紧密结合中国现实的，能对中国特色新型智库建设提供理论启示。笔者试图构建智库能力建设框架，对智库能力构成要素做一个系统的梳理，为智库能力的提升提供科学的理论指导。

第三，有利于立足分析问题、树立“标杆”，而非智库“排名”。应该说，我们已经引入了国外的一些智库排名体系，国内也建立了一些所谓的智库排名体系，当前不缺智库排名。然而，我国新型智库建设本身处于起步阶段，基础薄弱，在制度环境、运行机制、人才资源等诸多方面都存在很多先天不足。很多智库并非真正的专业化智库，而是原有的政府机构、科研院所、事业单位等加挂了“智库”的牌子。在智库本身还没有找到新的定位和增长点的时候，不专注于基础理论研究和建设，将热衷于智库排名或把更多焦点放在智库排名上，无疑是舍本逐末。借鉴中国大学排名榜，现实已经表明，这些排名对大学建设本身几乎没有帮助，甚至负面作用多多。应该说，智库排名对中国智库建设本身，几乎没有任何推动。实际上，一些大型智库机构并不关心自己在某个榜单中的排名。

第六章　智库何生
——中国智库生长的“土壤”和现状是什么？

中国智库建设的根本任务是实现智库的现代化和本土化。智库建设绝非空中楼阁，如果把智库看做种子，智库建设的目的就是要让这颗种子生根发芽、成长壮大。那么，我们在采取施肥除草等各种培育措施之前，首先要了解种子所处的土质环境，才能有的放矢。我国智库建设受古代幕僚文化和既有智库体制的影响，开展智库建设，必须了解我国智库建设的历史文化和当代制度环境，也就是“中国特色新型智库建设”新在哪里、特在何处，要追求“有序发展”，避免“野蛮生长”。

一、中国古代幕僚文化及其影响

中国特色新型智库之“新”，主要是针对我国“传统智库”而言，如古代历史上的智囊人物、幕僚机构、幕僚文化等。我国智库建设，就是要在传统智库文化的基础上，实现中国智库的“现代化”。

中华民族是一个充满智慧且重视智慧的民族。据说在有巢氏时代，当大军远征时，只得在旷野上搭起临时的帐篷来休息。这种帐篷，古代称“幄幕”。“幄幕”里的大小事物总要有人处理，这里的人便是“幕僚”形成的雏形状态。中国古代并没有现代意义上的“智库”机构。从向决策者提供咨询的角度来看，有两种常见情况：一是在政府机构和人员设置中，有些官职具有咨询、参议与信息搜集整理等方面的职能，为决策者提供信息和建议；二是以个人身份为权威人物出谋划策的幕僚。当然，这两种在有些情况下可能重叠。① 其中一些著名的“智库”，如战国孟尝君的“三千门客”，唐代李世民的“十八学士”等，在历史上留下一段段佳话。归纳起来，主要有以下几类。

（1）内朝官。在中国古代，以丞相为首的行政机构是正式的“朝廷”，领导全国各级政府的政务活动。当皇帝的权力与相权发生冲突时，有些皇帝会在“朝廷”之外任命一些亲信官员，另组班底，构成“内朝”。如汉武帝为削弱相权，提拔一些地位低微的儒学之士为侍从，任命他们为尚书、侍中、常侍、散骑等。因他们在宫中办事，故称为“内朝”。这些人学识渊博，来自民间，比较了解民间疾苦，汉武帝常征询他们的意见，有时还让他们在朝廷与大臣辩论时政得失。这些内朝官事实上就是皇帝个人的国策顾问，在汉武帝推行改革中发挥了比较重要的作用。当然，随着历史的发展，当“尚书”等内朝官取代外朝官成为决策中枢之后，它便不再具有“智库”的性质了。

（2）谏官。谏官是中国古代对君主直言其过失并加以规劝的官员，如唐代的左、右拾遗与左、右补阙，宋代的司谏与正言，等等。宋朝非常重视谏官的作用，设有专门的机构——谏院。而且，宋时谏官拥有很大的权力，散朝之后，皇帝与宰相议事，旁人不得参加，但谏官却可列席。因此，谏官所上章疏也多有关军国大事，在宋代政治生活中发挥了很大作用。宋以后，台谏合流，谏官的“智库”功能有所削弱。

（3）使臣与采风官。中国自先秦时就有派人到民间采风编为歌谣的传统。《汉书·艺文志》谓：“古有采诗之官，王者所以观风俗。”这其实是古代君主搜集情报的一个重要渠道。这一传统为后人所继承，如王莽执政时即遣八人“分行天下，观览风俗”。后世的采访使、巡按等名目的官员，甚至由一些宦官担任，往往都负有监察州县官员、了

① 参见何勇强、卢敦基：《中国古代如何使用“智库”》，《中国党政干部论坛》2015 年第 3 期。

解民间疾苦、搜集地方舆情的责任，堪称皇帝的耳目与另一智库。

（4）“师傅”与经筵侍读。中国君主向来重视对继承人的教育，商周之时即有师、傅、保等官员，辅导太子的学习与生活，其余王子及宗室等，也都有专门的老师，宋代甚至有宫学、宗学等专门的教育机构。至于君主自己的学习，汉唐以来，很多皇帝常听大臣讲经论史，汉时即有侍讲之名。至宋代，经筵讲读日益制度化，讲读官员的任用、讲读课目的设置、讲读日程的安排，成为常制，至元、明、清沿袭不变。这些学官，对于普通宗室子弟来说，只是一个老师，但对皇帝或有望继位为君的王子们来说，学习中的讲读讨论，常要涉及时政，讲读官因此也常起到智库的作用。

（5）翰林、史官与馆阁官。中国自夏以来即有史官。史官的基本职能是记录皇帝的言行、编撰史籍。所谓左史记言，右史记事，有些史官因工作关系直接随侍皇帝身边，常得垂询应对。还有翰林学士等负责起草诏书的官员，在起草诏书的过程中也不免与皇帝讨论政事。唐宋以后广置馆阁，这里既是档案馆、图书馆，也是国家的储才之所，号为清望，他们常有机会与皇帝接触，加之本身知识渊博，也常成为皇帝的顾问。

（6）幕府僚属与参谋官。幕府本指将帅出征时所设的军帐，主帅往往辟官参议军事。如汉代大将军当政，所辟幕府僚属往往成为他的智囊。宋代也有参谋、参议等官，参与军中谋议，与此类似。唐五代后，幕府的职位日渐固化，其职能也不再限于军事，而多参与民政、司法等领域。在唐五代藩镇割据的局面下，幕府官员与主帅的关系较为密切，他们对于长官，多能起到智囊的作用。当然，随着后来削藩措施的推行，幕府官员多由朝廷直接任命，其智囊的职能自然也便弱化了。

（7）家臣、门客、胥吏与师爷。春秋战国时，诸侯有家臣，有的还豢养大批门客，即使到后世，权贵之家也多有部曲、家将、清客等人物，他们与国家往往没有直接关系，依附于主人而生存，其中的才智之人往往成为主人的智囊。秦汉以后，随着官僚制度确立，吏员在国家行政中的作用日渐突出，一些吏员因其出色的才干成为长官的智囊，有些甚至得其提携，至位将相。唐宋以后，随着科举制的推进，官、吏分途开始变得严格，官、吏对立也变得尖锐，至明以后，一些地方官员请人帮助自己处理政务，俗称“师爷”。清代是师爷的全盛时期，绍兴师爷尤其著名。他们虽也以幕友相称，但与汉唐幕府官员已有本质区别，他们不再是国家工作人员，而只是官员的私人秘书或顾问。

明清师爷，它的产生与科举制度的发展有密不可分的关系。科场上的胜利者虽长于文章，熟习经史，但多为不谙世事的腐儒，行政能力低下，甚至被胥吏玩弄于股掌者。因此，熟习吏事的“师爷”便应运而生。中国古代的地方行政，有两件事情却是所有地方官员最为看重的，一是税收，二是司法。清代师爷极盛，也有各种名目，但最常见的则是钱粮师爷与刑名师爷。因此，精通钱粮、刑名方面的知识便成为官员选用师爷时需要考量的重要内容。

通进奏章，是“智库”官员发挥作用的最重要渠道。这些官员中，谏官与使臣所上章疏尤为特殊。对于谏官来说，上奏章是其最本职的工作，而且谏官拥有其他官员所没有的“风闻言事”的特权，他们与台官相结合，常成为皇帝制衡丞相的利器，在政治斗争中发挥重要作用。至于使臣，他们多因负有特殊使命，所上章疏也非常有针对性。在宋代，使臣出使外国，回国后撰写奉使记（录）成为一项传统。他们所撰写的奉使报告，也成为朝廷了解外国国情、制定对外政策的重要依据。

另外，对于经筵官来说，经筵议论则是他们发挥智库作用的主要渠道。经筵讲读中，皇帝经常会出言询问。作为一国之主，他的问题不一定是经史方面的，往往会涉及时政得失。一些讲读官也往往在讲论经史之时夹带“私货”，讲述自己的执政理念，进而影响皇帝决策。智囊人员发挥作用的另一重要途径便是起草文书。因为在起草文书中经常需要与决策者互相商量，文书的执笔者往往能影响君主或长官的决策。编撰典籍是智库官发挥作用的又一重要途径。当代的智库撰写研究报告或论文，分析形势，注重作预判性的研究，而古人则更重视从历史中寻找智慧。甚至，因智库人员常与君主、长官有较亲密的私人关系，日常讨论有时能发挥非常重要的作用。

应该说，我国当前新型智库建设与中国古代幕僚制度并没有直接的传承关系。然而，文化和制度的血脉难以轻易隔断。我国开展智库建设，难免受到古代幕僚制度的影响，其中最具有典型意义的，是中国智库的“内参”模式所带有的古代幕僚文化痕迹。

“内参”是中国智库成果的重要形式，已经成为各部门和地方反映情况的重要渠道。许多中央或国家部委都有各自的内参，通过各种形式呈送中央或国家领导。一些咨政职能较重的部门，甚至有数份具有不同特点、功能的内参。尤其中央和省级重点新闻媒体单位，在公开报道之外，往往通过内参向中央或地方党委、政府反映社情民意。其中，影响最大、数量最多、内参制度最健全的是新华社。据公开报道，在新华社内参中，最高级别的是《国内动态清样附页》，专门提供给中央政治局常委或委员参阅，一般反映极为重大和紧急的事态。其次是《国内动态清样》和国际《参考清样》，供省部级以上领导参阅，主要反映重要动态、敏感问题和重要建议。此外还有面向地市级和司局级的《内部参考》，反映问题的敏感度比“动态清样”要弱许多。最低一级的是《内参选编》，主要从《内部参考》和“动态清样”中选出部分不太敏感的内容，每周一期，发至县团级等基层干部阅读。[①] 如果说新华社内参更多以信息为主，那么其他机构的内参则更具有“智库”成果的思想性、建议性特征，如中央党校《思想理论内参》、中国社会科学院《要报》(信息专报)、国家行政学院《咨询与研究》等。

内参是领导干部获取信息的重要来源和进行决策的重要依据。内参真实度、敏感度、深度都远超公开报道，形式高度简洁、内容直奔主题，因此内参具有很强的可读性和参考价值。并且，内参作为特殊的内部信息汇报渠道，可以直接到达决策者的办公桌，其效率是一般渠道所不可比拟的。长期主管中共文宣工作的胡乔木赴美访问，曾发

---

① 参见《直达中南海的内参，怎样影响中国》，《人民周刊》2016 年第 9 期。

表题为《中国领导层怎样决策》的公开演讲，向国际社会透露了内参是领导及时了解信息的最重要的来源之一。[①] 有学者在总结中国公共政策议程设置的模式时，提出了其中有一种所谓的“内参模式”。[②]

毫无疑问，作为传统的智库成果形式，内参在我国公共事务决策过程中占有重要地位；在当前智库建设中，内参将继续发挥不可替代的决策咨询作用。同时，内参模式的最大特点，是其信息内容和传递过程的封闭性。而恰恰是这种封闭性，不仅成就了内参模式，也限制了内参模式在智库建设中作用的进一步发挥。

首先，内参信息影响议程设置的均衡性。在决策过程中，决策者应基于全面、客观的政策信息，对政策问题的轻重缓急程度、对策方案的成熟程度进行综合权衡，对相关者利益冲突进行考量取舍，最终做出政策决断。其中，作为政策科学中的一个重要认识，议程设置决定了什么样的政策问题会引起决策者的关注，这本身就是一种重要的决策权力。内参渠道是封闭的、垄断的，只有少数部门、少数人员具有撰写和呈送内参的权利，而且内参内容要经过严格的逐级筛选。最终达到决策者的内参所反映问题内容，相对于繁多的社会舆论和政策问题，往往是“沧海一粟”。这些内参所反映的问题，既不能保证是最重要的，更不能保证是最紧急的。一定程度上在领导干部过于依赖内参信息的情况下，内参不再仅仅是决策辅助工具，而成了决策权力。打个比方，在竞争性的决策议程设置中，内参是具有“插队权”的，而这个“插队权”是否优良，既无法在道德上保证，也无法在质量上保证。

其次，内参信息存在失真的风险。内参的传递渠道是单向的，自下而上，领导是否看到，看到后有什么感受、甚至批示，一般情况下并没有自上而下的反馈。即使有批示，一般情况下也是传递给落实批示内容的实际工作部门、地方或相关负责人。在这种封闭且单向的信

---

① 参见《胡乔木文集》第2卷，人民出版社1993年版，第271—272页。

② 参见王绍光：《中国公共政策议程设置的模式》，《中国社会科学》2006年第5期。

息传递过程中，由于缺乏即时互动，存在信息失真风险。更重要的是，在缺乏开放性、竞争性信息渠道的情况下，内参的信息即使能保证真实客观，也不能保证全面完整，内参的建议即使能保证言之有理，也不能保证面面俱到。而众所周知，公共政策无论问题，还是对策，往往是复杂多变的，绝非“一加一等于二”那么简单。在缺乏公开讨论的情况下，决策风险大大增加，容易导致决策失误或难以预料的副作用。

再次，现有内参模式抑制了智库建设发展的空间。在当前智库影响力评价中，内参不仅是智库成果形式之一，而且是最重要的智库成果形式。相对其他智库成果形式，内参往往被当做唯一“过硬”的成果形式。尤其被领导批示的内参，容易成为最具有含金量的智库成果。而哪些机构具有内参渠道、具有何种内参渠道，其格局基本固化，并非简单通过智库建设所能轻易改变。实际上，只有部分层次最高、职能最特殊的部分官方智库拥有制度化的内参成果报送渠道。相对而言，非官方智库的研究成果很难有呈送重要决策者或重要部门的途径，即使有，也只能通过非制度性的、不可持续的特定渠道，或者利用体制内其他智库机构的内参渠道。这样表面上是挤压了非内参智库成果的传播空间，实质上是挤压了非官方智库的发展空间，最终抑制了智库建设整体的发展空间。

实际上，向决策者或决策部门呈送内部报告，是每个智库都会有的、常规性的成果传播形式之一。问题不在内参模式本身，而在于内参模式的垄断性。解决问题的关键，在于培育多元化的智库机构竞争机制以及开放性的智库成果传播机制。

二、现代智库与古代幕僚的主要区别

总起来说，现代智库区别于幕僚、师爷等，是规范化、制度化和科学化的咨询机构，以服务社会、服务决策为宗旨。具体来说：

第一，从人身依附性幕僚到公共组织，利益取向不同。在中国历史上，并没有现代意义上的智库，只有带有人格依附色彩的“智囊”，也称谋士、策士、幕僚、军师或翰林等。尽管智囊的智谋对社会公共活动产生重要影响，古代智囊是从属于私人的个体或团体，但其根本目标是服务于个人。与古代智囊不同，现代智库是以追求公共利益最大化为目标而服务于公共决策活动，根本上是为了保障公共管理的公共性和科学性。智库服务于政府、社会以及整个国家，而不是服务于某个执政者个人。智库以政策研究为核心，但不仅仅限于出谋划策。智库是具有鲜明社会公共属性的非营利性组织，而不是依附性的私人幕僚。

公共性或非盈利性是现代智库的重要特征。智库是以服务公共决策为目的，开展公共政策研究和咨询的专业化社会组织。不同于一般企业的战略规划、咨询机构，智库是公共决策咨询体系的组成部分，对公共事务会产生重要影响。智库主要是以公共政策为研究对象，以影响政府决策为研究目标，以公共利益为研究导向，以社会责任为研究准则的专业研究机构。因此，我国新型智库都属于公共事务类型，都是讨论公共议题的，不是讨论私人议题的。公共性议题类的智库在中国没有传统，中国传统的智库是私人性的智库，比如说以前的幕僚、师爷等，都属于私人性智库。

第二，从单打独斗到通力合作，组织形式不同。虽然“智库”的雏形“智囊团”在中国古代早已出现，如春秋战国时期的门客集团、东晋时期的清谈派、三国时期魏国和吴国的谋士群体等。但是智库与智囊团有着本质上的区别。

智库为公共管理和国家治理聚贤荐才。智库通过为政府储存和输送人才，提升国家治理能力的水平和素养，进而提升国家治理能力现代化。

智库之所以能影响决策，关键在于其拥有一大批贤能之士，包括专业人才和智库管理人才。发挥专家团队优势、有效激励智库人才是决定智库生存与发展的核心因素。中国智库的成长经历业已表明，人才在政府和智库之间流转，对于建设成功智库尤为重要。智库作为思想库，其影响力的实质在于聚集一大批有思想、有理想的优秀研究人员和人才团队。智库要努力培养和造就一批德才兼备的专业人才和管理人才，充分发挥人才“旋转门”作用。政府可在智库的研究人员中选拔高级官员，而离任的政府高级官员也可进入智库开展政策研究工作，继续发挥专长和影响力。

第三，从一般知识到特定方案，专业程度不同。现代社会，公共决策活动具备高度的专业性和复杂性特征，决定了现代公共决策需要专家和智库的辅助参与。公共决策是政府配置社会资源的主要手段，体现着社会价值的权威性分配，直接影响利益相关者之间的利益关系及社会利益格局。由于公共政策的社会联动效应，公共决策一旦失误，造成的损失和社会后果是非常严重的，如一项经济政策所产生的社会效应不仅仅会刺激 GDP 的增长，还会影响到就业、社会福利、医疗保险、政治稳定、大众文化、社会心理等领域。因此，从促进社会进步与社会发展来看，公共政策的最优化应该是最大限度地满足社会的公共利益，而不是为了牟取部门利益、行业利益、团体利益甚至是个人利益。由此可见，公共决策是一项科学性、专业性、系统性很强的工作。

古代智囊主要向决策者提供一般知识，现代智库主要是向决策者直接提供决策方案。古代智囊团是由一群谋士组成的为君王服务的参谋团队，这些谋士一般精通军事、外交、历史、地理、文学等学科知识，如苏秦、张仪等。而现代智库是指由专家组成的，为决策者在处理经济、社会、科技、军事、外交等方面事务出谋划策，提供最佳理论、策略、方法、思想等的公共研究机构。古代智囊团都是直接为君王服务的谋士团队，而现代智库的种类则相当丰富，包括官方、半官方、高校、民间、网络、媒体等各类型智库。古代智囊和智囊团的策略重点是军事和外交，而现代智库的关注点则从军事、外交拓展到经济、社会、科技、文化、民生等诸多方面。

第四，从传统经验到现代科学，思想水平不同。中国特色新型智库在研究内容和方法上都具备传统智囊不具备的创新特点。一是智库研究内容必须以理论创新为基础，表明决策咨询研究离不开学术研究的强有力支撑。决策咨询研究虽然是基于现实问题和实践需求，但不能脱离人文社会科学研究和自然科学提供的理论基础。决策咨询研究的重要责任，就是通过语言系统的转换，将理论研究成果转化为能够影响政策制定者做出有助于提升大部分社会成员福祉的公共政策，由此提升理论研究的应用价值。二是智库研究应体现决策咨询研究的问题导向与前瞻性，表明智库研究必须具有实践意义与可操作性。决策咨询的研究成果应当可以落地，转化为实实在在的可执行可操作的政策，而且要在制度设计上具有合理性，这就要求智库专家重视实地调研，在全面掌握问题现状与趋势的基础上，提出符合发展趋势、能指导现实并包含未来的政策建议，切忌脱离实际的主观臆断。三是创新智库的研究方法。不同类型的智库在弥合知识与政策之间的鸿沟时，所采用的方式方法很多，有的通过内参、专家咨询会等形式直接为政策制定者建言，有的选择出版具有影响力的专著、研究报告以获取公众影响力，或选择在媒体上发表自己的观点获取媒体影响力，从而间接影响政策制定。不同类型的智库及其采用的不同方式，对政策制定的影响力往往存在较大差异。

第五，从工具化到民主化，价值取向不同。智库是政府系统之外的社会机构，是政府与公众之间理性沟通的通道，是公共利益聚合与表达机制，是启发民智的平台。建立智库参与公共决策过程的机制，将对决策目标的优化、决策程序的科学化、决策技术的革新，也对决策民主化起到巨大的推动作用，使得决策过程公开化、民主化有了制度性基础和保障。尤其是通过培育和繁荣智库（思想）市场，在智库之间形成参与决策的竞争机制和秩序，将有力助推决策公开化、民主化的实现。从国际上来看，由于现代社会的信息、环境和技术等决策因素日益复杂、多变，决策部门与决策研究咨询部门逐渐分离，公共政策制定也越来越依赖于来自政府系统内外的、由各种专家组成的智库所提供的政策建议和方案，使得公共政策过程和结果不再局限于决策者的“小黑屋”。

三、中华人民共和国成立后中国智库发展与现状

改革开放之前，中国并没有真正意义上的现代智库，只有一些“类”智库的研究机构。而且，这些机构数量不多，发挥决策咨询的作用并不显著。比如，中华人民共和国成立初期，政务院以民主党派和无党派爱国人士为主体设立参事室，进行政策咨询活动。中国科学院成立之时，其章程中规定了相关政策咨询职能。在 20 世纪 60 年代初期，根据外交需要，我国成立了若干国际问题与外交政策研究机构，如中国国际问题研究所（具有培养外交部干部的职能）、上海社会科学院国际问题研究所、亚非研究所、苏联东欧研究所、美国研究所、西欧研究所、日本研究所、印度研究所、东南亚研究所、西亚非洲研究所、世界史研究所、外国文学研究所、国际贸易研究所、亚非拉文化研究所、国际工人运动研究所等。同时，在高校中也建立了一批国际研究机构，如中央高级党校的马克思列宁主义发展史研究所、中国人民大学的国际共产主义运动研究所、北京大学的外国哲学研究所、外交学院的国际法研究所、复旦大学的资本主义国家经济研究所、厦门大学的南洋研究所、暨南大学的东南亚研究所、云南大学的西南亚研究所、内蒙古大学的蒙古研究所等。

改革开放之后，我们恢复并新成立了一批社会科学和政策研究机构。1977 年，中国社会科学院从中国科学院中独立出来，在开展哲学社会科学研究的基础上，一定程度上发挥了智库功能。1980 年，现代国际关系研究所成立。1986 年，中国太平洋经济合作全国委员会成立。1981 年国务院先后成立了若干研究中心，后以此为基础成立了国务院发展研究中心，其职责中包含“为党中央、国务院提供政策建议和咨询意见”，成为最接近智库的官方机构。同时，一些部委也成立了直属研究机构，如财政部的财政科学研究所、国家发改委的宏观经济研究院、国家劳动和社会保障部的劳动保障科学研究院、国家民委的民族理论政策研究室等。一些军事研究机构也相继成立，如国防大学

（内设战略研究所）、军事科学院、中国国际战略学会等。20 世纪 80 年代末，出现了民营智库萌芽，如亚洲研究所号称是新中国第一家民间社会科学研究机构。

20 世纪 90 年代是经济和思想最为活跃的一个时期，一批民营智库和高校智库兴起。如世界与中国研究所、博源基金会、东中西部区域发展和改革研究院等。同时，部分高校的政策研究机构也应时成立。如北京大学的国家发展研究院、清华大学国情研究中心、国际问题研究所、复旦大学中国社会主义市场经济研究中心、日本研究中心、韩国研究中心等。省级社会科学院也逐渐发展起来，并以发挥思想库、智囊团作用为己任。

进入新世纪，智库发展向更规范、成熟的方向发展。2009 年成立的中国国际经济交流中心，是官方背景与民间运营相结合的典型。党的十八大后，我国智库建设迅速进入高潮，一大批新型智库如雨后春笋般涌现出来。其中包括一批社会智库和高校智库，如中国人民大学国家发展与战略研究院、清华—布鲁金斯中心、清华—卡内基全球政策中心、长策智库、盘古智库、中国经济 50 人论坛、中国金融 40 人、瞭望智库，等等。

四、官方智库机构体制惯性

按照近年来麦甘《全球智库报告》的统计，我国拥有智库机构 400 多家。而根据科技部统计，截止到 2010 年底，全国共有软科学机构 2408 家，比 2006 年增加了 1075 家。无论何种统计口径，现有智库机构都以“官方”为主。所谓官方智库，一般有两个主要特点：一是以党政军机关的下属部门存在，二是经费来源主要来自财政拨付。与官方智库对应的是社会智库，一是在行政上与党政军机关没有直接隶属关系，二是经费来源多元化。社会智库主要包含两种类型，一类是部分体制创新的高校智库，一类是民营智库。由于官方智库数量多、影响大，作为行政或事业单位其运行特点难以轻易改变，所以其体制惯性将对我国智库建设产生决定性的影响，值得我们进行探讨。

（一）中国智库管理行政主导特征

现代智库是专家密集型组织。国外智库管理上一般采取“专家治库”的模式，而中国智库大多是体制内智库，在管理上具有典型的行政主导特征，这种行政主导特征在组织体制和运行机制上有不适应现代智库发展需要的一面。比如，一些智库机构官本位现象严重，人才引进、激励机制以行政职务为导向，高素质智库从业人员不便于引进，财务制度、经费来源和使用上与智库研究需要脱节，智库投入相对不足。而且，智库及其专家在研究上受“长官意志”的影响较大、较多，自主研究不够。智库过多地承担了维护和解释政策的功能，而非创新思想或创新方案。

（二）中国智库机构系统化特征

在行政管理模式上，中国具有典型的中央集权特征。相应地，这种模式通常会形成从中央到各级地方同类机构之间的“条条化”管理体制，特点是自上而下的部门化，就是我们通常所称的各种单位“系统”。当然，系统内的具体管理关系各自不同，有些属于垂直化管理，就是所谓的“直管”，更多的情况，属于自上而下的业务指导管理，行政上以地方“块块化”管理为主。这样的系统普遍存在，不仅包括党政部门，也包括各类事业单位。

在智库建设领域，这种“系统”也比比皆是。比如，高校系统、党校系统、社会科学院系统、科学院系统、政府发展研究中心系统，等等。在这个系统里，往往都有一个处于组织架构顶端的中央（国家）级业务指导部门或行政管理部门。比如在高校系统，国家教育部是国家级高等教育主管部门，各省（直辖市、自治区）党的高校工作委员会、教育厅是本地区高校主管部门。中央党校、国家行政学院是全国党校系统、全国行政学院的业务指导部门。国务院发展研究中心，可以对地方政府发展研究中心进行业务指导。当然，有些开展智库建设的中央或国家层级的部门，在地方上没有对应的机构，如国防大学、军事科学院、中央编译局等。但即使如此，有些智库机构仍然具有全国性的智库研究资源，如国家发改委宏观经济研究院等。

上述系统化特征的优势在于，当某个系统在开展智库建设时，可以统筹规划、协同推进，迅速得到各地、各级机构的响应，并取得一定程度的进展。在开展各类建设活动时，往往“顶层”部门会统一制定相应的行动规划，或发起统一的行动倡议。比如，2014 年，国家教育部印发《中国特色新型高校智库建设推进计划》，统筹高校系统发挥战略研究、政策建言、人才培养、舆论引导、公共外交的重要功能，打造高校智库品牌，带动高校咨政能力的整体提升。2015 年印发的《中共中央关于加强和改进新形势下党校工作的意见》提出，“中央党校和省（自治区、直辖市）委党校要聚焦党和国家中心工作、党委和政府重大决策部署、社会热点难点问题进行深入研究，及时向中央和地方各级党委反映重要思想理论动态、提出有价值的对策建议。建立和完善符合党校智库运行特点的经费管理使用机制，加强智库成果在决策中的转化应用。创新党校学员参与决策咨询机制。建立全国党校系统智库建设协作机制，确立决策咨询模式和智库成员管理模式，提高决策咨询服务水平。加强党校系统与行政学院系统、高等学校系统、科研院所系统的智库交流与合作，构建协同创新的新模式新机制。”但智库机构系统化的缺点也同样明显，就是自上而下的计划色彩浓厚，不利于发挥各级、各地智库机构的积极性和自主性。

（三）中国智库职能综合化特征

我国现有智库“脱胎”于现有各种培训、教育、研究机构。在开展智库建设之前，已经明确承担着一定的机构职能，甚至多项职能。相对智库建设来说，这些原有的职能甚至更为基础和重要。对于这些机构来说，智库建设是一项“锦上添花”的新职能或一个新增长点。这样，我国很多智库并非专门进行政策研究和咨询，而是集多项职能于一身的综合机构。

以中央党校为例。根据《中国共产党党校工作条例》第二条，“中国共产党党校是在党委直接领导下培养党员领导干部和理论干部的学校，是党委的重要部门，是培训轮训党员领导干部的主渠道，是党的哲学社会科学研究机构”；第五条，“党校的基本任务是：（一）培训轮训各级党员领导干部及后备干部，培养理论干部；（二）承办党委和政府举办的专题研讨班；（三）围绕国际国内出现的新情况新问题开展科学研究，承担党委和政府下达的调研任务，推进理论创新；（四）针对改革开放和社会主义现代化进程中的重大理论和现实问题，开展马克思主义中国化最新成果的理论宣传，开展党的路线、方针、政策的宣传；（五）按照国家有关法律法规和政策规定，开展学位研究生以及其他形式的干部继续教育和培训；（六）开展同国内国（境）外教育、研究等机构和组织的合作与交流。”可以看出，党校首先是干部培训机构，其次是研究机构，再次是宣传机构，甚至是学位教育机构、对外交流机构，而智库职能则包含在研究职能之中。只有在第八条关于“党委对党校的领导”中，明确将“发挥党校在党委和政府决策中的思想库作用”列入其中。当然我们也可以说，《中国共产党党校工作条例》是 2008 年颁布实施的，至今已近 10 年，没有充分反映最近几年的智库建设职能要求。比如，上文提到的 2015 年印发的《中共中央关于加强和改进新形势下党校工作的意见》，明确提出了党校系统开展智库建设的要求。

具有综合职能的智库，往往具有人才、成果传播、机构设置等方面的资源优势。比如党校部门，其综合职能在智库建设的优势在于：

第一，政治优势。从组织属性看，党校不同于侧重理论的学术思想库，它是党委的重要部门，距离决策机构距离近，熟悉政策制定过程，能够较为便利地获取政策信息、调用相关统计数据资料。在课题研究方面，可以承接党委、政府委托的各类课题；在沟通渠道方面，可以通过内参或呈阅件的方式，直接将思想观点报送相关决策层。

发挥政治优势，有利于提高成果转化效率。一是完善成果报送反馈机制，改进成果推广方式。创办科研型内刊，定期向党委、政府以及有关部门呈送科研成果，让具有决策参考价值的研究报告、对策建议能直接、迅速进入决策咨询视野。二是畅达联系渠道，加强与相关职能部门合作，拓宽科研平台。积极承担探索党委、政府相关部门关心的重大理论和实践问题，力争在重大决策中承接更多任务，提供及时的智力支持。三是针对经济社会发展中的理论热点和重大现实问题，举办高层论坛、召开研讨会、开办讲座，影响和推动政策的制定与执行。四是加强同媒体合作，通过组织专题采访、专栏文章、专家讲座，阐释好党的方针政策，积极主动地解答大众普遍关注的热点、难点和重点问题，扩大智库的影响力。

第二，学员优势。党校学员是来源于党政机关、企事业单位的领导干部，他们既是党校发挥咨政功能、提供决策服务的对象，又是其培训对象、受训主体。一方面，学员丰富的实践经验，为党校获取政策信息、了解实际政策需要提供便利条件。另一方面，学员在党校学习期间，通过学员论坛、专题研讨和调研等多种教学形式，在其政策研究能力得到强化的同时，也提升了党校的咨询研究效果。

利用学员优势，有利于拓展咨政渠道。一是做好学员调研报告的质量提升和成果转化工作。要充分利用学员了解熟悉基层和社会状况的优势，鼓励教师和学员合作研究，通过论坛讨论和社会调查，共同推进科研成果，实现教育培训和决策咨询的相互促进。对于学员的优秀调研报告，可呈报党委、政府及相关部门。二是在教学活动中实现决策咨询功能。在教学中设立中央的重大战略部署和地方党委的中心工作相关专题，并进行系统集中研讨，提出应用对策，为党校学员提供新的决策思路，影响并促进决策的科学化、正确性，实现教学和决策咨询的结合。

第三，学科优势。党校既是干部培训的主阵地、主渠道，同时也具有教学科研属性。多年来，党校为了适应大规模培训、轮训领导干部的要求，逐渐形成了结构合理、特色鲜明、优势明显、方向明确的学科体系。在马克思主义理论、哲学、政治学、经济学、法学、公共管理、社会学等一级学科方面有较长时间的学术积累。马克思主义基本原理与马克思主义中国化理论研究，是党校的传统学科、基础学科。党史党建方面的研究，在党校有悠久的历史和专业优势。为提升领导干部综合素质和驾驭经济社会发展能力，经济学、法学、公共管理、社会管理、领导科学等成为党校重点研究领域。党校智库依托这些学科优势，较易结合党委、政府关注的热点、难点和重点问题，提出有现实针对性和可操作性的政策。同时学科上的积累，有利于党校展开对重大社会现实问题为中心的基础理论研究，为提供精品决策咨询打下厚实基础。

发挥学科优势，有利于提供高质量成果。在理论研究的基础上，应转变科研发展方式，发挥实证分析、政策研究优势，加快科研转型。一是实施课题带动战略。充分发展党校各种研究基地、研究中心的力量，制定有咨政价值的调研课题。二是组织专项调研和专项系列调研。开展深度调查调研，掌握第一手资料，在客观全面地把握现实的基础上，找到制定政策的客观依据，为深层次研究提供翔实可靠的信息和数据，提供高质量、有深度、有说服力的成果。

当然，综合性职能的智库机构，其弊端也不可回避。这种弊端，首先体现在责任不清晰上。在综合性智库中，各个部门好像都和智库建设有关，又好像没有多大关系；各个专家好像都是智库专家，又好像是学者或教师；综合机构整体上好像是个智库，又好像智库职能发挥好坏关系并不大。其结果可能造成有了资源大家都可以“抢”，有了责任大家都可以“推”，以及智库建设投入大、产出少的状况。其次体现在管理上不适应。综合性智库的内部组织架构与运行机制是基于原有的职能需要而设置的，并不适用于现代专门智库运行特点。就好像一辆已经满载、行驶在早已铺设好轨道上的列车，在既有目标不变、必须准时到达的条件下，现在又给它一份新的运输任务，而这份新的任务必须要重新设置火车的装载方式和运行轨道。其结果，必然让这辆火车无所适从。

根据相关智库评价，我国智库数量不少，甚至继美国之后排名世界第二。但与发达国家相比，我国智库发展总体呈现“有量缺质”的状态，智库研究成果的质量、政策影响力、社会影响力和国际影响力存在明显差距，还难以满足新阶段国家治理体系和治理能力现代化以及提高国家软实力对智库发展的迫切要求。比如，智库少有深刻洞见的思想产品，缺乏一定数量的高端智库；人才缺乏适度的流动性，可借鉴的欧美“旋转门”严重不畅；开放程度不高，与国外智库缺乏广泛的交流合作；社会智库普遍缺乏支撑自身可持续发展的多元化经费筹措渠道；普遍面临“引进人才难、留住人才难”的瓶颈；社会智库在政府信息获得、人才引进、职称评定、政府购买服务、税收优惠等多方面还很难享受与体制内智库相同的政策待遇，导致其在竞争中往往处于劣势。

五、智库建设的“一哄而上”

目前，中国智库建设一定程度上存在重数量、重速度而轻质量、轻创新的现象。其体现，是各种形式的智库建设一哄而上的现象，值得警惕。2014 年中共中央办公厅、国务院办公厅印发《关于加强中国特色新型智库建设的意见》之后，从中央部委到各个地方政府，还有企业、高校、媒体，都成立了智库。原来政府内部的政策研究机构、各个公司的研究院也被赋予了智库职能。许多高校也陆续与政府合作，开办某一领域的研究院，为政府提供智库服务。研究院、研究所在机构介绍里加上了“智库”的新标签。一些新的智库机构成立后，却几乎没有发挥任何智库职能。甚至，一些营利性的民营商业咨询公司，也开始打着“智库”的招牌开展活动。

与之相伴的，是各类机构出炉的年度智库排名涌现。甚至有人提出，应发展一门新学问：智库学，还要建博士点、硕士点。其背后动机，除了“赶时髦”，更多是出于抢资源、“占地盘”（扩展组织职能）的考虑。

有人甚至提出，中国可能成为“智库国际峰会作秀大国”。近几年来，中国各个地方都在兴办名目繁多的“国际智库峰会”，规模越来越大，请来的“洋嘉宾”级别越来越高，花钱越来越慷慨。然而，除去这些繁华烟云之外，中国智库的核心竞争力和影响力却还是在原地踏步，中国智库的“兰德梦”“布鲁金斯梦”仍然十分遥远。各级政府与大型国有企业也热衷于创办智库，甚至喜欢“上档次”“高规格”，偏好中外联办。然而，多数这样的智库，成了政府与企业官员“公费出国考察”的绿色通道，除每年“轰轰烈烈”开一次年会之外，几乎不能推出有影响力的智力产品。有的智库直接通过出资向外国智库“购买”报告，糊弄公众和恶意造假。这类智库还有一个弊端：大量退休下来的官员充斥其中，是个“名人＋退休官员”的俱乐部，最后沦落为一个高级的公关部，而智库真正需要的核心，即“孙武、吴起”式的顶尖智囊人物却不在其中。一些打着“退休政要”旗号的面向企业和地方政府的“智库”，事实上是“关系网”的贩卖者，成为了利益输送的中介和枢纽，这是异化的“智库”。

当然，我们也可以换个角度看待这个问题。我们毕竟处在智库建设初级阶段，出现各种“乱象”在所难免，是想绕也绕不开的。在发展中不断消化解决问题，实现进一步发展，这本身符合事物发展的规律，然而，对智库建设“一哄而上”现象保持足够警惕，尽量减少其不利影响，才是我们探讨这个问题的目的。

第七章　政府何为

——政府如何在宏观层面为智库建设提供助力？

近几年中国智库建设之所以能够迅速推进，其直接和主要推动力来自于政府①。与国外智库环境相比，这既是我们可以善加利用的体制优势，也是我们需要谨慎对待的体制特征。要发挥好这个体制优势，关键在于宏观层面上的良性制度建设，而非具体管理层面上的直接干预。否则，容易陷入效率低下的计划体制老路。党的十八大以来，中国政府在智库建设顶层设计上不断推进。同时，我们应不断总结经验并着眼未来，进一步探索政府如何作为，以从宏观层面更好地推进智库建设。

一、更加开放的咨政需求和参与机制

在宏观层次上，政府能做的、政府应该做的，也是智库建设中最重要的一个方面，就是为智库提供决策咨询需求。古今中外，大凡政策效果较好的决策，必先经过“议”的过程。美国政府的政策制定，都需要考虑智库的研究和咨询，这是创造美国政策研究与咨询巨大市场需求的主要因素。英国执政党在出台政策之前，通常会授权或委托智库进行前期可行性研究工作。日本政府提出的“咨询信息意识超前

① 指泛义上的政府。

发展”策略，政府内部采取自下而上的“禀议制”和“广报”“广听”制度，各省依法设立由各界知名人士组成的专门咨询参谋机构——审议会等，为日本政策咨询业创造了一个良好的决策信息循环系统和优化行政政策的社会环境。①

从客观上，应该说政府具有显著的咨政需求。经过近40年改革开放，中国取得举世瞩目的成绩，但仍然遇到了很多发展难题，如经济发展和社会建设的关系，地区、城乡之间的发展平衡，政府与市场、社会的角色定位，贫富差距失控，环境恶化，还有原计划体制下的价值体系、组织结构、伦理秩序及社会关系模式逐步瓦解而出现的社会失范、失序、失公现象，乃至全球的气候变暖、金融危机、恐怖主义、文化冲突、局部战争、全球治理等。这些深层次的问题逐渐凸显，也越来越复杂，迫切需要专业研究机构深度介入，提出具有战略性、科学性、综合性的政策建议和方案。在这个过程中，智库以其研究特长和智慧优势发挥着举足轻重的作用。正是在这个意义上说，中国进入了智库时代。一方面，社会转型导致社会矛盾丛生，经济社会的可持续发展面临许多新的问题和挑战，这给智库的发展带来难得的机遇；另一方面，这些问题及挑战的复杂性、艰巨性、多元性乃至全球性拷问着智库的智慧。另外，在全面深化改革的进程中，现代智库具备平衡分歧的功能。在利益群体和诉求多元化的环境下，智库要借助其客观、公正的立场提出政策观点，为不同群体的利益诉求、多元利益和价值观念提供交流平台。

从主观意愿上，政府也确实越来越注重专家在政策过程中的参与。甚至，在各种官方文件中将专家参与作为决策过程必要的程序环节。早在20世纪80年代，决策科学化的问题就已经被提出来了。随着时间的推移，中国领导层在决策过程中越来越多地重视听取、采纳各方面专家的意见和建议。早在2003年的《国务院工作规则》（国发〔2003〕11号）中，就专门设置了“科学民主决策程序”一章，并延

① 参见洪伟、邓心安：《中国民间思想库：作用与对策》，《科学与管理》2008年第1期。

续至今。如2013年《国务院工作规则》（国发〔2013〕16号）第五章“实行科学民主决策”，强调“国务院及各部门要完善行政决策程序规则，把公众参与、专家论证、风险评估、合法性审查和集体讨论决定作为重大决策的必经程序，增强公共政策制定透明度和公众参与度”，“国务院在作出重大决策前，根据需要通过多种方式，直接听取民主党派、社会团体、专家学者、社会公众等方面的意见和建议”。在党的十八届四中全会通过的《中共中央关于全面推进依法治国若干重大问题的决定》中，专门论及“健全依法决策机制”，强调要“把公众参与、专家论证、风险评估、合法性审查、集体讨论决定确定为重大行政决策法定程序，确保决策制度科学、程序正当、过程公开、责任明确。建立行政机关内部重大决策合法性审查机制，未经合法性审查或经审查不合法的，不得提交讨论”，并从追责角度促使决策者重视科学决策，“建立重大决策终身责任追究制度及责任倒查机制，对决策严重失误或者依法应该及时作出决策但久拖不决造成重大损失、恶劣影响的，严格追究行政首长、负有责任的其他领导人员和相关责任人员的法律责任”。从而，“群众参与、专家咨询和政府决策相结合的决策机制”，成为我国决策科学化、民主化的规范表述形式。

可以看出，专家参与政策过程具有明确的政策依据。其内涵是重新厘定决策者与专家的角色定位。具体说，就是从以往的政府“谋”“断”合一，到“谋”“断”适度分离，从而实现智库参与决策的制度化、规范化、程序化。随着现代决策科学性、专业性、系统性的增强，迫切需要在制度上正式将智库的“谋”作为决策体系必不可少的一环，形成政策咨询的“需求市场”。也就是说，决策过程中专业性、技术性较强的论证工作（即“谋”）交由具备相应资质的智库来完成，政府的作用在于政策方案的选取（即“断”）以及决策的执行。谋断分离是解决我国当前决策效率低、成本高、效果差的一个重要手段。政府的“谋”“断”不分，体制内机构的自我膨胀的惰性，加上缺少必要的成本核算，容易导致决策的成本和效果脱钩。反过来，如果能够通过相应的机制，充分发挥智库的作用，则能够有效避免不必要的人员和机构设置，从而降低决策成本。

然而，要让这些专家和智库参与政府决策的“中央精神”落地，关键在于如何让这种专家和智库政策参与更加制度化，在国家治理体系中确立鼓励智库参与决策的刚性、规范机制。实际上，公共政策咨询制度化已经成为许多国家实现科学化决策的重要举措。其主要做法是由政府购买智库的决策咨询服务。借鉴国际经验，应规范政府的决策程序，将智库的决策咨询作为决策的必要环节，政府专注于政策方案的选取以及决策的执行；理顺政府与智库之间的关系，政府作为决策咨询服务的委托方，智库作为受托方，两者依据政府采购法建立基于合同的合作伙伴关系；建立健全智库建言献策的渠道，使之正规化、常规化、多元化和动态化，并对各类智库一视同仁。在美国，咨询是政府决策过程中的法定程序，政府项目的运作与论证等各个阶段都必须要有不同的咨询报告为参考。这为智库充分发挥咨政作用创造了条件。

二、更具有竞争性的智库布局

关于我国智库建设的布局，在 2014 年中共中央办公厅、国务院办公厅印发的《关于加强中国特色新型智库建设的意见》中的总目标部分，有专门论述：“到 2020 年，统筹推进党政部门、社科院、党校行政学院、高校、军队、科研院所和企业、社会智库协调发展，形成定位明晰、特色鲜明、规模适度、布局合理的中国特色新型智库体系。”那么，什么才是布局合理呢？笔者认为，多元发展、适度竞争是“布局合理”的关键，这有助于解决我国智库建设中的核心问题：质量和效率。

（一）我国智库分类与竞争机制

我国智库数量庞大，具体种类繁多，组织归属、经费来源、管理方式等模式不尽相同。因此，如何从整体上对这些智库进行类别划分，由于分类标准不统一，大家往往各执己见。有国外学者将智库分为学术型智库、契约型智库、倡导性智库和政党型智库，这显然不适用于中国实际情况。根据《关于加强中国特色新型智库建设的意见》，我国智库可以分为七个种类：党政部门智库、社科院智库、党校行政学院智库、高校智库、军队智库、科研院所和企业智库、社会智库。有学者认为，我国智库按照机构属性可划分为党政军、社会科学院、高校和民间四类。还有学者认为，可以采用三分法，将智库分为政府智库、高校智库、民营智库，或者官办智库、高校智库、民营智库。①

根据作者的理解，还是总体上把智库分为两类比较恰当；同时，根据需要，可以进一步进行区分。智库之间最大的区别在于所有制，直白一些，就是智库到底属于谁。根据中国的实际，所有制无非两种，一种是国家所有机构，另一种是社会所有机构（包括民间资本所有、外国资本所有、混合所有制等）。相应地，我们可以把第一类智库称为“国有智库”，第二类智库称为“社会智库”。当然，还有一些属于混合所有制的“新型”智库，这在近年来的高校智库中比较常见。

如果进一步细分，则可以发现国有智库和社会智库的构成很复杂。比如，党政部门智库、社科院智库、党校行政学院智库、军队智库，都属于典型的国有智库；民营智库、外国智库在华机构，属于典型的社会智库；科研院所和企业智库，根据具体所有情况归为国有智库或社会智库；完全属于高校下属机构的智库，属于国有智库，而引入社会资本的高校合办智库则可以归为“合作”智库。其中，国有智库有的属于行政单位，有的属于事业单位；有的研究自主性大些，有的则主要根据主管部门需要完成研究任务；有的经费来源完全来自财政拨款，有的则在财政拨款基础上可以自筹部分研究经费。

作为一个管理学上的常识，垄断是导致低效率和低品质的毒药，而竞争是解决这种低效率、低品质的解药。对于智库建设也是如此。

① 参见王辉耀、苗绿：《大国智库》，人民出版社 2014 年版，第 233 页。

一个组织体系的良性运转有赖于组织体系随外部环境变化的自适应能力，而自适应能力来自于组织体系中各构件的相互竞争。确立一个智库间适度竞争的机制安排，有助于通过公平竞争，提升中国特色新型智库体系的整体质量。

智库竞争机制的关键是建立公平参与的规则。智库作为思想市场思想观点和解决方案的供给方、决策需求方是这个适度竞争规则的共同制定者和实践者。目前，受制于种种因素，中国当下的思想市场是个典型的“买方市场”，尤其是政府决策咨询业务的特殊性，使得这个“买方市场”的地位将在相当长时间内持续下去。所以竞争机制确立的主导者在于买方——政府决策机构。政府决策机构应该制定相应的规则使智库能够在公开公平的环境下竞争政府决策咨询业务，同时也意味着政府决策机构应该允许智库发出不同的声音，提出不同的观点、方法，并通过制度化使之持续下去。智库间的竞争机制发挥到一定程度，必然会造成智库的优胜劣汰和分工调整。从整个智库产业而言，因竞争造成智库寻求不同的竞争优势。同时，智库间本身存在着不同领域的竞争优势和由所在区域不同而造成的区域竞争优势。这样的划分将会使竞争态势下的智库表现出各具特色的智库生态。

要说明的是，智库间的竞争与合作并不矛盾。各个国家面临政策问题的发展趋势在全球化的进程中愈发凸显出其复杂性，智库间的合作就成为获得更大范围竞争优势的必由之路。智库间合作机制的确立不像竞争机制那样主要以政府决策机构为主导，也不像激励机制那样分为内外部而需要不同的主导者。合作机制的建立是智库间自我组织的一个结果，需要不同竞争优势的智库在合适的政策环境、政策问题及智库生存环境下的自我选择并按照协商的规则进行合作。近年来，教育部推出和倡导的协同创新中心计划，在哲学社会科学领域也开始出现协同创新中心，其实质就是智库间的合作，甚至是智库和其他科研院所、企业间的协同合作。

要从宏观上提高我国智库体系的绩效水平，就要建立起智库竞争机制。积极发展多类型、多层次不同智库，包括党政军智库、高校智库、社科院智库、民营智库，战略性智库、专业性智库，全国性、区域性智库等，鼓励和推动各类智库之间的良性竞争，提升智库的公信力和影响力。要努力构建智库市场化运作体制，积极应对智库市场的变化。需要构建多层次的政策研究系统。在充分发挥现有政策研究机构作用的同时，重视依托高校、科研院所的政策研究组织的建设，并积极鼓励民营智库发展，突破信息在行政系统内部的自我循环，将更大范围精英的见识和民众的意见纳入决策过程，以增进社会共识。同时，关注现实需要，从发展中的实际问题出发去做研究，而非主要致力于指定课题的研究和政策性的解释，逐步减少智库对体制的“内生依附性”。

其中，在智库体系的层面上，建立三个方面的竞争机制最为关键。一是国有智库与社会智库之间的竞争机制。当前，我国智库建设结构性失衡。与美国民营智库“一统天下”相比，中国目前的智库格局是官方智库数量众多，休眠的高校智库众多，社会智库则艰难求生。相应地，应该补强薄弱点：加强社会智库和高校智库建设。从上文分析可以看出，中国智库格局最大的失衡在于国有智库和社会智库之间。理论上，国有智库和社会智库各有特点，没有简单的优劣之分。但如果国有智库一如既往地占据主导地位，而社会智库力量一如既往地微弱，则国有智库必然缺乏竞争压力。同时，智库所有制的不同，必然在运行机制、资源保障、目标导向等方面存在许多区别，需要在竞争中不断进行探索和优化。这些都会影响到我国智库体系整体上的绩效，这才是我们最关心的。在社会智库中，民营智库和高校合作智库是最值得着力的。二是国有智库之间的竞争机制，相关内容在本章下节中进行讨论。三是国有智库机构内部的激励机制，相关内容在本书第八章进行具体讨论。

（二）国有智库：引入竞争机制

无疑，国有智库在决策咨询中发挥着主体作用。国有智库一般是国有体制内的研究机构或具备法人条件的事业单位，专门从事政策研究或咨询工作的机构。中华人民共和国成立至今，所成立的各种智库大多属于国有智库。我国经济领域改革已经进行了30多年，影响深远，民营企业已经从无到有、从有到多、从多到强，占据了国民经济的半壁江山。然而，在智库领域，由于涉及党政军机关和事业单位改革，计划经济惯性下的“举国体制”依然占据主流。

相应地，国有智库影响力占据了绝对主导地位。国有智库不仅数量占据绝对垄断地位，而且在经费保障、成果产出上也非社会智库所能比拟。统计显示，中国的2408家软科学研究机构中，事业法人、高校下属软科学研究机构以及机关法人所占比例超过了90%，企业法人及民办非企业法人所占比例约为5%。从事软科学活动的8.4万人中，部委所属机构8555人，约占10%；地方所属机构2.7万人，约占总数33%；高校软科学研究机构4.7万人，约占总数的57%，企业及民办非企业软科学研究人员不足1%。在软科学活动经费支出方面，2009—2010年，全国软科学活动经费支出41.8亿元，其中部委所属研究机构支出16亿元，占总数的38.3%；地方政府所属研究机构支出15.3亿元，占总数的36.6%；高校软科学研究机构支出10.5亿元，占总数的25.1%；民间机构软科学活动经费0.3亿元，占总数的0.7%。从软科学研究课题来看，2009—2010年，来自民办非企业法人及企业法人的软科学研究课题768个，占总数35724个的2.1%，产出的学术论文、出版专著、内部报告、领导批示以及成果的引用数量相对于政府下属机构以及高校下属机构，几乎是微乎其微。可以看出，中国各类智库中，无论机构数量、在职人员、经费支出，还是成果产出等，国有智库比重都应该在95%以上。实际上，国有智库的优势远不止于这些，比如，在智库研究相关信息资料的获取上，在智库成果向决策者和决策部门呈送的渠道上，在决策咨询中决策者和决策部门对智库及其专家的重视程度上等。同时，国有智库拥有众多优势。比如，国有智库在“知情”方面有独特的优势，掌握大量与政策相关的信息资源，熟悉政策制定的关键所在，符合主流思想，其意见和建议容易被纳入决策程序。

但国有智库的缺陷同其优势一样显著。国有智库最大的内在缺陷在于缺乏竞争压力。例如，研究经费来源于政府，研究者属于政府终身公务员编制，其工资和职位由政府决定。相应地，国有智库研究往往缺乏自主性和创新性。其研究课题往往由政府相关部门立项、指派，研究结果要由政府部门来组织审核、评议等。这样，国有智库往往会失去其独立性和客观性的立场，容易偏向于注重对政府政策的宣传和诠释，缺少公共性和民间性的色彩。国有智库置身于行政科层结构中，通常会过滤社会中多样化的意见和诉求，强化行政体系内部的政策设想，导致某些政策缺乏足够的公共性。这是一种受体制内框架限制的智库运行模式，这一模式更多地像传统的“幕僚”“文胆”“智囊”等参谋机构，有待于现代性的转型。

在这方面，美国智库依托政府又独立于政府的特点是值得我们借鉴的。美国智库和政府保持着密切的联系，依靠政府的政策支持，得到政府的优惠资助，优先获得政府的咨询项目等，但同时美国智库又不隶属于政府部门，它们不受制于政府，具有相当的独立性，政府部门无权干预智库的研究咨询工作，这对我们发展现代智库有重要的启示。而法国政府对咨询业给予很大的关照，不仅提供咨询资金，而且在投资、人才和情报方面给予很大的支持，这也是我们应当借鉴的方面。

要加强国有智库的竞争机制，可以借鉴国有企业的改革经验，在体制机制上大胆创新。比如，建立国有智库经费支持的竞争机制。只有在经费上实行“断奶”，方能独立成长。而且，经费的依赖性会造成咨询工作独立性和客观性的丧失。又如，给国有智库授予更独立的人才管理权。过去那种编制内的人才管理方式，由编委定编，政府提供薪金，限制了人才的流动，也使智库的研究人员容易懒散，不易激发创造性，而且也形成了不习惯于提出新见解的弊病。再如，给国有智库更多的自主设置课题的权力。那种指派性的课题，由上面组织评审课题的审核方式，严重地限制了智库的发展，卡死了创新的课题设置，也卡死了创意性的咨询研究，这对智库来说是致命的。成功的智库，在咨询的课题上都有充分的自主性，它们对课题的设置不是由凌驾于智库上的政府部门指派的，而是面对市场、面对社会热点问题、面对企业急需解决的问题而设置的，智库积极应对市场的变化，也由市场的需要来决定智库的发展方向，智库只有在充分的市场运作体制中才能真正健康发展。

（三）民营智库：潜在增长点

民营智库是经济发展和政治开明的产物。民营智库是中国特色新型智库体系的组成部分，是支撑党和政府科学民主依法决策的重要力量，在我国社会的稳定发展和公共政策的民主化、科学化中，民营智库扮演着不可忽视的角色。民营智库具有相对独立客观的特点，所提的学术观点和政策建议能够超越部门利益、地方利益和行业利益；民营智库植根于社会，接地气，能比较充分地反映社会诉求，在促进科学民主决策中有着独特作用。民营智库的发展也使得政府的谋断分离决策体制改革成为可能，改变其既当裁判员又当运动员的尴尬角色。①

在大力培育民营智库方面，无论社会还是官方，在认识上都形成了共识。我国民营智库发展自 20 世纪 90 年代，尽管在某些方面有一定进展，但总体看发展还比较滞后，难以适应新阶段党和政府科学民主决策的需要，难以适应经济社会改革发展的需求。《关于加强中国特色新型智库的意见》提出，要“进一步规范咨询服务市场，完善社会智库产品供给机制。探索社会智库参与决策咨询服务的有效途径，营造有利于社会智库发展的良好环境”。

培育民营智库发展，需要进一步理顺政府与社会、政府与智库的关系，形成有利于社会智库健康发展的体制制度环境。就如民营企业发展一样，智库的民营化发展其实也是构建市场化运作体制的过程。严格地说，现代智库是作为市场经济社会中的一种机构组织，必须尊重市场经济的规律，智库只有在不断地应对市场化发展的过程中才能

① 参见王志存：《中国民间智库的发展障碍与对策思考》，《法制与社会》2009 年第 22 期。

健康地生存和壮大。要营造民营智库与官办智库享受平等待遇的氛围。民营智库的快速发展，是与其政府的支持分不开的，应为社会智库参与决策咨询提供体制机制保障。比如，尽快建立对民营智库的政府信息公开制度，使社会智库及时获取政府信息。可以建立健全政策评估制度，把民营智库作为政府政策第三方评估的重要参与者。完善民营智库研究成果的“上达”机制和决策层的“兼听”机制，将民营智库建言献策的渠道制度化和正规化，实现民营智库与政策决策层沟通的常态化。

发展民营智库需要解放思想，要大胆探索管理体制。国有智库和社会智库有互补的关系，相对于国有智库，民营智库可以更多地强调研究过程的自主性和思想观点的独立性。民营智库不需要像国有智库那样承担政策“诠释者”的角色，其价值更多源于研究的客观性、前瞻性和专业性。为了保证研究的客观性、科学性，就需要经费管理相对独立、人事管理相对独立。应支持民营智库创新人才管理体制。比如，解决社会智库人才的身份问题，推动党政机关与社会智库之间人才有序流动；解决社会智库人才比体制内人才退休待遇低、职称难以解决等问题。从社会智库发展的迫切需求出发，更多地选择一些具备良好基础的民营智库，纳入国家规划建设的高端智库试点。

民营智库应建立多元化经费的渠道。从国外成熟的民营智库发展来看，基本上都有稳定、多元的资金来源。这其中包括：各种私人的和基金会的捐款，各种政府合同和企业商业合同。但在中国，民营智库得不到上述的资金来源。基金会、企业和个人捐赠很少涉及民营智库；政府和民间企业家的合同也很少承包给民营智库。在这种情况下，一些民营智库不得不接受或寻找海外机构和跨国公司的资金赞助。这样更加大了政府对民营智库的猜疑。缺乏充足和多元化的资金来源，也必然影响民营智库的独立性，影响其研究的持续性和结果的信度。因此，推进民营智库发展，重要的是打破体制内、体制外的不公平待遇，促进社会智库资金来源的多元化。政府应实行鼓励社会智库发展的税收等优惠政策，如扩大民营智库业务税收减免范围。尽快研究制定《公益法人法》，赋予民营智库公益法人地位，逐步建立政府规范和引导民营智库发展的法治框架。应研究制定对民营智库多层次的支持办法，完善公益捐赠制度，鼓励企业、社会组织、个人捐赠资助社会智库建设。扩大公共政策咨询范围，通过合同购买方式向民营智库购买研究成果。

应为民营智库开展研究提供信息支持。能否得到准确、全面的信息是智库能否生存的前提。国外智库一般都有自己的图书馆和信息网络。政府也非常重视建立各种数据库和联机检索系统为智库搜集、整理和提供信息。仅在美国就有4000多个数据库，约占全球数据库总量的近80%，驰名于世的大型联机检索系统有十几个。而我国的信息系统水平低、处理技术落后、相互之间条块分割，导致提供的信息不完备、不准确，更为重要的是，由于目前的信息公开不透明，许多政府部门出于维护小集团利益或者出于对民营智库的不信任，将信息保密扩大化，在信息公布时，经常故意掩盖甚或编造虚假信息。拿不到准确充足的信息数据，民营智库的研究成果质量必然大打折扣。

另外，民营智库要有所发展，首先应加强自身的公益性。民营智库自20世纪80年代就已出现，如北京四通社会发展研究所、北京社会经济科学研究所等。1986年9月成立的中国管理科学研究院，实质是改革和创新新型民营智库的最初尝试。20世纪90年代，所谓民营智库真正从事公共政策研究的并不多，大量的民营智库是“下海”经商的一种形式，多为商业咨询性质，如给地方政府做发展战略咨询项目。进入21世纪以来，国家和地方政府有关决策咨询课题的竞投标，经常活跃着民营智库的身影。我国的民营智库，在不同时期活跃程度不一，但真正以服务公共决策为己任的仍然比较少，还有待发展。

（四）高校智库：现实增长点

高校一直是我国智库建设的重要参与者。当然，以往高校主要以专家个人身份参与政策咨询，而智库则以新型组织形式开展智库研究和政策咨询，其规模和效率不能同日而语。近年来，国内涌现出一大批新成立的高校智库。其中，最引人注目的是一批知名大学新建或重组的各种智库机构。当然，有些直接是响应“建设中国特色新型智库”的指示而成立的。与以往一般的大学研究所、研究中心不同，新型高校智库定位更加清晰，人员、机构和经费更有保障。

高校智库有其特有优势。智库最需要解决的资源问题，除了经费资源，就是专家资源。而这两个方面，恰恰是当前高校所能够保障的。高校本身提供了一个开展研究的良好氛围，如人才密集、学科齐全、馆藏资料丰富、研究氛围浓厚。高校智库与高校管理一体化，甚至挂靠在本学科领域的院系所之下，就可以便利地利用其专家资源，甚至学生资源，在研究深度与广度上都有较大的发挥空间。对于高校专家来说，在学术研究之外开展智库研究是对个人研究事业的扩展和补充；而且，在开展智库研究时不必改变高校专家身份，容易解决人员兼职上的各种潜在冲突。同时，相对于民营智库，以高校和高校专家身份开展研究，能够得到国家财政上的基本保障，经费来源稳定。同时，国家对高校开展智库建设给予了专门支持，为高校智库研究的独立性和长久性提供了经济基础。实际上，高校智库在申请研究项目的时候具有很好的优势，容易得到专门的经费支持。实际上，在近年来的国家智库建设热潮中，高校一直走在潮流的前列。2014 年 2 月 10 日，国家教育部专门发布了《中国特色新型高校智库建设推进计划》。

专栏：《中国特色新型高校智库建设推进计划》[①]

为深入贯彻落实党的十八大、十八届三中全会精神，贯彻落实习近平总书记关于加强智库建设的重要批示和刘延东副总理在“繁荣发展高校哲学社会科学 推动中国特色新型智库建设”座谈会上的重要讲话精神，推进中国特色新型高校智库建设，为党和政府科学决策提

① 摘自《教育部关于印发〈中国特色新型智库建设推进计划〉的通知》（教社科〔2014〕1号），参见教育部网站，http://old.moe.gov.cn/publicfiles/business/htmlfiles/moe/s7061/201402/164598.html.

供高水平智力支持，制定本计划。

一、服务国家发展，明确建设目标

1. 明确高校智库的功能定位。高校智库应当发挥战略研究、政策建言、人才培养、舆论引导、公共外交的重要功能。一是发挥基础研究实力雄厚的优势，着重开展事关国家长远发展的基础理论研究，为科学决策提供坚实的理论支撑。二是发挥学科门类齐全的优势，围绕重大现实问题，开展多学科的综合研究，提出具有针对性和操作性的政策建议。三是发挥人才培养的优势，努力培养复合型智库人才，为中国特色新型智库建设提供有力的人才保障。四是发挥高校学术优势，针对社会热点问题，积极解疑释惑，引导社会舆论。五是发挥对外交流广泛的优势，积极开展人文交流，推动公共外交。

2. 建立形式多样、结构合理的高校智库组织形式。按照总体设计、点面结合、突出重点、分类实施的原则，创新体制机制，整合优质资源，打造高校智库品牌，带动高校社会服务能力的整体提升。一是以学者为核心，支持和培养一批具有重要影响的高端智库人才和咨政研究团队。二是以机构建设为重点，培育建设一批具有集成优势的新型智库机构。三是以项目为抓手，改革科研项目管理，提高应用研究项目质量。四是以成果转化平台为基础，拓展转化渠道，搭建高端发布平台。

二、聚焦国家急需，确定主攻方向

围绕完善和发展中国特色社会主义制度，推进国家治理体系和治理能力现代化的总目标，结合高校优势和特色，统筹规划高校各类科研机构、人才团队和项目设置，凝练智库建设的主攻方向，力求在以下关键领域、关键环节以及亟待解决的问题上取得重大突破。

1. 经济建设。围绕社会主义市场经济体制完善、经济发展方式转变等重大问题，重点推进经济结构调整与转型、创新驱动发展和国家创新体系建设、城乡一体化发展、财税体制改革、金融创新与安全、粮食与食品安全、区域经济协调发展等重点领域研究。

2. 政治建设。围绕社会主义民主政治建设、依法治国等重大问题，重点推进发展人民民主、行政体制改革、公共治理创新、社会主义法律体系完善、司法体制改革、民族与宗教问题等重点领域研究。

3. 文化建设。围绕提升国家软实力、深化文化体制改革等重大问题，重点推进社会主义核心价值体系建设、中华优秀传统文化传承创新、文化产业发展、中国文化“走出去”等重点领域研究。

4. 社会建设。围绕民生保障与改善、社会体制改革等重大问题，重点推进教育现代化、医药卫生体制改革、人口发展战略、收入分配改革、社会保障体系、创新社会治理体制等重点领域研究。

5. 生态文明建设。围绕国家经济社会可持续发展中的重大问题，重点推进国土开发、节能减排、发展低碳经济、应对全球气候变化、环境保护等重点领域研究。

6. 党的建设。围绕提高党的建设科学化水平、保持党的先进性和纯洁性等重大问题，重点推进党的思想建设、组织建设、作风建设、反腐倡廉建设、制度建设等重点领域研究。

7. 外交与国际问题。围绕维护国家主权与安全、促进世界和平发展等重大问题，重点推进构建新型大国关系、周边环境与周边外交、新兴国家崛起、海洋战略与海洋强国政策、反恐维和、全球治理、公共外交等重点领域研究。

8. “一国两制”实践与推进祖国统一。围绕“一国两制”的理论与实践、两岸关系和平发展中的重大问题，重点推进完善与基本法实施相关的制度和机制、深化内地与港澳经贸关系、推进两岸交流合作等重点领域研究。

三、整合优质资源，建设新型智库机构

1. 以 2011 年协同创新中心和人文社会科学重点研究基地建设为抓手，重点打造一批国家级智库。按照“国家急需、世界一流、制度先进、贡献重大”的总体要求，认定和建设一批国家“2011 协同创新中心”。深化高校人文社会科学重点研究基地运行和管理体制改革，实行“有进有退、优胜劣汰”的动态管理和弹性经费制度，完善总体布局，推动重点研究基地从整体上向问题导向转型，提升社会服务能力。

2. 实施社科专题数据库和实验室建设计划，促进智库研究手段和方法创新。围绕内政外交重大问题，重点建设一批社会调查、统计分析、案例集成等专题数据库和以模拟仿真和实验计算研究为手段的社会科学实验室，为高校智库提供有力的数据和方法支撑。

3. 以高校哲学社会科学“走出去”计划为依托，扩大高校智库国际学术话语权和影响力。完善结构布局，创新组织形式，重点建设一批全球和区域问题研究基地。推动高校智库与国外一流智库建立实质性合作关系，建立海外中国学术中心，支持高端智库参与和设立国际学术组织、举办创办高端国际学术会议。

4. 加强高等学校软科学研究基地建设。以综合性大学现有的高水平战略研究机构为基础，培育一批面向国家和国际重大科技战略问题的国家级智库。培育、鼓励行业特色院校组建行业、产业科技发展战略研究中心，形成全面覆盖的行业、产业发展战略与政策研究支撑网络。面向区域发展需要，在高校培育一批面向区域产业发展需要的特色政策咨询机构。

四、发挥人才关键作用，着力培养和打造高校智库队伍

1. 实施高端智库人才计划。遴选确定立场坚定、理论深厚、视野开阔、熟悉情况、掌握政策、联系实际的200多名高校专家，建立咨政研究核心人才库，给予长期稳定支持。构建密切联系机制，引导和支持专家围绕全局、战略问题和重点、热点、难点问题，及时向党中央、国务院各部门提出政策建议，适时向公众发布研究观点，引导社会舆论。

2. 实施哲学社会科学教学科研骨干研修跟踪培养计划。对参加中央六部门举办的哲学社会科学教学科研骨干研修学员进行跟踪培养，组织参与实践考察、社会调研、挂职锻炼，在各类人才计划、团队建设、科研项目、出国访学等方面给予重点支持，培养一支智库建设的骨干队伍。

3. 推动智库人才交流。与有关部门密切配合，有计划地推荐高校智库核心专家到政府部门和国际组织挂职任职。聘请有较高理论素养的党政、企事业单位领导干部参与高校智库研究工作，形成政产学研用之间人才交叉流动的良好格局。

五、拓展成果应用渠道，打造高端发布平台

1. 建设中外高校智库交流平台。围绕国际国内重大热点问题，支持高校与国外高水平智库开展合作研究，举办高层智库论坛，打造高端引领、集中发布、影响广泛的高校智库成果发布品牌，发挥高校智库引导舆论、公共外交的重要作用。

2. 加大智库成果报送力度。进一步加强高校、科研机构、项目团队咨政建议的报送工作。建立咨政报告数据库，定期收集、整理、分析和反馈相关信息。拓展《教育部社会科学委员专家建议》报送渠道，加大报送力度，建立定向征集、集中报送的工作机制。

3. 加强成果发布管理。制订实施《关于加强和规范高校哲学社会科学成果发布管理的实施办法》，规范发布流程，切实把好政治关和质量关。

六、改革管理方式，创新组织形式

1. 大力推动协同。支持高校智库与实际工作部门联合组建研究团队，主动加强与政府研究机构、社科院、科学院、工程院，以及民间智库等的合作，强化高校之间及高校内部的合作，着力构建强强联合、优势互补、深度融合、多学科交叉的协作机制。密切关注、全程跟踪党和政府重大决策，及时提供动态监测、效果评估和信息反馈。

2. 改进科研评价。牢固树立质量第一的评价导向，实施科学合理的分类评价标准，把解决国家重大需求的实际贡献作为核心标准，完善以贡献和质量为导向的绩效评估办法，建立以政府、企业、社会等用户为主的评价机制。协调推进组织管理、人才培养、资源配置等方面的综合改革，构建有利于智库创新发展的长效机制。

3. 改革项目管理。建立后期资助方式，对政府决策产生重大影响的科研成果给予后期奖励和持续支持。密切跟踪重大需求，与实际工作部门合作确定科研项目选题，完善课题立项和申报制度，提高项目设置的针对性实用性。

七、加强组织领导，提供有力保障

1. 健全管理体制。把加强智库建设作为推动高等教育改革发展和繁荣发展哲学社会科学的重点任务，研究制定《关于提高高等学校哲学社会科学社会服务能力的意见》等文件，做好统筹规划，明确任务分工，形成工作合力。

2. 完善政策配套支持。根据新型智库特点和发展需要，在研究生招生、经费投入、项目支持等方面给予重点倾斜，在组织管理、人员评聘、科研活动安排等方面赋予更大的自主权，建立健全政策指导到位、保障措施得力、有利于激发智库活力的管理机制。

3. 加强经费保障。加大经费投入力度，多措并举筹集智库建设经费。完善经费使用机制，加大人力资本投入，实行绩效奖励。规范经费管理，加强绩效评估和审计，提高经费使用效益。

高校智库的特定体制，决定了其不仅有其优点，也有其缺点。其中最突出的是其智库研究的专门性不显著。在机构编制、人员管理和职能定位上，高校智库和高校院系所往往纠缠在一起。甚至，一些高校智库仅仅是在原来的院系所的基础上加挂了一个智库的牌子，仍然主要从事原来的学术研究和学位教育，而智库研究并没有因此形成一个成熟、独立的职能领域。

高校智库还有一个突出特点，就是其在法律地位上没有独立性。与一般智库不同——包括国有智库和社会智库，高校智库不具备独立的法人资格。高校智库一般是高校的下属部门，有的只是院系下设或挂靠的研究中心。这样的高校智库不能和校外的独立法人签订合同，财务上不能独立核算。有些高校智库甚至是没有独立人员和机构编制的“虚体”。这样的智库体制对高校统一管理是便利的。

缺乏独立性当然属于智库的一个缺陷。然而吊诡的是，缺乏独立性恰恰可能使得高校成为智库建设的一个最大增长点。取得独立法人地位本身，已经成为民营智库难以逾越的门槛；以独立法人身份开展工作，更成为民营智库举步维艰的羁绊。相对而言，高校智库无须繁琐的法律程序和管理程序，仅仅通过内部机构调整就可以成立；高校智库及其专家开展研究和对外交流，其身份更容易得到认可；在人员管理上，高校智库专家也免除了薪酬、职称、社会地位等诸多后顾之忧。

高校智库成为智库建设最大增长点的另一个原因，是其具有很大的体制机制创新空间。比如，高校智库可以引入校外基金会、公司企业资助或私人捐助，与社会机构（包括政府部门）合作，引入现代智库管理模式。这样的高校智库，已经不再是传统意义上的高校智库，而是同时具有国有智库和民营智库的特点，甚至更接近于民营智库。在民营智库难以承担智库建设主要增长点的现实情境下，高校智库将有可能获得更大的成长空间。

沿着这种思路，高校智库将有两个新的发展路径。其中，最直接的方式是从高校独立出来，成为专门智库机构。比如，美国战略与国际研究中心（CSIS）是一家具有保守色彩的重要战略和政策研究机构，素有“强硬路线者之家”和“冷战思想库”之称，在智库排名中位列全美第三、世界第四。CSIS由前海军作战部长伯克上将、乔治城大学牧师霍里根和保守派学者阿布希尔于冷战达到高潮的1962年共同创建，隶属于乔治城大学。自1987年7月1日起，CSIS与乔治城大学之间脱离隶属关系。①

然而，更现实、更普遍的方式是在职能上明确与一般院系区分开，摆脱一般性学术研究和学位教育职能，专门从事智库研究。相应地，在仍属高校管理的前提下，机构、人员、经费管理都实现相对独立。其实，在国外同样有大批高校智库，其体制机制值得我们学习借鉴。比如，美国胡佛研究所（Hoover Institution）是斯坦福大学的校级研究机构之一，曾由一所大学图书馆成功转型为知名智库，其体制机制具有相当独立性。

① 参见罗琪：《走进美国国际与战略研究中心》，《光明日报》2015年3月1日。

专栏：美国胡佛研究所的运行机制[①]

大学的独立机构

和其他一流智库相比，胡佛研究所并不是完全独立的机构，而是“斯坦福大学框架内的独立机构”，其权力运行受到斯坦福大学的制约。胡佛研究所在法理上是斯坦福大学的财产，斯坦福大学董事会在理论上可以接管胡佛研究所，而且胡佛研究所也是作为斯坦福大学这个公益组织的一部分而享受美国国内税收法第 501（c）（3）条款的减免税优待，并不向美国国税局独立申报 990 税表。胡佛研究所之所以能够拥有自己的章程和董事会，并正式拥有相当独立的人权和财权，是由 1959 年斯坦福大学董事会官方授权所形成的。从此之后，胡佛研究所所长可就重大事务直接向斯坦福大学校长汇报并负责，而无须再通过斯坦福大学图书馆或者院系的渠道来沟通。胡佛研究所之所以能够在 1959 年成为“斯坦福大学框架内的独立机构”，是因为胡佛本人强硬要求的结果。胡佛研究所权力运行的独立程度仍然具有相当的不确定性。至今，仍然有不少人认为，有必要让胡佛研究所从斯坦福大学中完全独立出去。也有一些人认为，应该进一步澄清两个机构之间的关系。

所长负责制

胡佛研究所整体权力运行属于所长领导体制，这和美国多数智库的权力运行相似，而和美国高等院校的院系权力运行存在明显差别。高等院校中的院系得到校方授权十分有限，而且教授群体在院系的有限授权中又有相当大的发言权，使得院长或者系主任的人权和财权往往非常有限。而在智库当中，科研人员通常没有终身职务，也没有由科研人员决议重要事务的传统，智库权力运行往往围绕所长领导而展开，董事会干预所长决策的情况并不多见。胡佛研究所所长总体上受外来介入程度较轻。一方面，由于是“斯坦福大学框架内的独立机

① 参见王欢：《解读胡佛研究所的权力运行》，《中国社会科学报》2015 年 7 月 6 日。

构”，胡佛研究所本身的董事会实质上更多的是咨询机构而不是决策机构。每年在华盛顿特区和斯坦福大学各开一次董事会，对所长工作很少形成掣肘。另一方面，斯坦福大学校长和董事会也很少能够有时间、精力和信息影响胡佛研究所的具体事务。这使得和多数智库的负责人相比，胡佛研究所所长拥有更多权力空间，实际决策权更大，比如在任命高级研究员和研究员的时候自由度非常大。

研究者自主选题

胡佛研究所研究人员具有很强的科研自主权。胡佛研究所非常重视研究人员的个人研究，不给他们布置特定的科研任务。胡佛研究所在招聘科研人员的过程中重视科研人员的研究能力和以往科研产出的质量，汇聚了一批在基础理论研究领域的知名学者，把长线理论研究作为研究所品牌的重大支撑，从不参与外部科研招标项目。胡佛研究所重视让科研人员研究自己喜好的问题，并在经费筹措等方面创造相应的研究条件，而不布置特定的科研任务，使得胡佛研究所对学者具有很大的吸引力。

胡佛研究所非常重视研究人员参加和退出研究组和研究项目的自主性，并不通过固定的机构设置加以约束。胡佛研究所的研究人员经常通过自由组合展开合作研究。1998 年以来，胡佛研究所展开了科研组织创新尝试，首先进行了固定人员的研究小组这种合作研究方式，小组经所长同意之后正式成立，小组成员经所长和组长协商之后邀请所内外相关研究人员加入，受邀者可以不加入或者中途退出。2012 年以来，由于研究小组这种僵化方式的弊端逐渐显露，胡佛研究所开始更倾向于尝试人员参与相对灵活的研究群方式。

三、更加完善的法律与政策支持

从宏观政策上，中央对智库建设非常重视。除了国家领导人一再强调智库建设的重要性之外，还专门在 2014 年由中共中央办公厅、国务院办公厅印发《关于加强中国特色新型智库建设的意见》，成为推动我国智库建设的纲领性文件，不仅从政策导向上自上而下推动了全国各地、各领域、各部门的智库建设工作，还为具体智库建设提供了政策指导。同时，2015 年中央全面深化改革领导小组审议通过了《国家高端智库建设试点工作方案》，批准了第一批 25 家国家高端智库建设试点单位，成为推动智库建设的直接动力。智库建设工作归口管理，具体由全国哲学社会科学规划办公室负责，专门设立“智库联络处”，“负责国家高端智库建设规划和实施，组织高端智库申报、评估和日常管理，开展国内外智库发展动态的调查研究，为中央决策提供咨询服务；组织评审国家社科基金后期资助项目和中华学术外译项目”。①

同时，我国智库建设任重道远，政府在法律和政策支持上还可以做更多工作。

第一，政府应在财政政策上对智库建设加大支持。是否可以获得充足的研究经费，对智库决策咨询服务质量会产生重大影响。许多国家非常重视为智库提供财政支持。美国政府专门设立了国家科学基金会，每年有十几亿美元的资金专门用于资助各种智库。而英国，政府是本国智库 1/3 业务的雇主。国家不仅应对重点智库进行经费支持，还应该从面上对智库领域进行支持。其中，最有效的方式是建立国家智库发展经费支持机制。对智库给予免税等税收优惠，不具有可操作性。应考虑设立国家财政智库预算科目，体现政府购买智库服务的要求。同时，鼓励和建立多种形式的智库扶持机制，积极推动制定“国家关于智库发展经费管理办法”。

同时，应改变经费资助方式。目前，我国的大部分智库是官方和半官方的附属型智库，其研究经费主要来源于政府的财政拨款。这种“供养”方式存在两大弊端：一是智库等、靠、要现象严重，积极性、进取心不足。二是滋生走关系、走后门等不正之风，“跑部钱进”现象在智库领域也有所体现。对此，应改变经费资助方式，以“科技计划”

① 参见全国哲学社会科学规划办公室网站，http：//www.npopss-cn.gov.cn/n/2012/1113/c219457－19569505.html.

“项目支持”等竞争性方式取代简单的政府“财政拨款”；通过项目招投标和申报等形式，取代通行的“内定”“任务式”的方式，使各类智库都能平等地参与决策咨询服务的提供；设立民营智库发展专项基金，对有突出贡献的民营智库给予一定的资助，促进其成长为我国智库领域的重要力量。

另外，要在税收上对智库进行扶持。税收优惠制度对智库发展有很大的激励作用，主要体现在智库经营的税收优惠以及获得捐赠的优惠。美国和加拿大的智库分别根据《所得税法》（Income Tax Act）和《国内税收法》（Internal Revenue Code）注册为非营利的免税组织。比如根据美国税法501（e）3规定，智库在注册为非营利的免税组织后，只需要再成立一个以宣传各种政策为内容的教育组织，就可以取得非营利机构的法定资格，并在税收制度上获得免税的优惠待遇。同时，美国的慈善传统和基金会文化为智库的发展提供了有力的物质基础，而美国慈善传统和基金会文化的形成在一定程度上受益于其完善的法律法规。美国政府对于智库接受社会捐赠的优惠政策，特别是免税政策，使智库在获得社会资源方面处于比较有利的地位。美国慈善税法通过捐助慈善、减免税收的方式，鼓励美国富豪们创立基金会。此外，高额的遗产税也是美国富人倾向于将财产捐赠给社会的重要因素。

目前，我国的税收政策所涉及的主要是数量较少的民营智库。根据注册类型，我国的民营智库可以分为民办非企业法人型民营智库和公司法人型民营智库。根据企业所得税法的规定，民办非企业法人型民营智库免征企业所得税，其从事的公益性业务享受税收优惠政策。然而，对公司法人型民营智库并没有相应的税收优惠政策。为促进公司法人型民营智库的发展，应对其承担的财政性经费课题免征企业所得税，实现与其他类型智库一视同仁；对其承担的其他公益性研究课题，给予与民办非企业法人型民营智库相同的税收优惠；对企业、社会组织和公民个人公益性研究项目的捐赠给予适当的税费减免。

第二，对民营智库地位给予支持。为智库发挥作用提供法律上的保障，也是西方发达国家扶持智库发展的重要举措。比如：在美国，咨询是政府决策过程中的法定程序，政府项目的论证、运作、绩效评估等各个阶段都必须要有不同的咨询报告作为参考；20世纪50年代以来，日本先后制定了《中小企业指导法》《中小企业诊断实施纲要》《企业合理化法》《综合研究开发机构法》等一系列法律和法规，为智库的发展提供法律支持。

与此相比，我国对智库的法律支持仍然比较薄弱。由于我国的法人组织管理不够完善，导致民办非企业法人型智库即民营智库没有正式明确的归属，民办非企业法人型智库与事业单位、企业、社会团体有本质的区别，但从《中华人民共和国民法通则》规定的四类法人（机关、企业、事业和社团）中无法找到与之相对应的法人形式的相关规定。这也导致了其民事责任与义务无法清晰。按目前的政策，非政府组织要注册为社团，则必须挂靠在广义政府系统的事业单位，而被挂靠单位既不能从社团中提取利益，又必须为社团的任何问题负责任，因此注册难度非常大，受种种政策门槛的限制，一般民营智库很难注册为社团；结果一些民营智库被迫到工商部门按照企业来注册，这不仅给纳税和非政府组织捐助造成一定的困难，还迫使其必须花费大量的时间和精力来应对工商行政、税务等部门的监督和管理；如果不登记、不注册，自行其是的开展工作，则会时不时地面临政府相关部门的清理整顿。

对此，应不断完善相应的法律支持政策。一是进一步完善政府决策相关法律，把咨询作为政府决策的法定环节，并贯穿于政府项目的论证、运作、绩效评估等各个阶段；二是进一步完善社会主义市场经济相关法律，规范各市场主体尤其是企业的市场行为，促使企业将咨询作为提升其运作效率的重要手段；三是加快制定中华人民共和国社会组织法，进一步放宽民营智库注册成社会组织的条件，同时对《中华人民共和国公司登记管理条例》等法律进行必要的修订，使公司法人型民营智库在提供公益性决策咨询服务方面享受一定的优惠政策。

第三，在信息获取上支持智库研究。能否得到全面、准确的信息对于智库的生存和发展产生决定性影响，因此许多国家十分重视给予信息上的扶持。比如，西方发达国家的政府通过驻外使馆、贸易部、联合国等国际机构取得有关国外咨询业务或项目的相关情报，再通过国内有关部门传递给各个智库。同时，西方发达国家非常重视建立各种数据库和联机检索系统，为智库搜集、处理和提供信息。

与此相比，我国政府对智库的信息支持仍然比较薄弱。智库在开展研究时，往往会遇到信息透明度不够的问题，也就是来自官方信息公开与信息获取渠道等问题。智库往往在及时和充分把握政府信息方面，没有得到法律及制度上的有力支持，导致智库在进行现状分析与对策研究中，未能形成令决策者心仪的成果。政府信息受限，也影响到智库选题设定等工作，使得智库倾向于选择远期战略性研究而回避对策性课题。

目前，各级政府共享的主要是面向操作业务和管理的信息，而面向研究和决策的信息则相对缺乏。此外，我国在大型数据库和联机检索系统的建设方面仍然比较滞后，智库发展所需的信息共享机制尚未充分建立。对此，应不断完善相应的信息支持政策：一是进一步扩展政府信息共享的范围，更多地共享面向研究和决策的信息；二是充分挖掘和利用互联网、云计算和大数据等新兴信息化技术，加快建立各种大型数据库和联机检索系统，为智库搭建数字化信息平台；三是合理配置政府部门的信息公开经费，破除政府信息的使用壁垒，使各类智库都能平等、充分地使用各种信息；四是探索建立各种智库协会或者智库联盟，充分汇聚专家、学者、公民、企业、官员和媒体等多方智慧，实现信息互通、成果共享。

第四，在学科发展上对智库建设给予支持。政策科学的发展和成熟为智库研究提供了坚实的理论基础。20 世纪 70 年代以来，美国、英国、法国等发达国家智库的兴起，在很大程度上得益于政策科学的发展。政策科学是一门几乎全新的学科，第二次世界大战之后首先在美国兴起，逐渐扩展到其他西方发达国家，当前已经覆盖各行各业和许多国家和地区。可以说，政策科学是近现代西方社会科学领域里发展最迅速、影响最大、实践性最强、应用领域最广泛、社会效用最明显的学科之一，被誉为西方发展过程中的一次“科学革命”、当代西方科学界的一次“最重大突破”、当代政治学和公共行政学的最重要发展。近年来，政策分析专业开始作为一个逐渐完善的学科呈现在众人面前。尤其在美国等政策科学发达的国家，政策分析师这一职位在政府部门、智库、企业等组织中变得越来越普遍，并且这些职位常常由在政策分析领域受到良好教育的研究人员担任。政策科学的兴起与发展不仅走过了一条学科化的道路，还走过了组织化和产业化的道路，推动了智库机构、人才与研究的发展。

众多政策研究机构实质上属于智库。随着政策科学的兴起，世界各国官方、半官方和民间的政策研究机构应运而生。在众多的政策研究机构中，研究内容繁多、风格各异。20 世纪 70 年代，美国政策研究机构就达 5300 多个，从业人员约 10 万人；英国有政策研究机构 1400 多个，从业人员约 3.5 万人；联邦德国有政策研究机构 1200 多个，从业人员约 1.8 万人；法国有政策研究机构 1000 多个，从业人员约 5 万人；日本有政策研究机构 5000 多个。出现了一批世界著名的政策研究机构，政策研究机构有国际性的，也有国家的、地区性的。研究的重点也各有侧重，有专门研究理论问题的，也有专门研究实际问题的。如：伍德罗·威尔逊国际学术中心，专门从事与政策有关但又不涉及具体政策的理论研究；而设在维也纳近郊卢森堡宫的国际应用系统分析研究所，由美国、英国、苏联等 12 个国家参加的国际性组织，则主要研究带有全球性的如环境污染、城市规划、公共卫生、人口增长等社会规划的政策分析工作；美国罗斯福政策研究中心，侧重实际公共政策研究；日本国策研究会，侧重理论研究；荷兰欧洲公共行政管理研究院，偏重与公共行政的研究相结合。其中，许多智库从属于政府与党派。如：美国白宫的政策制定办公室，加拿大总理的专门政策顾问，英国的政策分析与审核署，奥地利的政治研究院和新西兰的科卡斯研究所，还有专门为政府官员提供强化培训基地的德国国家行政学院等。

国外政策科学发达国家普遍设立了公共政策硕士（MPP）教育，正是出于满足智库人才需要而开设的培训项目。1967—1971 年，密歇根大学、哈佛大学肯尼迪政府管理学院、加州大学伯克利分校等相继开展了美国公共政策硕士（MPP）课程培训项目。美国 MPP 课程一般分为三类：第一类是方法类课程，主要包括定量研究方法、定性研究方法、经济学分析方法、统计分析方法、社会研究方法和研究设计方法；第二类是学科基础理论课程，包括经济学、管理学（尤其是战略管理和人力资源管理）、政治学、社会学、组织行为学等；第三类是专业基础课程，包括政策分析、政策过程和政策评估、公共管理、公共行政、公共财政、比较公共行政等①。

我国新型智库建设有赖于政策科学的发展和成熟。2015 年，党的十八届五中全会强调，要实施哲学社会科学创新工程，建设中国特色新型智库。2016 年 5 月 17 日，习近平总书记在哲学社会科学工作座谈会上指出，各级党委和政府要发挥哲学社会科学在治国理政中的重要作用。建设具有中国特色的新型智库，必须要大力发展政策科学，培养一大批政策科学专业人才。智库的发展，需要大量的公共政策分析人才。我国政策科学发展在 20 世纪 80 年代才起步，发展非常缓慢。目前，政策科学还没有成为独立的学科和专业。一些大学开设了政策分析等方面的课程，但从事政策科学研究的教师很少，政策科学师资严重不足，许多老师是毕业后留校任教或到其他学校任教的，没有政府工作经历，对政府运行缺乏了解，由于长期生活在校园这个“象牙塔”中，缺乏社会经验，对中国社会也缺乏了解。许多老师埋头于纯学术研究，缺乏对中国经济社会现实问题的关注。政策科学发展滞后，严重制约了我国新型智库建设和发展。当前，应大力发展作为交叉学科的政策科学，夯实智库的学科基础，以学科发展推进中国特色新型智库建设以及建立健全决策咨询制度；应将政策科学设置为交叉学科

① 参见张康之：《美国智库建设与智库人才培养》，《学习时报》2016 年 11 月 24 日。

（或一级学科），提升政策科学的学科地位；应促进政策科学的学科分化，培育政策科学的学科体系；应设立公共政策硕士（MPP）专业学位，加强政策分析专门人才培养；应以智库为载体，加强政策科学知识的应用及技术开发。

第八章　智库何为

——智库如何提高自身管理水平？

我国智库发展相对滞后，既有体制机制和政策环境方面的问题，也有智库自身创新能力不足、可持续发展能力不足等问题。作为一种新型的组织机构，智库自身如何进行管理，在许多具体方面我们仍缺乏足够认知。尤其基于我国现实国情，许多研究机构尚未实现转型，在组织架构、职能、人事、经费等方面都属于传统的“事业单位”，其体制机制惯性不适应新型智库建设的需要。因此，我们需要从治理创新的层面推进智库管理科学化、规范化，建立起高效的现代智库管理体系。

一、智库机构专门化

与专门智库相对应的是综合智库机构。前者主要职能为智库研究，后者在智库研究之外还具有多种其他职能，甚至智库职能并非其主要职能。

智库机构专门化，就是由综合性智库转型为专门性智库。这种转型主要通过两种途径：其一，是在综合机构中设置专门从事智库研究的单位；其二，缩减职能范围，重新定位为以智库研究为主。当然，理论上还有第三种途径，就是非智库机构转型为专门的智库研究机构。

专门化程度不高是我国进一步推进智库建设所面临的重要瓶颈。智库专门化程度不高，直接影响智库建设的绩效。非专门化智库机构，一般在人员管理、经费管理、组织机构等各方面不适应现代智库研究的特定需求，效率低下。非专门化的智库机构，往往研究领域的专业化程度较低，使得智库研究领域分散无序，缺乏特色、难以深入，更不容易就某些重要课题进行持久跟踪研究。智库专门化程度不高，是造成当前智库建设投入高、产出少的重要原因。在智库建设热潮中，许多以承担其他职能为主的各种教育、培训、研究机构，争相进入智库行列。这时，智库建设容易变成获取政策资源、装点门面的政绩工程。

我国智库建设的现实是，由于体制惯性，我国专门的智库机构并不多，很多都是承担多项职能的综合机构。以 2015 年 12 月入选首批国家高端智库建设试点的 25 家单位为例，其中最有实力的 10 家智库机构全部是党中央、国务院、中央军委直属的综合性研究机构。其中，中央党校、中央编译局是党中央的直属机构，国家行政学院、国务院发展研究中心、中国社会科学院、中国科学院、中国工程院和新华社是国务院的直属机构，军事科学院和国防大学是中央军委的直属机构。

实际上，所有这些综合机构都承担着智库之外的其他重要职能。甚至，其首要职能往往并非智库研究。比如，中央党校、国家行政学院、国防大学的首要职能是干部培训；中国社会科学院、中国科学院、中国工程院、中国军事科学院的首要职能是科学研究；中央编译局的首要职能是马克思主义经典著作编译；新华社的首要职能是新闻通讯；只有国务院发展研究中心属于例外，其首要职能更接近于智库。

即使依托大学和科研机构形成的专业性智库，其中不少尚未真正进入专注于政策研究和咨询的智库轨道。以 2015 年 12 月入选首批国家高端智库建设试点的 12 家专业智库单位为例，大多属于近期智库建设热潮中成立或整合的新机构，如中国社会科学院的国家金融与发展实验室（2015 年成立）、亚太与全球战略研究院（2012 年），依托大学的北京大学国家发展研究院（2008 年）、清华大学国情研究院（2012 年）、中国人民大学国家发展与战略研究院（2013 年）、复旦大学中国研究院（2015 年）、中山大学粤港澳发展研究院（2015 年）等。而上海社会科学院虽然属于地方研究机构，比中国社会科学院的总体规模要小，但仍属于综合性人文和社会科学研究机构，是全国最大的地方社会科学院。其学科机构设置也具有“大而全”的特点，包括经济、应用经济、世界经济、国际问题、法学、政治与公共管理、中国马克思主义、社会学、城市与人口发展、生态与可持续发展、宗教、文学、历史、哲学、信息、新闻、世界中国学等 17 个研究所以及社会治理等 12 个研究中心。

许多研究机构戴着智库的帽子，但并不专注于智库研究。其突出体现是难以摆脱原来的学术研究和教育培训职能的惯性。尤其依托大学的智库机构，其智库职能发挥仍不充分，机构设置依然是学科导向而不是问题导向。它们往往具有较浓厚的学术研究色彩，继续招收本科生、研究生，在管理模式上更类似于大学普通院系。比如，中国人民大学国家发展与战略研究院除了设有理事会、院务会，在组织架构上处于最关键位置的是学术委员会（如图 8—1 所示）；下属机构、学科庞杂，研究中心学术化，类似于创建了一个新的文科大学。中山大学

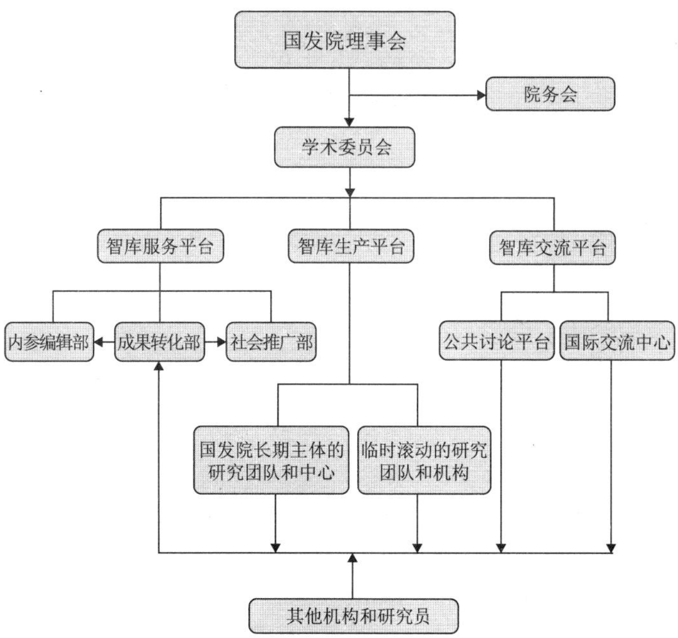

图 8—1　中国人民大学国家发展与战略研究院的组织机构

粤港澳发展研究院实行理事会领导下的院长负责制，下设各个研究中心，但同时成立了学术委员会和学位委员会，并承担重要职能。北京大学国家发展研究院前身为中国经济研究中心，发展成为一个以经济学为基础的多学科综合性学院，除了继续招收研究生，还在2017年开始招收本科生。

至于依托大型国有企业形成的唯一一家专业性智库——中国石油经济技术研究院，隶属于中国石油集团。该机构下属多家营利性子公司，其智库地位值得商榷（如图8—2所示）。

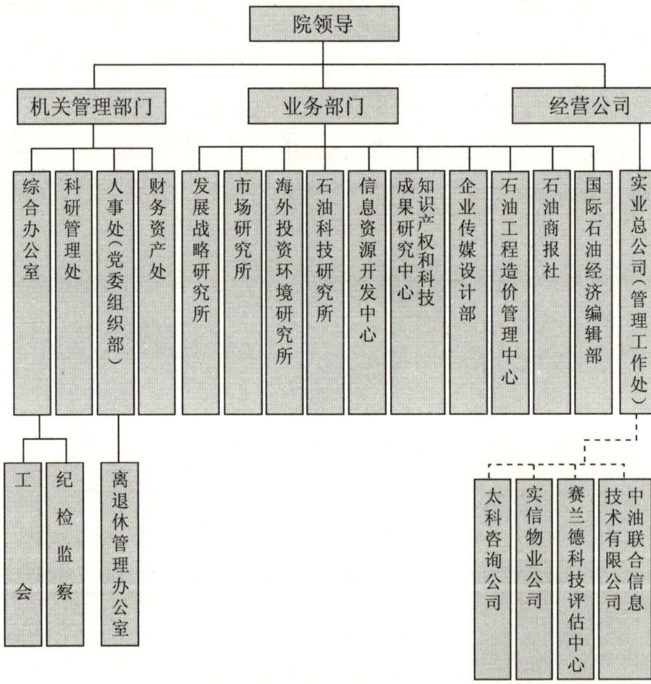

图8—2　中国石油集团经济技术研究院的组织机构

专门化的智库机构，更容易实现多样、灵活、高效的组织架构，摆脱传统“事业单位”统一、僵化的结构模式。许多欧美智库多采用与企业类似的组织架构，最高决策层是董事会或理事会，总裁负责智库管理。部门一般分为研究部门和支撑部门。研究部门根据智库的研究领域设置，一般设若干研究部、研究中心、研究所等。支撑部门负责人、财、物等管理，一般包括人事、财务、运营、联络、合作、发展、出版、宣传、后勤等部门，为研究部门提供服务保障。一些大型智库还在国外设置分支机构，以方便研究某些国家和地区。有的还成立学院，用于培训智库工作人员、客户或潜在客户等。例如，布鲁金斯学会采用了这样的组织架构。它的最高决策层是董事会，当前的董事会共有 83 名成员，他们都是著名的企业家、银行家和学者。布鲁金斯学会的日常运行遵循企业管理的方法，由总裁负责。总裁是制定政策和执行政策的首席执行官，负责推荐研究项目，批准出版，挑选研究员。有三个机构支持他的工作，它们是行政办公室、总顾问办公室、总经理办公室。在总裁之下，学会的构成分为行政管理和学术研究两大部分。行政管理部分由 5 个部门组成，即财务部、运营部、联络部、发展部和出版社，它们分别对资金、后勤服务、媒体服务、人事与培训以及出版社进行管理。每一个部门由一名副总裁掌管，他兼任该部门的总监或主任，并直接对总裁负责。研究部分根据研究领域划分为 5 个部门：外交研究部、全球经济与发展部、经济研究部、城市政策部、治理研究部。每一个部门也由一名副总裁主管，并下设若干个研究中心。例如，外交研究部下设塞班中东政策研究中心、约翰·桑顿中国研究中心、美国和欧洲研究中心、东北亚政策研究中心等①。

智库“专门化”，有助于实现智库的“专业化”。在推进智库建设独立性的同时，必然要加强智库的专业化建设。智库的发展只有形成自己的专业性，方能真正地保持其独立性。智库的专业性包括：专业人才队伍的建设，智库的专业特色的形成，智库咨询工作的专业特点等。智库有成熟的专业性才能避免“有奶便是娘”的被动局面，靠专业特色服务。如：英国智库注重发挥工程咨询方面的优势，德国智库与新技术的结合，法国智库注重其咨询的实用性和发挥其对非洲熟悉

① 参见周琪：《美国智库的组织结构及运作——以布鲁金斯学会为例》，《人民论坛》2013 年第 36 期。

的优势，而美国大型智库利用其综合性优势和强大的人才优势大力拓展国际市场等，都是值得我们重视的。

欧美的每一家大型的智库，几乎都有自己主要的专业方向，如：布鲁金斯学会擅长于中东问题；兰德公司擅长于军事战略；美国外交关系委员会擅长于外交政策；美国战略与国际研究中心擅长于国防政策；美国企业研究所擅长于贸易、经济政策；胡佛研究所擅长于美俄关系；卡内基基金会擅长于核不扩散问题；欧洲政策研究中心擅长于欧洲一体化研究；法国国际关系研究所擅长于欧洲事务；斯德哥尔摩国际和平研究所擅长于危机管理；亚当·斯密研究所擅长于自由市场等，都是对我们发展专业性强的智库很有启发的。智库的专业性建设和智库管理体制的完善是分不开的，从行业上看，智库的发展需要有科学有效的行业管理；从智库内部的管理体制来看，需要有适应于本智库的有特色的管理方式，这样才能使智库的专业性得到充分的发挥。在前一个方面，英国智库的行业管理的严格风格，德国咨询协会服务于会员的积极措施，美国智库规范的行业管理措施及其与政府团体的协调作用等，都对我们有重要的借鉴作用；而在后一个方面，即智库内部管理上，如：伦敦国际战略研究所例会体制，德国系统工程与技术革新研究所的专家委员会制和课题管理体制，巴黎经济社会发展研究公司的组织体制，兰德公司的管理体制等，都是值得我们深入进行研究的。只有积极吸取这些顶级智库的科学管理体制，我们的智库管理方能尽快地提高。

二、智库战略管理

“战略”一词源于古希腊军事术语 strategos，指将军指挥军队的艺术。随着人类社会的发展，“战略”一词逐渐被广泛应用于军事以外的领域，包括政治、经济、科技、社会发展等，其含义演变为“泛指重点的、带全局性或决定全局的谋划”。当人们把军事战略思想运用到一般的组织管理之中就产生了战略管理。就智库而言，战略管理有助于智库机构确定组织使命，根据智库机构外部环境和内部条件，设定智库的战略目标，为保证目标的正确落实和实现进行谋划，并依靠内部能力将这种谋划和决策付诸实施，以及在实施过程中进行动态管理和控制。

美国著名智库兰德公司每到年底都要回顾一年里在政策制定过程中发挥的作用。思考三个问题：第一，我们正在着手研究的问题是否已经接近和到达政策议程？第二，我们的研究和分析是否为决策者和广大民众知晓，并由此提高了政策讨论的水平？第三，我们的研究成果是否带来了政策内容与实践的显著变化？这鲜明地凸显了他们的组织目标。

我国智库之所以迫切需要开展战略管理，就在于有些智库机构缺乏顶层设计，组织使命、战略目标缺失或模糊，更缺乏如何完成战略目标的具体规划和管理措施。智库战略管理的任务，在于通过战略制定、战略实施和日常管理，在保持这种动态平衡的条件下，实现智库的战略目标。战略管理不仅涉及战略的制定和规划，而且也包含着将制定出的战略付诸实施的管理，因此是一个全过程的管理。战略管理不是静态的、一次性的管理，而是一种循环的、往复性的动态管理过程。它是需要根据外部环境的变化、组织内部条件的改变，以及战略执行结果的反馈信息等，而重复进行新一轮战略管理的过程，是不间断的管理。智库战略管理具有以下特点。

1. 外部性。现今的智库机构多存在于一个开放的系统中，组织机构影响着这些因素，但更通常的是受这些不能由智库自身控制的因素所影响。所以，战略管理强调智库机构不是去适应环境，而是期待和塑造组织的变迁，这一点是最重要的。同时，战略管理必须充分认识到政治权威的影响。①

2. 全局性。智库战略是对智库未来的发展方向和目标具有纲领性

① 参见 Barry Bozeman，Jeffrey D Straussman. *Public Management Strategies*. San Francisco：Jossey-Bass Publishers，1990，p. 64，pp. 29—30.

的规划与设计，是具有普遍性、全面性、权威性的管理决策。

3. 长远性。智库战略管理注重长期，是对智库长远发展的一种谋划。它决定了智库在以后相当长的一段时间内（通常是五年甚至更长）的目标和方向。评价智库战略优劣的一个重要标准，就是看其是否有助于实现智库长期的目标和保证长期利益的最大化。智库战略必须易于操作，要结合自身条件和环境状况来制定切实可行的战略。

4. 稳定性。为了可持续发展，智库战略一旦确定后，就要保持相对稳定性，经常改变智库的发展方向和总体目标将会产生无所适从的感觉，也就不成其为战略。

5. 风险性。智库战略管理的制定为公司的发展明确了方向，便于智库齐心协力地前进，但智库战略是一把“双刃剑”，也隐含着风险。其风险来源于三个方面：一是智库根据自己的历史和当前状态所做出的判断与决策是否正确；二是智库在未来战略管理期间所面对的环境变化产生不确定因素的多少和影响程度大小；三是智库面对环境的变化其自身适应能力的强弱。智库做出任何一项决策都存在风险，战略决策也不例外。要降低决策风险，比如：尽量做到市场研究深入，行业发展趋势预测准确，设立的远景目标客观，各战略阶段人、财、物等资源调配得当，战略形态选择科学，制定的战略就能引导企业健康、快速地发展。反之，仅凭个人主观判断市场，设立目标过于理想或对行业的发展趋势预测偏差，制定的战略就会产生管理误导，甚至给企业带来破产的风险。

6. 系统性。智库战略管理是一个复杂的系统，可以分解为不同层次的子系统。战略管理将长期目标和近期目标整合成一个连贯的层级。

智库战略管理有助于克服传统行政管理的局限，着眼于智库与外部环境的相互作用，系统考虑智库的未来愿景、长期目标和近期目标，将关注的焦点由内部转向外部，从注重日常管理转向智库未来的发展管理。这种智库与环境相匹配的思想成为现代战略分析的基础。战略管理提出了一条实现其理想的途径。智库在实现其理想的过程中，需要考虑形成议题的趋势和实践，对议题做出反应的行动以及那些促进或制约行动的政治和社会力量。智库发起战略管理以改变战略方向并推动组织朝理想迈进。智库战略一般包含以下几个部分：确定或反映智库的目标、意图等；规定智库从事的业务范围；确定智库的人力资源架构等。

战略管理对于提高智库整体绩效可以起到很大的作用。战略管理作为当代组织管理最重要的一个环节，其思想方法已得到广泛运用。在竞争越是激烈的行业，运用战略管理的组织也越多；组织规模越大，也越重视战略管理；当组织处于外部环境急速变动或面临重大转折之际，组织就非常可能从战略角度来重组企业。正规战略规划智库较非正规战略规划智库能较好地预见未来的发展，并大大降低兼并活动所带来的不确定性。智库战略管理过程，一般包括以下 9 个步骤。

1. 确定智库当前的宗旨、目标和战略。定义智库机构的宗旨在于促使管理者仔细确定智库产品和业务范围。对“我们到底从事的是什么事业”的理解关系到智库的指导方针。当然，管理者还必须搞清楚组织的目标以及当前所实施的战略的性质，并对其进行全面而客观的评估。

2. 分析环境。环境分析是战略管理过程的关键环节和要素。智库环境在很大程度上规定了管理者可能的选择。成功的战略大多是那些与环境相适应的战略。管理者应很好地分析智库所处的环境，了解面临竞争的焦点、法律法规对智库可能产生的影响等。其中，环境分析的重点是把握环境的变化和发展趋势。关于环境的信息可以通过各种各样的外部资源来获取。

3. 发现机会和威胁（Opportunity-threat）。分析了环境之后，管理者需要评估环境中哪些机会可以利用，以及智库可能面临的威胁。机会和威胁都是环境的特征。威胁会阻碍组织目标的实现，而机会则相反。

4. 分析智库的资源。这一分析将视角转移到智库内部：智库专家拥有什么样的研究能力？智库的资金状况怎样？在研究智库成果方面一直很成功吗？公众对智库机构及其智库产品质量评价怎样？这一环节的分析能使管理者认识到，无论多么强大的智库，都在资源和能力方面受到某种限制。

5. 识别优势和劣势（Strength-weakness）。优势是智库机构可资开发利用以实现智库目标的积极的内部特征，是智库与众不同的能力（Distinctive competence），即决定作为智库竞争武器的特殊技能和资源；劣势则是抑制或约束智库目标实现的内部特征。管理者们应从如下方面评价组织的优势和劣势：这些因素包括市场、财务、产品、研究与发展。内部分析同样也要考虑智库的结构、管理能力和管理质量，以及人力资源、组织文化的特征。管理者可以通过各种各样的报告来获得有关智库内部优势和劣势的信息。

6. 重新评价智库的宗旨和目标。按照 SWOT 分析和识别智库机会的要求，管理当局应重新评价智库的宗旨和目标。

7. 制定战略。战略需要分别在公司层、事业层和职能层设立。在这一环节组织将寻求组织的恰当定位，以便获得领先于竞争对手的相对优势。

8. 实施战略。无论战略制定得多么有效，如果不能恰当地实施仍不可能保证组织的成功。另外，在战略实施过程中，最高管理层的领导能力固然重要，但中层和基层管理者执行计划的主动性也同样重要。管理当局需要通过招聘、选拔、处罚、调换、提升乃至解雇职员以确保组织战略目标的实现。

9. 评价结果。战略管理过程的最后一步是评价结果：战略的效果如何？需要做哪些调整？这涉及控制过程。

三、智库协同合作

每个智库机构都是社会体系中的一个子系统，不是孤立存在的，而这样的类似子系统在社会体系中有许许多多。这些智库之间，以及与其他组织机构之间，要不断发生联系，并从中汲取所需的智库能力资源，甚至相互协作组合成新的智库机构形式，才能更有利于智库能力的发挥。当前，我国智库建设已经出现了一些智库协同创新现象，但还远远不够。对于具体智库协同创新形式，值得在实践中不断探索，比如：

1. 加强“条条”系统内的智库协同。也就是同一个行政系统内的智库机构协同问题。在行政管理模式上，中国具有典型的中央集权特征。相应地，这种模式通常会形成从中央到各级地方同类机构之间的“条条化”管理体制，特点是部门化、自上而下，就是我们通常所称的各种“系统”。当然，系统内的具体管理关系各自不同，有些属于垂直化管理，就是所谓的“直管”；更多的情况，属于自上而下的业务指导管理，行政上以地方“块块化”管理为主。这样的行政性系统普遍存在，不仅包括政府部门，也包括各类党群事业单位。在智库建设领域也是如此。比如：高校系统，党校系统，社科研系统；甚至政府部门的“条条”化体系，如各级各地的政府发展研究中心等。某个系统在开展智库建设时，往往会出现显著的统筹规划、协同推进现象。比如，2014 年教育部印发《中国特色新型高校智库建设推进计划》，统筹高校系统发挥战略研究、政策建言、人才培养、舆论引导、公共外交的重要功能，打造高校智库品牌，带动高校咨政能力的整体提升。

2. 加强区域内智库的协同。每个智库都有自己的视野定位。有的智库视野定位为国际，有的智库视野定位为全国，而有的智库把视野定位为本地区。具体区域的大小不同，大到跨省份的京津冀、长三角、珠三角等，小到省内或若干相邻的市、县。那么，诸多立足于为当地发展献计献策的智库，就可以开展区域协同创新。比如，京津冀协同发展上升为国家战略以来，立足研究这一时代课题的智库接连成立。那么，如何通过协同创新把这些智库联动起来，用好“外脑”，是一个紧迫的课题。在北京，中央单位集中，高校和研究机构众多，智力资源丰富，建设新型智库就要加强与部属高校、首都高校、科研单位和社会组织的合作，探索建立国家级智库、北京市属智库、高校智库和社会智库协同创新机制。通过整合各方研究力量，联手开展研究攻关，搭建党委政府与学界、学者与实践之间紧密互动的平台。[①] 又如，2015年11月，江苏省委办公厅、省政府办公厅印发《关于加强江苏新型智库建设的实施意见》的通知，对省内智库建设进行"统筹协调和分类指导，促进各类智库有序发展"。

3. 加强跨类型智库间的协同。根据各自特点和标准，可以把智库划分为不同类型。综合来看，国内外智库研究学者对于智库类型的划分依据通常包括：智库的研究专业知识类型，智库的隶属关系和资金、智库的预算规模，智库研究问题的导向类型，以及智库的政治立场倾向和意识形态。由于立足点以及具体划分依据和方法不同，西方在智库类型划分上往往与中国存在较大差异。比如，威弗根据功能把智库划分为以学术理论研究为导向的智库，接受合同委托研究的智库，倡导型智库。[②] 安德鲁·里奇将智库分为面向市场的、不面向市场的和合同研究三大类。[③] 麦肯根据智库中研究者的类型和智库的社会功能将智库划分成政党代言型智库、政策制定型智库、影子型智库、社会活动家型智库和学者型智库。[④] 而丁煌将智库划分为官方的智库机构、半官方的智库机构、民间的智库机构和大学的智库机构四类。[⑤] 汪延炯将智库分为单一课题组、合同制研究机构、大学的研究机构和倡导式思想库。[⑥] 薛澜、朱旭峰根据法律将我国智库划分为事业单位法人型智库、企业型智库、民办非企业单位法人型智库和大学下属型智库。[⑦] 笔者根据我国实际，主要从智库的组织形式、隶属关系和研究

---

① 参见林坚：《以协同创新助推首都新型智库建设》，《北京日报》2016年2月26日。

② 参见 Kent R Weaver. The Changing World of Think Tanks，*Political Science and Politics*，1989，pp. 563—578.

③ 参见 Andrew Rich，*Think Tanks*，*Public Policy*，*and the Politics of Expertise*，New York：Cambridge University Press，2004，pp. 88—92.

④ 参见詹姆斯·麦肯：《全球智库调查报告》，《外交政策》2009年第1期。

⑤ 参见丁煌：《美国的思想库及其在政府决策中的作用》，《国际技术经济研究学报》1997年第3期。

⑥ 参见汪延炯：《论思想库》，《中国软科学》1997年第2期。

⑦ 参见朱旭峰：《中国思想库——政策过程中的影响力研究》，清华大学出版社2009年版，第70—74页。

领域三个方面出发，对我国智库进行归类，主要有政府智库、高校智库、社会智库以及企业智库四类。应该说，每种类型的智库都各有其特点和优势，也有其短板。通过不同类型的智库间协同创新，可以实现优势互补。

4. 加强国际间的智库协同。关注全球问题、建设国际化智库成为全球主要智库建设的目标和方向。提出前瞻性、创新性的看法和主张，能洞悉世界发展的潮流是成功的智库的必备要素。智库全球化理念逐步加强，开始从对国别问题的关注转移到对全球化问题、全球共同治理等重大议题的关注上来。目前，国际上很多智库已经开始“拆围墙”，采取开放政策，通过实施国际化合作与研究，广泛建立国际合作网络，通过课题研究合作、召开国际会议、全球合作等，发挥智库对全球性议题的积极作用。国际智库更是坚持把“请进来”与“走出去”结合起来，通过内外互动提升自身影响力。如：美国兰德公司每月组织150名调研咨询人员参观访问外界的民间的军事科研机构，同时接待来自世界各地约400名同行和政治家的访问。为了能够提出符合实际需要的课题并收集足够的研究信息，美国智库往往都建立了自己的情报信息网络。比如，斯坦福研究所不仅在国内的华盛顿、纽约、芝加哥、休斯敦等大城市设有分支机构，在国外的伦敦、巴黎、苏黎世、东京、米兰、马德里、斯德哥尔摩等地也建有分支机构。这些为数众多、分布广泛的分支机构构成了斯坦福研究所的情报信息网络，它们不仅会为研究所提供充分的事实信息，而且也会在为研究所搜寻和获得潜在客户方面提供帮助。在国际交往中，我国智库应注重搭建国际交流平台，利用好国内外交流机会，借鉴和吸收国际智库研究成果，深度参与全球治理研究和政策对话，提升参与重大国际议题设置、国际规则制定、国际协商谈判的能力和水平。同时强化对外传播能力建设，在国际舞台上讲好中国故事，提升国际交往中心服务水平。

5. 加强智库跨部门的协同创新。这里的“跨部门”，指的是智库与非智库机构间的协同创新。其中，最重要的智库跨部门协同创新，体现在智库机构与政府部门之间。政策科学创立者、美国学者哈罗德·D. 拉斯韦尔（Harold D. Lasswel）认为，作为政策科学基本规范之一，政策科学是一个需要专家学者和政府官员共同研究的学问，后者的实践经验对于政策科学的发展具有重要的意义。因此，智库开展政策研究必须注重与政府部门、政府官员的合作。实际上，政府对于智库的意义远不止于此。政府是智库研究的需求方，政府决策需求是智库开展相应研究的原动力。通过相应渠道使得政策研究成果对政府决策产生影响，是智库研究的最终归宿。另外，政府还往往是智库研究的重要资金来源和信息来源。实践中，智库与政府间的协同创新，推动者不仅是智库，还可能是政府部门。也就是说，智库和政府部门都可能彼此寻求与对方的合作。当然，智库的跨部门协作不仅仅发生在智库与政府之间，还发生在智库与企业之间，智库与教育、培训、研究机构等之间。

四、智库项目管理

研究项目是维系智库生存和发展的重要基础，而项目管理是智库管理的核心。加强智库的项目管理，提高智库的项目管理水平，是提升智库竞争力的重要方法。在现代决策咨询面临的是一些综合性强、复杂程度很高的项目，没有长期广泛深入地调查和持续滚动的研究，很难为决策者提供完整准确的信息和比较全面的备选方案。短期的、一次性的研究，写出一份报告或一纸备忘录送到一位决策者办公桌上便告结束，这种咨询方法对决策不会有多大作用。那种临时召集专家开一两次会议，写一份报告的做法，有如用专家临时“拍脑袋”去代替领导的“拍脑袋”。

项目管理的应用从 80 年代仅限于建筑、国防、航天等行业，迅速发展到今天的计算机、电子通信、金融业甚至政府机关等众多领域。项目管理是项目的管理者在有限的资源约束下，运用系统的观点、方法和理论，对项目涉及的全部工作进行有效的管理。即从项目的投资决策开始到项目结束的全过程进行计划、组织、指挥、协调、控制和评价，以实现项目的目标。项目管理内容丰富，具体包括：

1. 项目范围管理：为了实现项目的目标，对项目的工作内容进行控制的管理过程。它包括范围的界定、范围的规划、范围的调整等。

2. 项目时间管理：为了确保项目最终的按时完成的一系列管理过程。它包括具体活动的界定，如活动排序、时间估计、进度安排及时间控制等项工作。

3. 项目成本管理：为了保证完成项目的实际成本、费用不超过预算成本、费用的管理过程。它包括：资源的配置，成本、费用的预算以及费用的控制等项工作。

4. 项目质量管理：为了确保项目达到客户所规定的质量要求所实施的一系列管理过程。它包括质量规划、质量控制和质量保证等。

5. 项目人力资源管理：为了保证所有项目关系人的能力和积极性都得到最有效的发挥和利用所做的一系列管理措施。它包括组织的规划、团队的建设、人员的选聘和项目的班子建设等一系列工作。

6. 项目沟通管理：为了确保项目的信息的合理收集和传输所需要实施的一系列措施。它包括沟通规划、信息传输和进度报告等。

7. 项目风险管理：涉及项目可能遇到各种不确定因素。它包括风险识别、风险量化、制定对策和风险控制等。

8. 项目采购管理：为了从项目实施组织之外获得所需资源或服务所采取的一系列管理措施。它包括采购计划、采购与征购、资源的选择以及合同的管理等项目工作。

9. 项目集成管理：指为确保项目各项工作能够有机地协调和配合所展开的综合性和全局性的项目管理工作和过程。它包括项目集成计划的制订、项目集成计划的实施、项目变动的总体控制等。

国外著名智库在项目管理上都建立了一套严密的立项与研究程序。智库要提供高质量的决策知识，就必须尊重科学，采取科学、规范的咨询研究方法和程序，这就要求对知识产品的生产创造过程进行管理。以大西洋理事会为例，它共有 8 个项目研究室，12 名高级研究人员和 26 名永久性雇员。其中，8 个研究项目办公室每年做 40 个项目。项目主任从课题意向开始就要制定完整的计划，包括项目设计、每个阶段的预期目标、经费支出、经费来源、参与人员以及经费申请落实等。经费预算一旦到位，项目主任就成为真正的主任，一切由他负责直至项目最终完成。如果申请不到经费，则项目主任就会被解雇。[①] 智库项目研究通常遵循“委托项目—研究—评审—发布”的模式。前者一般为智库自己独立选题，后者为委托项目的运作模式。

有些智库除了委托式咨询，还就一些热点问题开展独立选题研究，一般遵循“选题—筹资—研究—评审—发布”的模式。如：兰德公司，除了大部分根据长期合同和政府预算来安排的政府项目外，兰德公司还自主选择部分有意义或会造成重大影响的项目[②]。有些智库为了追求其观点的中立和独立性，会要求其研究资助者不能干涉其研究成果中的观点，他们通常会在每年某月确定下一年的研究项目计划，然后寻求资金支持，再开展研究。一些独立型智库甚至明确规定每个资助者的最高资助金额，以防止项目研究成果明显偏向于项目资助者。例如，亚当·斯密研究所就规定每个企业捐赠者每年捐赠额度不得超过5万英镑。

在选题阶段，海外发展研究所等较大的智库通常会成立选题小组，成员为智库内每个研究部的领导或权威，对资深研究员们提议的项目题目和计划进行评审，最后根据计划研究项目数量做出决定。政策研究中心和改革研究所等一些小的智库则直接由智库的一把手决定选题。一些有党派或政府背景的智库在选题时还会听取议员、政府官员的意见，以便提高研究的实效性和针对性。原兰德总裁赖斯认为：发现、找出什么是需要加以研究和咨询的问题，是研究过程中的一个极为困难和关键的部分，这需要委托者与研究组织之间自一开始就建立一种宽容的、熟悉的联系。理解和做到这一点，对于研究工作的成功是十

① 参见中国社会科学院赴美考察团：《关于美国社会科学研究机构的考察》，《社会科学管理》1998年第3期。

② 参见安淑新：《国外智库管理运行机制及对我国的启示》，《当代经济管理》2011年第5期。

分重要的。

在项目研究阶段，一些大的研究所有时也会邀请外部专家参加对国际问题方面的研究，他们会通过与国际组织合作研究，以提升资源共享性并传播自己的理念。例如，海外发展研究所一半的项目是与国际组织合作的，在项目研究阶段双方研究人员就已进行了充分交流，并且逐渐相互熟悉，在以后的会议或项目研究中还会保持交流，这些都非常有利于该研究所的理念传播和这些国际项目成果的应用。

在项目评审阶段，一些小的智库直接由智库内部相关领域资深专家审查，而一些较大的智库，则很注重研究质量，执行严格的评审机制。例如，海外发展研究所通常邀请所外的同行专家担任项目评委，其意见以匿名形式反馈给研究所。评审标准主要包括：研究成果是否具有科学依据，论证是否充分；研究报告的陈述是否有效；结论是否客观公正等。兰德公司对于每一项研究计划，通常都聘请两位未参与该研究计划的资深研究人员作评审员，负责计划开始后的期中审查和计划临近结束时的期末审查，以判断其是否达到了兰德公司的工作要求。研究小组写出研究报告初稿后，评审人进行预审，并写出评审意见。研究小组则要对其批评意见做出回答，或者接受评审意见并进行修改；或者不接受评审意见并给出自己的解释理由。最后，研究小组写出最终研究报告，请委托人鉴定。①

在项目成果的发布阶段，智库常会邀请大众传媒（包括报纸、广播、电视、网络），开个小型发布会，对其成果进行报道。当一些研究项目组中缺乏知名的研究人员时，有的研究所还会邀请该领域的知名专家点评、推介，以达到更好的宣传效果。英国的智库，尤其是独立型智库，非常注重利用媒体宣传自身，以增强其对政府官员、议员以及公众的影响力②。

我国智库项目管理的主要障碍是与传统科层式组织架构存在冲突。

① 参见邹逸安：《国外思想库及其成功的经验》，《中国软科学》1999 年 Z6 期。

② 参见戴慧：《英国智库的管理方法、研究方法及启示》，《中国经济时报》2014 年 1 月 28 日。

在欧美国家，这种矛盾大多采用纵向的学科知识与横向的研究项目相结合的矩阵研究机制（Matrix Structure）来解决。这个机制纵向是直线主管组织将所有的研究人员按照他们所学知识的学科类别分组；横向是按照研究课题成立研究小组。在运作研究课题时，从按学科划分的各小组中抽调研究人员组成课题的研究队伍，进行跨学科综合性研究，从而形成一种矩阵结构。德国智库就是采用这种矩阵研究机制的典型。矩阵研究机制的好处是兼收了直线主管组织和横向协作组织的长处，既有利于整个智库的有效管理，同时又符合智库需要多学科专家共同协作的特点，因而它成为现代智库的理想结构形式。

比如，兰德公司就采用了这种矩阵研究机制，充分利用研究人员来自不同领域、不同地区的优势，注重进行多学科交叉合作研究。美国兰德公司实行“理事会”领导下的总裁负责制，像一般企业一样设有分管财务、主营业务、外部关系、人力资源、教育培训等事务的副总裁；同时又按照业务线设置了分管各个研究领域、研究项目或研究中心的副总裁或主管。兰德公司有关社会政治经济问题的研究由 5 个部门共同执行，并在美国和海外同时进行，有关国家安全和政策的问题由 3 个研究和开发中心执行。针对一些不同性质的课题，兰德公司会根据研究需要，从不同研究部门中抽选合适的研究人员组成课题组，共同对某一具体问题或领域进行合作研究，使用多种不同学科的理论、方法和概念进行综合研究分析，集思广益、取长补短、发挥互补优势，这种内部的分工协作发挥了团队的合作精神，提高了效率和资源的有效利用，强化了兰德公司的研究能力和分析能力。理事会是兰德公司的最高决策机构，由 27 人组成，包括美国政府和军队前高官、律师、记者、工商界人士等，也包含美国以外人士，如瑞典前首相比尔·卡特尔。在矩阵式管理结构中，兰德的研究人员一方面在研究部框架下接受行政管理和支持，另一方面根据不同研究项目的需要灵活流动和组配，建立多元化的团队，让不同的声音交融，开展跨领域、跨学科研究。这种矩阵式管理结构实现了“行政事务”和“研究工作”的有效区分，人力资源、财务管理和项目管理的有效协调，基础研究和应用研究的有效互补①。

五、智库选题管理

全球化竞争和发展是现代智库呈现的新特点，全球智库已进入发展新时代。② 知名智库一般围绕着自己的核心研究领域，根据当前国际社会和本国的经济社会发展面临的重大政策问题确定自己的研究选题。一般来说，除了一些特色项目的中长期跟踪研究外，智库应有意识地在以下领域选择重大选题：③

1. 全球性问题的研究。随着全球化浪潮的进程加快，一些事关全人类共同命运的全球性研究议题（如能源问题、环境保护问题、消除贫困、全球气候变化、可持续发展等）正在成为国际智库研究的新热点。如：日本的亚洲经济研究所将可持续增长与发展、消除贫困、和平与安全作为其研究任务的三大支柱；英国外交政策中心将能源问题列为其重要研究计划，以西方的观点和新生力量如中国、印度和俄罗斯的观点来看待全球能源问题；布鲁金斯学会重点选题中包括塑造全球经济的动力、脱离贫困之路等内容；美国未来资源智库长期以来一直关注环境、能源和自然资源问题，近期的选题也将继续关注污染控制、能源政策、土地和水的使用、危险的排泄物、气候变化、生物多样性和发展中国家的环境挑战等问题。

2. 热点地区问题的研究。在地区研究方面上，当前的一些国际热点地区始终是国际知名智库的研究热点，特别是中东地区几乎是所有研究国际问题智库都密切关注的重要研究选题。英国的外交研究中心对中东地区有两个大型研究项目，一个项目是"文明计划：为中东改革提出西方的策略"，这一项目旨在为中东政治改革提出策略；另一个

① 参见王铮：《美国兰德公司的运营特点与发展态势》，《智库理论与实践》2016 年第 1 期。

② 参见洪民荣、权衡：《全球智库发展新趋势》，《解放日报》2013 年 8 月 22 日。

③ 参见李安方：《当前国际知名智库的科研走势》，《学习时报》2013 年 7 月 29 日。

项目是“伊拉克之后的新国际主义和世界秩序”，主要研究伊拉克冲突之后国际社会如何建立一个基于多边规则的秩序。布鲁金斯学会地区项目包括中东危机和外交、伊拉克重建、应对东北亚的挑战、与印度和巴基斯坦打交道、达尔富尔的形势等内容。欧洲的一些智库还将区域研究的重心放在非洲的一些冲突地区，如埃塞俄比亚和索马里的反贪污管理、南非的石油和天然气、西非政治和安全、几内亚海湾石油输出国等研究项目。

3. 社会政策问题的研究。传统的智库研究领域主要关注军事、外交、政治领域，特别是一些保守派别色彩浓厚的智库，往往热衷于研究大国关系、国际局势、军事态势等事关国家生存的政治性议题。但随着当前国际政治形势总体上趋于稳定，全球经济发展和社会问题风险的不断积累，一些与世界各国繁荣与发展密切相关的社会政策议题逐渐被提到国际智库的研究议程上来，并且开始占据越来越重要的地位。这些社会政策议题通常是以改善弱势群体和广大民众的生活状况为目的，以排除分配过程中的弊害促进社会发展，如妇女权利的保护、社会福利与社会保障、文化教育公平、医疗卫生、城市贫民的住房保障、人口政策、劳动与就业、食品安全等。有些智库已经开始将社会政策作为其核心研究领域。如：德国的阿登纳基金会近年来非常关注社会政策领域的研究选题，美国就业研究学会以研究失业的影响和提出减轻失业的措施为己任。

4. 新兴大国的研究。新兴大国的崛起往往会对国际格局产生影响与冲击，也会对现有大国的政治经济利益产生重大影响，因此，对新兴大国的研究一直是国际智库的重点研究领域，特别是欧美国家从事国际战略问题研究的大型智库，近年来纷纷将新兴大国列为重要研究对象。在新兴国家中，中国和印度往往又处于国际智库研究的核心位置。如英国的外交政策中心近年来分别成立两个项目组，对“中国和全球化——描绘中国在未来世界中的远景”“印度和全球化——印度在未来世界中的远景”进行研究。美国各大智库近期也纷纷推出中国项目，探讨研究“中国崛起”对中美关系和亚太地区的政治、经济、安全的影响。布鲁金斯学会重点研究项目中就包括“新大国的崛起”，在美国各大智库中首推中国项目，该项目旨在探讨中国转型和兴起的内在动力，分析中国崛起带来的机会与挑战，并为政策制定者提出建议。卡内基国际和平基金会从2006年起，连续举办为期一年的“重塑中国政策”系列辩论会，辩论议题涉及中国的政治体制和经济发展、台湾问题、中国军事现代化、中国在亚洲的地位、中美贸易问题、温室气体排放、能源、反恐等方面。日本智库纷纷组织力量开展有关中国与印度等新兴大国的研究。如日本的经济产业研究所（RIETI）甚至专门设立中文网站，开展对中国中长期经济发展和政治变动、企业改革、政治体制、农村改革与农村生产结构、资源与环境制约下的经济可持续等问题的研究。

六、智库传播管理

智库首先需要有高质量的研究成果，否则就失去其生存发展的基础条件。而当智库有了好的成果，还要善于宣传。通过经常和有效的宣传，智库的专业形象才能被广泛认可，智库的信誉才会不断提高，智库的客户才会慕名而来，智库的生存空间也会更广阔。没有高效传播，就没有智库成果影响力的最大化。完善的智库成果传播、转化、应用机制是智库助力政府提升决策水平的助推器。智库决策咨询的最终目标和最终价值在于改进决策水平，提高决策质量。因此，能否构建多渠道的成果推销机制，努力提升智库的社会影响力是智库是否成功的主要标准之一。美国智库通过多渠道、全方位推广传播研究成果，起到了广泛的效果和作用。

实际上，智库都在竭力采用各种方法追求智库舆论影响力的最大化。智库作为生产策略和思想的工厂，其主要的目标受众是政府决策者和社会公众。进入21世纪，随着网络的快速发展和信息传播的全球化，智库更应与时俱进，竭力强化其研究成果的传播力度，积极采取各种方式和渠道加大自身的影响力。通过人际传播、组织传播和大众传播等，扩大智库的舆论宣传。如借助“旋转门”机制赢得官方的重视支持；通过智库协会、行业组织，甚至官方团体等传播智库的研究成果和案例效果；通过各种传播媒介，如纸媒介、电子媒介等，拓展新型的传播途径，引导舆论助推智库的影响力。

中国智库在发展的同时，应该善于展现自我，加强与各方面的交流，与媒体交流、与网络交流、与国内的企业和广大受众交流、与国际上的同行和各种传播机构交流，逐渐融入全球化的潮流中，与国际咨询业对话，并在国际上争夺话语权，努力建立自己的良好形象和公信力。中国在硬实力方面已日益受到重视，也应该在软实力方面有所表现，而在智库方面，更应该让世界关注和认可。大国的崛起，也要输出软实力，需要拥有具有国际影响力的知名智库。

智库的主要传播方式有人际传播、组织传播和大众传播。在大多数情况下，三种传播方式可以同时采用，互为补充和促进。人际传播有助于研究成果直接影响决策者，组织传播和大众传播担负着议程设置和塑造公共舆论的作用，从而间接影响决策者。所谓人际传播是指在传播思想的过程中主要依靠个人关系网。组织传播是智库传播其研究成果的另一个重要方式，通常就热点外交政策问题举办大型的公开会议，邀请专家进行讨论，或者宣布研究成果。除此之外，还可以举办各种中小型的会议，受众仅限于被邀请的特定人士，会议内容不对公众开放。通过组织传播，智库可以为社会公众、决策者、专业人士构建一个意见交流的平台，同时也为决策者提供一个接受外交政策教育的基地。

不必讳言，在我国当前智库建设中，智库成果传播渠道仍然比较单一、封闭。其中，各部门、各层级的“内参”呈送成为智库成果传播的主要形式。相对来说，国外智库成果传播途径更加开放、多元。以美国智库为例，智库发挥社会影响的渠道主要有以下几个，可为我国智库成果传播建设提供借鉴。

1. 研究报告。通过出版著作或提出专题研究报告来影响公共决策是美国智库发挥社会影响的传统渠道，也是一条最为重要的渠道。这些著作或研究报告既有个人的著述，也有集体的著述，而后者往往是为期数年的研究项目的最终结果。比如说，1957 年美国对外关系委员会成员基辛格写出《核武器与对外政策》一书，提出了“有限核战争”的思想，从而使肯尼迪政府改变了“大规模报复战略”而采用“灵活反应战略”。20 世纪 80 年代，胡佛研究所出版了《80 年代的美国》一书，全面反映了保守派对美国国内外问题的看法，在亚洲政策上提出了“平衡战略”的建议，认为美国不应从亚洲撤军，也不要与日、中组成反苏统一战线，而应在亚洲各种力量中维持均势，这一建议后来成为里根政府亚洲政策的主线。①

2. 出版物。发行和传播出版物既是智库扩大影响的主要方式，也是其收入的重要来源之一。美国智库的出版物有多种类别。主要有：(1) 期刊。美国各大智库大都出版一份定期专门刊物，以供发表本智库研究人员的最新研究成果，或者邀请美国政界、外交界、学术界的重要人物发表看法，从而在社会舆论和学术思潮方面影响美国外交政策。如对外关系委员会主办的《外交》、卡内基国际和平基金会的《外交政策》、战略与国际研究中心的《华盛顿季刊》、布鲁金斯研究所的《布鲁金斯评论》、兰德公司的《兰德经济学杂志》等，都颇有影响。(2) 工作论文。除了正式刊物以外，各大智库还推出各种工作论文和讨论论文，以加强和扩大自己在学术界的影响。(3) 快报 (Briefs)。即篇幅较短的政策分析报告或研究报告，旨在以比较快捷的手段就当前重要政策问题发表本机构研究人员的见解，引导公众和舆论。(4) 年度报告 (Annual Report)。旨在总结和展示一年来本机构各方面的工作、活动和财务收支情况等，并向外界宣传介绍自己的研究工作以及未来的研究方向。

3. 国会听证会。由于美国的政治架构是三权分立，总统的每一项重大动议都必须获得国会的批准，而国会议员对许多问题并不熟悉，需要借助智库的专家提供政策咨询；同时，参众两院作为美国的立法

① 参见张继业：《思想库与美国对外政策》，《国际论坛》2001 年第 5 期。

机构，也经常就各种专题召开听证会。因此，国会听证会这种场合往往成为各智库展示其影响力、影响政府决策的重要舞台。该会专门设有负责国会关系的部门，同国会议员及其工作班子保持着密切的联系，并通过协助制订议案等活动来影响国会决策，以实现保守派的思想主张。在关于给予中国最惠国待遇的辩论中，美国多家著名智库曾在美国国会参议院联合举行讨论会，就给予中国永久正常贸易关系地位问题进行公开辩论，在敦促国会给予中国永久正常贸易关系地位上发挥了重大的影响。

4. 咨询。美国的大型智库，特别是经济类智库大都把为企业提供咨询作为其影响社会的一项重要活动。一方面，智库为企业提供咨询服务，可以扩大其社会影响，加强它与美国企业界的联系，并从企业界获得充裕的经费资助；另一方面，美国企业界也希望借助智库来反映自己的需求，并通过智库加强它与政府机构、媒体的联系。

5. 媒介发表。这是美国智库发挥社会影响的一个重要渠道。一般来说，美国智库的精英们往往通过在电视、电影等大众媒体中的频频亮相，通过媒体强有力的听觉和视觉效果，引发公众对于特定时政问题的关注，引导社会舆论；另外，通过引导全民关注来形成有利于决策者采纳其政策主张的公众舆论导向，进而影响美国内外政策。美国智库大规模介入大众传播媒体是 20 世纪 70 年代末期的事情。思想倾向上相近或一致的智库和媒体还会形成机制化的网络，互相促进，互为支撑。例如，在海湾战争最初的 48 小时，美国的各大智库成员就屡屡出现在诸如 CNN 早间新闻等大众强势媒体，向大众推销其战略构想，进一步促使政府形成中东政策的一致；① 美国企业研究所每月组织“政府政策讨论”专题节目，由 600 多家广播、电视台向外播送；布鲁金斯学会也利用数百家电视台、广播电台举办类似的宣传活动。

6. 承担政府委托课题。智库要对政府决策发挥影响，一条最直接的渠道就是承担政府的委托研究课题，从而将自己的政策主张直接反映给

① 参见张继业：《思想库与美国对外政策》，《国际论坛》2001 年第 5 期。

相关政府部门。兰德公司认为，同政府的这种传统的、长期的业务关系，不仅不会损害兰德所一贯坚持的客观性和独立性原则，反而是兰德的研究工作取得成功的秘诀之一。因为重视与决策部门保持密切的联系，会使智库及时了解政策制定和实施中遇到的实际问题，使自己的研究工作能“紧紧跟上国家的决策进程”。这是因为，一方面，与决策部门保持密切联系无疑能使智库的选题以及研究导向更切合实际，更能得到决策部门的理解和支持，从而保持研究成果的高质量和赢得良好的声誉。只有智库获得了良好的声誉，才能进一步保持其工作的独立性和影响力。对于政府来说，这样做，政府的决策就更为成熟，研究的成果就更有价值和具有可操作性。另一方面，智库如果没有客观、独立的见解，它的工作对于决策者来说就毫无价值，它自己的存在价值也就无从体现，因而也就失去了对于社会大众的吸引力和影响力，其社会捐助额也会出现大幅度的下降。决策咨询研究往往不能取得实效的原因之一，就在于决策与咨询的脱节。因此，寻求沟通与理解，建立起有效的合作程序与方法，是决策和咨询部门中亟待解决的问题。

7. 会议演讲。在美国，智库最经常的活动就是召开大大小小、各种各样的讨论会、专题研讨会、纪念会、答谢餐会等。智库和政界人士通过这种方式既可以达到互通信息、交流思想的目的，又可以联络感情、增进相互了解。对于智库来说，它们可以及时地了解到政府的政策走向，从而使其研究同步甚至超前于这种走向，并使自己的政策理念在不知不觉之间传递给了政府相关决策人员；对于政府官员来说，它们可以及时从智库汲取研究成果，从而启发自己的思路、开阔自己的视野。不仅如此，在某些特定的场合，这些活动往往会吸收与会者的不同观点与政策主张，并在此基础上形成主导性的意见和建议，以发表会议报告或出版图书的方式向社会推介。有时，在思想倾向上相似的智库还会联合召开讨论会，以抬高声势、扩大影响。

另外，邀请外国领袖和著名学者发表演讲、参加讨论或参加国际合作研究项目，也是美国智库扩大其社会影响的一种重要方式。美国对外关系委员会研究计划中一项不间断的活动就是请外国著名领袖发表演讲。从1959年6月到1974年8月间，总共有59个国家的总统、首相、总理或外长在对外关系委员会发表演讲。与此同时，美国肯尼迪、约翰逊和尼克松政府的几十名官员，也先后到对外关系委员会发表演讲。这些活动，使美国智库成为一个具有世界影响的聚会场所，[①]其对决策层的影响力也随之加大。

8. 与政府和企业的人员交流。美国智库对决策发挥直接影响的另一种方式就是直接将智库的精英安排到政府机构任职，使研究人员从政策分析家蜕变成为决策者。美国人称这种方式为“旋转门”现象，智库核心成员成名之后被吸纳到政府决策部门，直接作用于美国的内外决策。比如，基辛格在对外关系委员会效力多年后，在尼克松时代便出任了总统国家安全事务特别助理；而原先政府决策部门的官员在退出政坛后，往往会在智库找到发挥余热的机会，美国前总统尼克松因“水门事件”辞职后自创智库——尼克松基金会，继续对外交政策施加影响。通过“旋转门”作用，学界和政界、思想和权力之间得到通畅的交流，从而有效地保证智库对美国对外政策施加影响。由于智库成员与政界要员往往有着千丝万缕的联系，“旋转门”现象更使这种关系紧密化。[②] 比如，在1982年中美“八一七”公报发布以前，兰德公司研究人员一日三次与国务院、白宫通电话，了解最新情况及其进展。1972年尼克松访华以及1983年舒尔茨访华前，都曾经向兰德公司有关研究人员征求过意见，而且公司研究人员还不时陪同政府官员及军方要人出国访问。至于智库著名专家担任企业高级顾问的事件更是屡见不鲜。

9. 发表声明，直接对政府决策施加影响。比如，2001年“9·11”事件以后的第8天，位于华盛顿的美国战略与国际研究中心就向布什政府提出了发动反恐怖主义战役的七点精确建议。[③] 从后来的发展趋

① 参见田立志：《试论思想库对美国外交政策的影响》，《世界经济与政治》1997年第5期。

② 参见张继业：《思想库与美国对外政策》，《国际论坛》2001年第5期。

③ 参见《美国思想库给白宫的七点反恐怖建议》，中国网2001年11月2日。

势看，布什政府的反恐政策与战略基本上是按此进行的。

10. 与大学的联系。长期以来，美国智库与大学之间不仅保持着密切的学术联系，而且有着密切的人员交流关系。且不说附属于大学的智库，即使是独立智库与大学之间的联系也是极为密切的。比如，智库的著名专家经常应邀到大学进行学术演讲或者开设课程，而大学教授也经常到智库参加学术会议，或者进行联合研究。事实上，由于智库的预算并不是非常充裕，专职研究人员相对较少，因而许多大学教授应邀参与智库的研究工作，并且充当兼职研究人员，承接委托课题；同时，独立智库实行的实习生制度，实际上就是加强大学与智库联系的一种重要方式，其目的在于让学生，特别是研究生了解智库的工作及其运作方式，并且从中延揽优秀人才。

特别值得强调的是，近些年来，网络媒介以其信息传播的快捷、互动、全球化成为许多智库全球传播战略中的重要一环。而我国互联网行业发展并不落后于欧美国家，这就为推进我国智库传播提供了一个很好的机遇。智库应投入更多资金用于网络的设计、维护和更新。在网络上，受众既可以阅读智库的政策报告、购买书籍，也可以收听、收看智库举办的会议以及学者在各大电子媒体上接受访问的录音或者录像。受众只要注册为会员，就可以定时收到智库发送给他们的免费最新政策信息和会议举办的邀请信息。智库网站可以允许访问者免费下载所有的研究资料。除此之外，智库网站上可以公布管理层的成员名单和所有学者的名单及其联系方式，受众可以非常方便地与这些学者进行直接沟通。另外，可以推出英文网站，提升智库在全球的品牌知名度和政策影响力。

七、智库经费管理

经费是智库的“血液”，是智库赖以生存的根本，经费筹集和使用是智库管理的核心内容。

不同国家的智库经费来源结果往往大相径庭。以美国为例，其经费来源包括公司团体、基金会、政府、个人的捐赠、本机构的基金收入等多个筹集渠道。其中，以基金会以及企业和个人的捐赠为大宗。越是名气大、影响大的研究机构，它们在获得捐助方面就越是处于有利地位。例如，2013年，战略与国际研究中心总收入为3230万美元，其中公司资助为32%，基金会捐赠为29%，政府捐赠为19%，个人捐赠为9%，其他收入为6%，慈善捐赠为5%。2015年，布鲁金斯学会的业务收入达到9588万美元，经费来源主要包括政府拨款（86%），基金会、公司、大学及研究机构以及个人的捐赠（10%），教育培训收入（5%），出版物收入（2%），其他杂项收入（2%）等。多元化的、充足的研究资金来源，既保证了研究的资金支持，也有利于免受利益诱导而丧失研究的独立性和灵活性①。

英国智库研究的资金来源有政府资助、欧盟资助、企业、个人和慈善机构捐赠、研究委托等。有的还有版权收入和会费资金。由于强调独立性并要向资助者表明资金使用恰当、有效，有的智库会对捐赠者设置最高捐赠额，或向捐赠者公示其资金使用情况、财务状况。有的独立型智库还向公众公示以证明其观点未受到捐赠者直接影响。英国的独立型智库一般要求资助者不能干预其研究观点，资助者资助只是因为他们认可该智库的理念②。

法国智库资金的主要来源包括政府、社团捐献、出版物销售、合同研究（为企业或相关私营机构提供咨询和专题研究）、地方或州政府、会员费、会议资金、教学培训等。来自政府的资金，主要是对政府提出的项目的研究而获得的劳务报酬。除官办智库大部分来源于财政支出外，独立型智库大都来源于法国的主要企业与政府部门。企业或社团捐赠也是一部分智库获得资金来源的渠道。这些企业大多是大公司、大企业、大财团，捐赠行为既是它们承担企业社会责任的体现，也是提高自己公众影响力的有效手段。名气越大、影响越大的研究机

---

① 参见刘恩东：《美国智库建设的启示》，《学习时报》2014年5月19日。

② 参见戴慧：《英国智库的管理办法、研究方法及启示》，《中国经济时报》2014年1月28日。

构，在获得捐助方面就越是处于有利地位。例如，法国国际关系研究所的资助者有许多法国大公司和欧美大公司，几乎所有入选巴黎指数的大公司都对它进行了资助。法国的智库也通过出售出版物作为资金来源的一部分。出版物包括刊物、独立分析专题报告、时政短评、政策综述等不同种类的文献资料等。法国智库大多与企业具有密切的关系，在为政府开展研究的同时也为企业开展咨询研究，并建立会员制，通过会员制来收取一定费用①。

日本智库经费来源渠道主要有六大类型。② 一是经费全部或绝大部分源于政府。直接隶属于政府及各省厅的研究机构，其经费预算均由国家提供，经费充足。这类机构除政府下达的研究任务外，也展开独立研究。而属于半官方机构性质的独立行政法人形态的智库，其绝大部分经费来源于国家预算。二是全部或绝大部分由企业出资。日本在 20 世纪 80 年代中后期到 90 年代初期，金融、生命保险、制造商、地方银行等一系列的智库进入一个“井喷期”。这类民营智库是日本智库中的主体，其特点是一家企业或多家企业为其股东，实行企业化运作。三是以会费以及捐款为收益。一些特定非营利活动法人（NPO）智库组织主要以社会赞助为其收益主要来源。四是以委托研究费、调研费及相关出版物的收益为主。大多数以一般财团法人为组织形态的地方银行系智库为其主体，这些智库通过接受委托研究、自主研究、调查研究等形式为地方的经济、社会、文化等为地方自治体的发展提供智力支持。五是以基金收益为主。六是以办公楼收益为主，机构的研究、活动经费全部来自于市政会馆的租户和租借会场所带来的收益。

智库具有多元化、多渠道的资金来源，是确保智库运作的独立性和灵活性的重要基础。智库不能仅仅依靠研究成果的发行去支付研究项目所产生的费用，慈善家、基金会、公司和政府的资金支持才是智库能够生存的关键。但对于智库来说，想获取赞助也不是轻而易举的

① 参见国务院发展研究中心公共管理与人力资源研究所“国外智库管理体系研究”课题组：《与政府关系密切的法国智库》，《中国经济时报》2013 年 2 月 27 日。

② 参见程永明：《日本智库经费来源渠道研究》，《人民论坛》2014 年第 3 期。

事情。在20世纪70年代的美国，由于缺乏资金来源，大多数智库都是依赖政府的支持和领导。这种资金来源的局限性影响了智库研究的独立性，因此，如何扩大自己筹集的渠道，是智库能否走向成功的关键。

相对而言，我国智库经费来源比较单一，主要来自国家财政拨款。其原因，和多数参与智库建设单位属于体制内机构有关。在第一批25家国家高端智库建设试点单位中，对于中央国家机关、中央军委、中央企业以及科研机构和高校等行政事业单位下属的智库，资金来源首先是国家财政拨款。其次，是通过承担党政机关、企事业单位委托的研究课题和咨询项目获取资金。最后是通过销售研究报告、图书、自办的期刊等获取一定的资金。有些高校智库可以获得企业和个人（如校友）的捐赠。体制内的智库基本上是全额拨款单位，有的是差额拨款单位。对于社会智库，则首先靠承揽党政机关、企事业单位委托的研究课题和咨询项目获取资金，其次是销售研究报告，最后是通过举办会议活动获取企业的赞助。社会智库基本上是自收自支。

因此，各级政府应研究制定和落实支持智库发展的财政、金融政策，探索建立多元化、多渠道、多层次的投入体系，健全竞争性经费和稳定支持经费相协调的投入机制。根据不同类型智库的性质和特点，研究制定不同的支持办法。落实公益捐赠制度，鼓励企业、社会组织、个人捐赠资助智库建设。

财政拨款为主的经费来源渠道，决定了智库研究项目往往以课题申请与立项的形式开展，容易导致经费管理弊端。因此，改革智库部门的资金管理机制，成为当前新型智库建设过程中的热点话题。现行智库研究机构因属于政府事业单位，其资金取得与运用严格执行政府机关的财政资金管理制度，严重束缚智库运转，限制了许多工作的开展。研究人员从事研究工作和进行田野调研的很多费用无法报销或有限度报销，越是到一些偏远地区农村调研的吃住费用，由于没有票据越是难以报销。智库人员调研、查资料、约谈、评估以及使用社会科学分析工具等都需要支付费用。在目前研究经费保障缺位的情况下，很多人都有自费开展研究的经历，至于在科研创新活动中的合理人力资源回报就更无法保障。

对此，科研人员呼吁，调整和修改类似哲学社会科学课题专项经费管理办法，解除行政管理部门对智库资金运转的非科学管理束缚，尽快采用国际智库通用的智库成果购买制的办法，解决经费和个人的人力资源付出补偿问题。购买制就是政府和社会组织出钱购买智库成果，至于购买资金如何使用则与购买方无关，至多就是分期支付资金，即先期预付一部分，交付成果后支付全部。另外，国家确立智库人员隶属关系、完成规定目标考核支付基本工资之外，还要根据实际情况，对完成基本工作基础上超负荷工作给予补助。总之，应该把智库与一般的政府职能部门加以区分，制定和实行符合智库行业特点的专门的资金管理制度。

实际上，近期系列政策精神已经将成果购买制列为智库经费管理改革新方向。《中共中央办公厅、国务院办公厅关于加强中国特色新型智库建设的意见》提出建立政府购买决策咨询服务制度，加大资金投入保障力度。研究制定政府向智库购买决策咨询服务的指导意见，明确购买方和服务方的责任和义务。凡属智库提供的咨询报告、政策方案、规划设计、调研数据等，均可纳入政府采购范围和政府购买服务指导性目录。建立按需购买、以事定费、公开择优、合同管理的购买机制，采用公开招标、邀请招标、竞争性谈判、单一来源等多种方式购买。

智库资金投入方式改革，要注重调动智库研究人员的积极性，将智库研究成果数量和质量与研究人员待遇联系起来。在项目经费的管理上，美国智库的做法虽然各不相同，但大都在申请项目时将承担者的工资打入经费之中。以兰德公司为例，如果某研究员的年薪是 9.2 万美元，以年工作日 230 天计算，则工作日的日薪是 400 美元，合作者的平均日工资为 300 美元，两个人的日工资合计就是 700 美元；如果争取到的项目需要 200 个工作日完成，则工资支出就需要 14 万美元，再加上其他开支，则项目经费总共需要 20 万美元。一般来说，兰德公司给研究人员的工资较高，其研究人员工资较同等资历的大学教授高出 1/3，在职研究人员的年薪在 6 万～12.5 万美元，每半个月发一次。雇用一个研究助理的日工资 150 美元，秘书的年薪在 2.3 万～3.7 万美元。①

八、智库人才管理

智库是人才密集的地方，人才是关乎智库生存发展的最基础要素。要高度重视建立适合智库运行规律的人才管理机制，建立有利于发挥智库人才积极性的组织形式和管理模式，尤其要建立开放竞争的人才管理和运行机制。

智库研究人员应注重选材的多样性，取长补短，互相启发，进而形成合力。智库面对的研究课题复杂多样，因而在对人员专业的要求上也呈现出多样化。智库如果能够拥有不同学科背景、学历、年龄结构、政治宗教信仰等的专业人员，并将这些不同知识优势的个体进行合理配置，就可以提高研究效率，最大限度地发挥其创造性。实际上，知名智库的人员专业构成大都呈现典型的多样性特征。以兰德公司为例，它有 1600 多名员工，其中研究人员约 950 人，其员工来自 45 个不同的国家和地区；其研究人员既有工程技术人员、物理学家、数学家、系统分析专家、计算机专家等自然科学专家，也有计划统计专家、经济学家、社会学家、心理学家、法律专家，还有文学家等人文社会科学专家。兰德公司 88％的研究人员拥有高学历，其中 60％的研究人员拥有博士学位，他们都拥有丰富的工作和研究经验，另外他们有着不同的政治背景、不同的思想观念、不同的种族和性别以及不同的学术研究领域。这种多样性增强了兰德研究的客观性和创造性，另外，多样性也是兰德成为综合性战略研究智库的重要保证。

---

① 参见王缉思、陶文利、顾国良：《美国兰德公司的科研组织与管理》，《社会科学管理》1998 年第 2 期。

为了保证研究工作的高效率，智库应重视研究人员与辅助人员的合理配置。智库人员一般组成大致有以下几类：（1）行政管理人员；（2）高级研究人员；（3）助理研究人员；（4）一般工作人员；（5）行政秘书人员；（6）编辑、图书管理人员及其他服务人员等。一般来说，高级研究人员是智库的主体，其中有些人会成为课题带头人。这种项目带头人除了组织和维持课题研究以外，有的还需要负责筹集研究经费。根据有关资料，胡佛研究所将研究人员分为三个等级，即高级研究员（Senior fellow）、高级研究人员（Senior research fellow）和研究员（Research fellow）。[①] 兰德公司的经验是，“两个研究员不如一个研究员加半个秘书的效率高”。因此，兰德公司一般 1～4 名研究人员配备 1 名秘书；当研究人员工作量大且经费充裕时可以申请增加秘书；一个高层管理人员有 2～3 名秘书协助工作。在布鲁金斯研究所，90 年代中期时专职研究人员只有 81 名，而这些研究人员的秘书、助手以及其他辅助人员则高达 155 人。胡佛研究所的 80 多名研究人员也有 200 多人的辅助配合。[②] 编辑人员在智库中的地位也很重要，他们把研究人员撰写的研究报告编辑加工成易于决策者和公众接受的通俗易懂的摘要或简介，从而起到推广宣传的作用。

为了获得合格的研究人员，智库应重视人员的选拔工作。智库的人才选拔机制是开放竞争的，一般采用公开招聘的方式吸纳贤才，“以才取人”。一般来说，智库人才选拔的渠道有：名牌大学刚毕业的博士、硕士研究生；大学的知名学者和专家；企业界的精英；政府卸任的官员；其他著名的智库人才等。在人才的选用标准上，应坚持学术造诣和实践经验并重的理念，注重人才的综合能力，不欢迎学究式的研究人员。以美国的兰德公司为例，它不仅要求其工作人员应该在一两个学科领域受过严格的训练，而且要求其能够解决实际问题。

评价考核是智库人员管理的重要环节。为了考核研究人员，美国

① 参见中国社会科学院赴美考察团：《关于美国社会科学研究机构的考察》，《社会科学管理》1998 年第 3 期。

② 参见薛澜：《在美国公共政策制订过程中的思想库》，《国际经济评论》1996 年 Z6 期。

智库大都制定严格的考核晋升制度。比如，斯坦福国际咨询研究所1973年制定的人员评价系统，按功能分为专业成绩、提升、委托关系、计划领导、系统管理五个项目，每个项目又分为六个等级，以此对每个研究人员进行评价，并按成绩决定研究人员的报酬、奖励以及是否继续聘用等问题。① 兰德公司实行年度考核制度，由主管领导对下属人员写出评语，向本人公开，允许本人申辩。研究人员是否续聘、加薪，取决于是否能够争取到项目。拿不到项目或者不能被吸收参与项目，则有被解职的危险。公司研究人员也没有职称、级别的区分，正式人员与顾问的区别主要在于正式人员享受医疗保险、养老金等待遇，而顾问则没有。

智库应制定严格的聘任制度。一般来说，对高级研究人员实行的是长期聘任制，对作为助手的中初级人员实行短期聘用制，根据考核结果决定科研人员的晋升、续聘或解聘。高级管理人员不但要对上级主管负责，同时也要为下级创造良好的发展机会，若下级几年内得不到发展，则上级负有责任。例如，布鲁金斯学会学者的遴选采取公开聘任制，主要由会长负责。

智库应建立健全的奖励机制，鼓励先进、鞭策后进，使智库人才长期保持对工作的热情。美国智库通过以下途径来激励工作人员：一是物质激励，主要是提供良好的工作环境和待遇。一般来说，美国智库都采取高薪来留住人才，比如兰德公司研究人员的工资比同等资历的大学教授的工资要高出1/3。另外，兰德公司还设立了“总裁奖”，专门授予贡献卓越的员工，给其时间、财力和物力的支持，肯定和鼓励其进行的研究活动和取得的研究成果。二是通过晋升进行激励。一些美国的智库也会通过考核，对优秀的工作人员进行职务上的晋升，这也是一种激励人员的方式。三是帮助研究人员提升知名度，主要是通过一定的方式，帮助工作人员提高学术素养和学术声望。对于从事研究工作的人员来说，知识的积累和更新是非常重要的，所以美国一

① 参见邹逸安：《国外思想库及其成功的经验》，《中国软科学》1999年Z6期。

些智库也采取提高工作人员学术声望的方式激励员工。比如美国的国会研究会就是通过帮助工作人员提高学术声望的方式进行激励。在国会研究会，资深的研究人员可以自己确定研究课题，并将其报告提供给议员，如果报告质量高，则议员会在遇到同类问题时首先想到咨询该研究人员，这对研究人员来说就是一种肯定和激励。

智库应建立完善的人才培养机制。在信息社会，知识的更新速度非常快，为了让研究人员能够获取最新的知识信息，提高研究能力和水平，智库应特别注重对其研究人员的培训工作。在人才的培训方面，美国智库采取多种渠道和方式。一是建立自己的研究院，这往往是比较大型的智库选择的培训方式。比如美国的兰德公司早在 1970 年就成立了帕迪兰德研究院，专门进行政策分析和研究方面人才的培养。二是让研究人员到政府等实际部门进行考察学习，目的就是让研究人员了解政府、企业等实际部门的环境和需求，从而使其研究贴近现实，去掉“学究气”。① 三是派研究人员到国内外的其他智库进行交流，做访问学者。比如兰德公司派人员前往英国伦敦战略研究所进行访问和学习，而英国的伦敦战略研究所也定期派访问学者到兰德公司。美国的斯坦福研究所则经常和日本的野村综合研究所进行人员交流。另外，一些智库也会让研究人员定期和政府部门的政策负责人和政策规划小组进行接触，从而让其了解政策的实际运行过程。

---

① 参见薛澜：《在美国公共政策制订过程中的思想库》，《国际经济评论》1996 年 Z6 期。

第九章　专家何为

——智库研究人员应强化哪些专业素养?

我们常说，“所谓大学者，非谓有大楼之谓也，有大师之谓也。”[①]智库人才是智库建设中最重要、最基础的资源，也是当前智库建设中最紧缺的资源。我国智库建设尚处于初级阶段，集中体现在智库人才建设现状上。正如我国许多智库机构属于“综合智库”一样，许多智库研究专家也属于“综合专家”，是在原有学术、行政身份上多了一个智库专家的头衔。推进我国智库建设，关键是能够培养一大批真正适应智库研究需求、专门从事智库研究的专家队伍。某种程度上，智库专家是比学者和官员要求更高的人才类型。新型智库建设难以一蹴而就，智库人才培养更需要久久为功。

一、智库人才特殊性与需求迫切性

总体上，我国智库建设严重缺乏专门的智库人才。所谓“术业有专攻”，智库建设有其自身的特点和规律，智库人才有其特定的专业要求。不具备专业知识、专业能力的人，不是专业人才；所具有的专业知识、专业能力不对口，也不是智库建设需要的专业人才。智库不同

① 1931年12月2日，梅贻琦在清华大学就职演讲中说：“一个大学之所以为大学，全在于有没有好教授。‘孟子说：所谓故国者，非谓有乔木之谓也，有世臣之谓也’。我现在可以仿照说：所谓大学者，非谓有大楼之谓也，有大师之谓也。”

于传统意义上的任何学术研究、学科教育、干部培训、文件起草机构，包括党校、社科院、高校、企业、军队院校等，甚至也不同于现有的党政部门政策研究机构。相应地，智库人才也不同于一般社会机构人才。在当前已经形成的智库建设热潮中，一定程度上难免存在着建设期一哄而上的现象，现有机构翻牌或加挂牌子成为智库，而相应人员也加上了智库专家的头衔。归结为一点，当前智库建设的主要瓶颈在于专业化、规范化程度不高。专业化，主要指的是政策研究专业化；规范化，主要指的是智库管理规范化。

现实中，现有国内许多开展智库建设的机构大多并非专门从事政策研究，而是一种“副业”。例如，高校的主业仍然是教书育人，科学院的主业仍然是学术研究，各级党校、行政学院的主业仍然是干部培训，企业的主业仍然是生产经营，党政机关研究室主业仍然是为领导起草讲话稿。相应地，这些机构的人员日常主要从事研究、教学、培训等工作，智库领域的研究只是兼顾的副业。从专业背景上看，就目前而言，政策研究不是，也不能简单对应传统意义上的任何一个学科或学科分支，当然也就谈不上学科意义上的专门人才储备。甚至，在如何从事政策研究方面，现有的许多智库专家也是“新手”，并没有足够经验积累，没有形成大家普遍认可的规范、标准等。

1. 智库人才不同于学术研究人才。高等教育的普及使我们对社会科学的学术研究并不陌生。学术研究是指运用理论、知识和经验对科学问题进行分析、探讨，发现客观规律，揭示未知科学问题。学术不仅强调专业性，而且强调系统性。例如社会科学，它的主要目标是从理论的深度加深我们对社会的了解。因为它的研究对象是“真理”，社会科学理论企图发展严格的方法，以从逻辑上说明理论、从经验上检验由此而产生的假设。社会科学的持续进步源于研究人员的孜孜不倦，也源于更为广泛的社会需求。不管一个新的理论或是创新的假设检验方式是否与公共政策直接相关，学术成果都可以赢得社会科学工作者的尊重和重视。学术研究对公共政策的作用是间接的、偶然的，随着经验的累积以及相关理论的兴衰，会在一定程度上影响政策制定者的

“世界观”。然而在通常情况下，学术研究与现实智库的决策咨询研究往往大相径庭。政策研究是针对特定的公共事务开展研究，为制定政策文件提供科学依据和决策参考。政策研究即使以学术研究为支撑，但它绝不以纯学术研究和学科建设为己任，而是侧重于对各类现实政策问题的关注，强调时效性、实用性和对策性。

学术研究与政策研究之间存在着不少功能区别。第一，学术研究的目的是发展学理、观点和理念；而政策研究的要义是运用现存的学理、观点和理念阐释现实问题，提出政策建议，解决实际问题。第二，学术研究是“荒江野老屋中二三素心人商量培养之事”,① 需要有一个相对宽松、单纯的环境，选题和研究进程相当程度上被学者个人志趣左右；而政策研究则有明确的目的和效率指向，它要求汇聚各方专家、平衡多方观点而形成共识，体现的是机构组织的共同看法。第三，学术研究追求的境界是“十年磨一剑”，讲求厚积薄发；而政策研究则要求及时、迅速做出反应，最忌延误时机。第四，学术研究成果优劣的判别依据在于知识的积累与传承；而政策研究成果的判定标准则在于是否能在国家政策中得到体现，是否能在社会公众中产生影响。第五，学术发展的过程高度依赖于“养士”机制和学术梯队培养机制；而政策研究的运行则重在“用士”，延揽各个学科、各个领域的专业人才进行共同讨论。学术研究与政策研究的功能、运作模式如此不同，显然必须有适当的体制安排来妥善处理两类功能的关系。

许多人把学术研究和政策研究混为一谈，认为学术水平高的学者就一定能够制定出好的政策，其实不然。不少政府部门把政策研究课题委托给学术水平高的教授、院士，结果往往不如人意。政策研究课题成果不是不可操作，就是不对路，即大量使用学术语言，而不是政策文件语言，把政策文件写成学术论文。学术问题可以自由探讨，但政策问题有许多边界条件约束，必须根据现状提出对策措施。学术研

① 转引自郑朝宗：《钱学二题》,《厦门大学学报（哲社版）》1988 年第 3 期。

究可以天马行空式地想象，但政策文件是要发布实施的，必须接地气，能落地。

归结起来，学术研究侧重在“是什么”和“为什么”，而政策研究侧重在“怎么办”。不知道“是什么”和“为什么”很难提出解决问题的方法，但知道了“是什么”和“为什么”，未必能够说出“怎么办”①。这也是为什么学术水平高的学者不一定能够起草出好的政策文件。

因此，千万不能把政策研究等同于学术研究，不能拿考核学者的方法（如看发表在SSCI、CSSCI、中文核心期刊等刊物的论文有多少）来考核智库研究人员。虽然政策研究也需要学理支撑，但不能教条主义，而应该理论与实践相结合。社会科学许多理论来自国外，但不能拿西方理论套用中国实际，拿中国素材论证西方命题，而是要建立中国自己的话语体系。

当然，政策研究和学术研究也有相通性和联系性。很多组织机构和专门智库一样，有很强的专业性。这些机构虽然不是专门智库，但本身职能多元化，在决策咨询方面与专门智库存在交叉。例如，高校、党校、行政学院等教育培训机构，除了教育培训功能之外，还承担着学术研究、政策研究等职能。近年来，我国一些大学院系和研究机构开始利用原有的学术研究优势，以内部刊物、专家座谈会等形式影响政府决策。社科院、社会科学联合会、科学院、研究所等科研机构，除了科学研究、学术研究等职能，还有为各级党委、政府提供决策咨询的功能。研究机构的学术能力为政策研究提供了专业基础。反过来，专门的智库及其专家也会从事学术研究，或具有学术能力，从而更好地开展政策研究，为政策研究服务。

2. 智库人才不同于媒体新闻人才。媒体和智库从来都是密切联系的，尤其在传播智库成果方面，媒体无疑是智库与公众之间的重要媒介。甚至有人提出了要建设“媒体型智库”的目标，并指出了媒体智

① 丁元竹：《探索智库的研究方法》，《中国发展观察》2012年第8期。

库的诸多优势。[1] 新闻从业人员的职业特点是关注近期事件。人们很少要求他们对未来的情况做出预测。当他们撰写有关公共政策的报道时，出于吸引广大读者的目的，通常会把注意力集中在某些与众不同或耸人听闻的事件上，而忽视日常的小事。尽管智库专家与新闻记者在某些目标和局限上呈现了相似的状态，但新闻记者对政治过程的贡献主要在于将政治问题引向公共舆论，而不是对备选方案进行系统的比较分析。

当然，政策研究和媒体工作也有相似的一面。例如，两者都讲求时效。由于新闻转眼就会成为旧闻，他们必须不断地挖掘新的新闻，否则文章就难以得到发表。同样地，无论智库专家的建议是多么科学、合理，若是在决策做出之后再拿出来，其价值也大打折扣了。紧迫的截止日期使得新闻从业人员和智库分析专家们收集信息的策略非常相似。有关背景的文件以及那些对情况了如指掌的人脉关系网络都是极有价值的信息资源，他们能让新闻媒体记者迅速地弄清整个事件的来龙去脉。这些资源对智库分析专家也有类似的作用。同时，在没有时间进行系统、全面的调查时，它们能提供大量的关于备选方案在技术、政治和行政可行性等方面的有用信息。如新闻报道一样，智库专家正在努力扩展他们的信息来源渠道。

既然智库人才既不同于学术研究人才，也不同于媒体人才，那么智库人才如何归类？有人提出来“智库学”的概念。随着智库建设的兴起，加深对智库自身规律的认识，推动实践中的新型智库建设，显得特别重要而迫切。近期，“智库学”的说法浮出水面。有人认为，政策研究领域应该上升为一门专门的学问，并郑重探讨了智库学的学科标准，智库学的范畴、规律与框架，智库学的现实基础和发展前景，提出“建立智库学势在必行，切实可行，智库学含苞待放，呼之欲出”，“不久的将来，独具特色的中国智库学一定会成为管理学科中一

---

① 参见刘征：《媒体智库的六种优势：基于全球视野的智库分析》，《传媒评论》2015 年第 11 期。

颗璀璨的明珠，智库学这门新兴的学科一定会从无到有，从有到优，从优到强”。①

所谓的“智库学”是否能够立得住，是个可以讨论的严肃话题。智库学能否成长成一门成熟的学科，要看它是否有独立的理论框架，看它是否有系统的研究方法，看它是否有代表性学者、经常性学术活动、固定周期的学术期刊、稳定活跃的学术团体等。实际上，一门新兴学科要从潜在学科羽化成熟，需要大量的基础、系统研究成果做支撑。在过去、现在和将来，我们总会面临一个又一个需要不断认识的新领域，但并非都要以设置专门的学科为目标。② 政策研究没有一个固定的问题对象，而是广泛涉及经济、社会、政治、科技、文化、外交、军事等几乎所有人类知识领域。政策研究作为一种特定的研究领域，不能简单借用既有学科的研究范式。而且，智库作为一种特定的组织机构，自身并没有独立的管理模式。实际上，在智库比较发达的西方国家中，有大量专业智库机构以及专业的政策研究人员，但迄今还没有出现所谓“智库学”这个专门名词，更谈不上相应的学科规范。因此，就目前而言，构建所谓的“智库学”学科，既不必要，也不可行。

这样，我们面临的任务并非建立所谓的“智库学”，而是提高智库建设专业化、规范化程度，解决智库建设过程中遇到的实际问题。因此，要借鉴国外智库研究和管理经验，并结合中国实际，引入相关学科和领域的成果，在手段、方法、机制层面上梳理出我国智库人才需要掌握的一些知识和技能，提升我国智库研究和管理的专业化、规范化水平。

因此，我们面临的困难也可以想见。不可否认，近年来关于智库的研究文献迅速积累，并形成一定规模。但这些研究主要偏重宏观层面，泛泛而谈多，方法、手段等微观、操作层面上的研究少。智库专

---

① 周小毛、黄海、周湘智：《智库学的范畴、规律与框架》，《中国社会科学报》2015 年 2 月 4 日。

② 参见程宏、刘志光：《智库、智库学、智库文化》，《智库理论与实践》2016 年第 3 期。

业化缺乏特定的学科支撑。即使有学科支撑，也至少要放大到整个社会科学领域。其中政治学、经济学、管理学、政策科学等和政策研究的相关性最强。然而，即使与智库机构最为接近的政策研究机构，以及与智库研究最为相近的政策科学，彼此也大相径庭。国外发达的智库机构体系是自然形成的，相应的专业研究和管理也是自然形成的，并由成熟的社会科学学科体系和人才作为支撑。相对而言，我国当前的新型智库建设具有典型的后发特点，而且具有一定“大跃进”特征，① 同时又缺乏成熟的社会科学学科体系和专业人才支撑。在这种特定背景之下，对智库研究和管理方法进行专门梳理，有利于促进我国智库建设的专业化和规范化。

二、智库专家应是复合型人才

毋庸置疑，每位智库研究人员都要有扎实的专业知识，应是特定领域的专家。同时，智库研究人员还要有开阔的视野和宽广的知识面。因为公共事务往往是跨部门、跨领域的，政策研究内容往往涉及经济、政治、文化、社会、法律、军事、历史、地理等许多领域。如果知识面不广，就会像盲人摸象一样，提出的观点或政策建议有失偏颇，不具有可操作性。因此，智库研究人员不要“画地为牢”，局限于自己的“一亩三分地”。除了自己所学的专业，还要广泛涉猎其他学科知识，尤其是政策科学。从人才队伍建设的角度看待这个问题，要多在有条件的高校设立政策科学专业，开设政策科学相关课程，编写政策科学方面的教材，培养政策科学专业的研究人员。从事政策研究，不管什么学科教育背景，都要了解政策科学的基本理论和思维模式。其实，学科是人为划分的，而知识是无界的。对于人文社会科学专业的智库研究人员，要多了解一些理工科方面的知识。因为许多公共事务涉及

① 参见刘昊、杜佳静、郜碧澄：《智库“大跃进”？“井喷”之后，中国智库还缺啥》，《南方周末》2016 年 4 月 18 日。

资源、环境等方面的问题，具有一定的专业技术性。要掌握电子政务、数字经济、智慧城市、网络安全等方面的知识，能够运用“互联网+”、大数据等信息化手段解决经济调节、市场监管、社会治理和公共服务等方面的问题。

美国兰德公司认为，一个合格的政策分析家必须在社会科学，甚至自然科学方面具有渊博的背景知识，掌握多种不同的分析技术，并有能力和信心从事跨学科的研究。第一，智库专家必须知道如何在截止日期临近，而且有关人群受到限制的情况下仍能够完成任务。第二，智库专家需要把认识到的社会问题放到其背景中进行观察。第三，智库专家需要专门技能，以便能更好地对未来进行预测，更令人信服对备选方案进行评价。第四，智库专家必须了解政治和组织行为，从而能够预测并在可能时影响政策的采用和成功实施的因素。第五，智库专家应该有道德框架，应明确考虑到与政府部门的关系。当政府部门或官员的偏好、利益与他们自己对公共利益的理解产生实质性分歧时，智库专家可能会进退两难。

智库人才必须做到学术和实践的有机结合。智库研究成果强调实用性、可操作性。智库研究人员要知行合一，不能闭门造车，做书斋式的学问，自娱自乐。在著名的《行政国家》一书中，美国行政学家沃尔多（Waldo）十分强调理论创新的实践基础。在他看来，那些与政府活动隔绝的人不可能具备理论创新的知识基础，理想的理论家应该是既能够对政府进行近距离观察，甚至有时直接从事政府管理，同时又能够从管理工作中脱离出来，以便进行认真的思考和反思。①

智库专家最好具有政府工作背景，或了解政府运作。如果一个研究人员既没有在政府部门任过职，又没有承担过政府部门委托的政策研究课题，对公共事务缺乏了解，不知道政府部门是如何运作的，就很难胜任智库研究工作。欧美智库的研究人员有很多都曾在政府部门

① 参见 Dwight Waldo. *The administrative state*. New York：The Ronald Press Company，1948.

和企业工作过，被称为“学术实践者”（Scholar Practitioner）。例如美国的布鲁金斯学会，董事会成员共83人，由著名的企业家、银行家和学者组成，其中包括世界银行总裁吉姆斯·沃尔芬森（James D. Wolfensohn）、朗讯公司总裁亨利·斯卡特（Henry B. Schacht）、卡内基基金会总裁杰西卡·马修斯（Jessica Tuchman Mathews）、原学会的对外研究所主任理查德·哈斯等。董事会主席由吉姆斯·约翰逊担任，他是Fannie Mae抵押公司总裁，曾5次竞选民主党总统失败，至今仍活跃在华盛顿的政坛。布鲁金斯共有100多名学者，其中高级研究员有75人。他们拥有极强的学术背景，观点和文章在学术界很有影响，使布鲁金斯学会享有“没有学生的大学”的美誉。

事实上，欧美智库的研究人员与政府官员是“互通有无”的。许多官员在任期结束之后，会转到这里工作，一方面利用他们在政府部门工作过的经验和人脉关系来从事研究；另一方面，来此“充电”，为今后有机会再度进入政府部门任职做好知识储备。这就是美国政界和学术界之间的“旋转门”现象。在布鲁金斯学会，这样的例子很多。布鲁金斯学会现任主席斯特普·塔尔博特（Strobe Talbott）就是一个典型代表。他毕业于耶鲁大学，是一名美国外交政策的专家，在政界和学界影响力都很大。他1993—1994年曾任国务院特别顾问，1994—2001年担任克林顿政府的副国务卿。他来布鲁金斯学会之前任耶鲁大学全球化中心主任，主要研究欧洲、北约、国家安全、俄罗斯与苏联、南亚、美国外交等，著作颇丰。其近期发表的著作有《俄罗斯之手：总统外交备忘录》（2002）、《恐怖时代：美国与世界》（2001）、《在最高层：冷战结束的幕后》（1993）等数十本。又如，杰弗里·贝德（Jaferey Bade），2002年他从国务院退休之后，到布鲁金斯学会中国研究中心担任主任。在奥巴马竞选总统之时，他在人们普遍不看好奥巴马的情况下选择支持他，成为奥巴马的亚洲和中国政策顾问，并在奥巴马当选总统之后于2009年成为国家安全委员会的亚洲事务主任。两年之后，他离开白宫重返布鲁金斯学会担任资深研究员。卜睿哲（Richard Bush）曾供职国会、美国中央情报局和国务院。著名中国研究专家李侃如（Kenneth Lieberthal）曾是密歇根大学的教授，在克林顿政府中担任国家安全委员会亚洲部主任，后来又选择在布鲁金斯学会中国研究中心工作。

要求智库专家都具有在实际部门工作的经历往往并不现实，这就要求智库专家善于通过其他各种途径丰富实践知识。实际上，即使具有实际工作部门历练的智库专家，也需要不断丰富实践经验。智库专家应广泛开展调查研究，积极参加相关各类学术会议、研讨会、博览会等，开阔自己的视野。多参加跨学科交流，与其他学科的研究人员多交流、多合作。除了读万卷书，还要行万里路，多走走，多看看，了解全国各地、世界各国的风土人情，了解政府官员、企业家、老百姓等各个社会群体的想法。智库研究应体现决策咨询研究的问题导向与前瞻性，表明智库研究必须具有实践意义与可操作性。决策咨询的研究成果应当可以落地，转化为实实在在的可执行可操作的政策，而且要在制度设计上具有合理性，这就要求智库专家重视实地调研，在全面掌握问题现状与趋势的基础上，提出符合发展趋势、能指导现实并包含未来的政策建议，切忌脱离实际的主观臆断。

对于中国智库专家来说，更要聚焦中国现实问题，了解国情社情民情。政策科学研究要为中国经济社会发展提供智力支撑，开展重大问题研究。例如，如何贯彻落实“五位一体”总体布局、“四个全面”战略布局和五大发展理念？如何推进国家治理体系和治理能力现代化？如何发展新经济，培育新动能，引领经济发展新常态？如何对市场进行有效监管，对社会进行有效治理？如何推进生态文明建设？如何保障和改善民生？如何实施“一带一路”倡议？如何推进“简政放权、放管结合、优化服务”改革？如何保障国家安全？等等。政策研究不是纯学术研究，政策科学要以问题为导向。政策科学研究人员要直面现实问题，深入开展调查研究，综合运用多学科知识，帮助政府部门制定科学、合理的政策法规，促进决策科学化。

其中，社会调查是搜集有关研究对象的社会现实状况的重要途径，是智库专家必备的技能。社会调查的主要目的在于收集充分的一手数据以解决研究的问题。社会调查方法综合运用历史研究法、观察研究法等方法，以及谈话、问卷、个案研究、测验或实验等科学方式，对有关社会现象进行有计划、周密、系统的了解，并对调查搜集到的大量资料进行分析、综合、比较、归纳，借以发现存在的社会问题，探索有关规律。

社会调查是值得研究的专门学问。近代的社会调查，产生于西欧，发展于 19 世纪末、20 世纪初的美国。第二次世界大战后，社会调查范围越来越广，方法越来越科学，手段越来越先进。在现代社会，由于社会信息急剧增长和千变万化，及时掌握社会信息已成为做好各类工作的必要条件，因而社会调查主体已逐渐扩散到各种组织机构，包括政府部门、学术研究机构、智库机构、公司企业等。现代社会的每一个领域，以及人们生活中的每一个方面，都已成为社会调查的重要内容。现代社会调查，特别是抽样调查，往往在整个地区（县、市、省）、整个部门的范围内进行，有时还做跨区、跨部门调查。至于人口普查、工业普查、第三产业普查等，更往往在全国范围内进行。

社会调查方法日益程序化、规范化、数量化和精确化，对智库专家社会调查的能力要求也越来越高。社会调查越来越专业化，这是社会调查广泛化、科学化和现代化的客观要求和必然结果。它主要表现在两个方面：一是各调查机构和人员日益专业化；二是独立的调查机构不断涌现和日益壮大。美国的民意调查机构有很多，如盖洛普。从 1935 年起，盖洛普就开展美国民意测验，是世界上第一家民意测验机构。1958 年，盖洛普改组所有旗下的小机构组建盖洛普公司。现在，盖洛普公司已是一个拥有 3000 多名员工的大型调查机构了，在美国有 12 个地区办公室，它的 40 个分支机构分布在全球 20 多个国家，是目前美国乃至世界上影响力最大、最权威的民意调查机构。

实际上，很多从事智库研究的专家在社会调查能力方面不尽人意，甚至存在很多误区。有些内参报告中的建言献策，往往直接以结论出现，缺乏对一手材料的掌握和严谨的分析论证。即使有社会调查作为基础，但其材料的获得和分析也不够科学规范。例如，在政策研究中常见的社会调查应用中，问卷调查本来是一种带有理论预设的、规范性程度很高的量化研究方法，但我们看到的大量的“问卷调查”，既没有一定的理论，也没有对资料的信度和效度进行检验，似乎人人都能设计问卷，人人都能从事量化研究。有时看到动辄数千份问卷的不规范的调查，令人深感这是一种浪费。有些定性研究访谈质量低下，很多是以问卷的形式提出问题，问题缺乏深度，搜集的资料凌乱破碎。有的定性研究报告变成了“举例说明”，完全失去了定性研究报告生动、写实、“还原事实”和理论解释或发现规律的优势。

智库专家应掌握相关方法和工具，积极适应互联网时代。俗话说，“工欲善其事，必先利其器”。对于智库研究人员来说，学会使用研究工具，可以提高研究效率，降低研究成本，提升研究水平，做到事半功倍。由于传统文化和思维习惯的差异以及文理分科的影响，与欧美国家的智库相比，中国智库对定量分析方法和工具不够重视。国内智库研究人员多是经济学、社会学、公共管理等人文社会科学专业毕业的，习惯于思辨，不善于量化分析和实证研究，计算机、互联网应用能力普遍较弱，对定量分析方法和工具缺乏了解和掌握，导致政策研究逻辑性、科学性、可操作性较差，严重制约了我国新型智库建设。

其中，互联网是重要的社会调查工具。在互联网时代，智库研究人员可以充分利用互联网查阅文献资料、开展调查研究、进行大数据分析，提升研究水平。“没有调查就没有发言权”。[①] 调查研究也是智库研究人员开展政策研究的基础性工作。社会调查对样本数量、结构等有一定的要求。阅读相关文献资料，是智库研究人员开展政策研究的基础性工作。传统人工调查方式成本高、耗时长，而采用网上调查方式不但成本低、效率高，而且样本量大、调查对象丰富。这是因为网民数量多，不同地方、不同年龄、不同职业的网民都可以参与。与传统人工翻阅式的文献资料查找方法相比，利用互联网检索文献资料不但效率高、省时省力，而且可以节省期刊购买、人员差旅等成本。

---

① 《毛泽东选集》第 1 卷，人民出版社 1991 年版，第 109 页。

智库研究人员可以在美国的 EBSCO、中国的知网等文献在线服务平台查阅相关文献资料。

随着公共事务的复杂化以及“互联网＋”、大数据的发展，智库研究人员越来越需要借助互联网、数据库、统计软件、大数据分析软件等工具来开展工作。目前许多课题需要采用定量分析方法，对问卷调查数据、统计数据等进行统计分析。如人工手算，不仅慢，占用大量时间和精力，而且容易算错，难以直观表达统计分析结果。现在采用 SPSS 等统计分析软件，就可以快速地对数据进行统计分析，并自动生成非常直观的统计图，使研究报告图文并茂。

值得关注的是，近年来，大数据分析正逐渐成为智库研究的重要工具。掌握现代化的研究工具，智库提升研究水平的重要手段。通过大数据分析，可以让智库研究人员了解某项公共事务的发展现状、主要特点、存在问题、发展趋势等，以便有针对性地提出对策措施，提高政策研究成果的科学性、合理性。在利用信息化、互联网手段开展智库研究方面，我国与欧美发达国家还存在很大的差距。例如，了解一个国家的历史是制定外交政策的重要前提，重要历史人物是影响历史进程的重要力量。哈佛大学根据《史记》、二十四史、其他重要历史典籍等中国历史文献上的历史人物信息，建立了中国历史人物数据库，把中国每个重要历史人物与其他历史人物、历史事件关联起来，使美国研究人员可以通过开展大数据分析来研究中国历史重大事件的发生发展规律。在人文社会科学领域，国内大学相关院系和研究机构对信息化、互联网缺乏了解，缺少专业技术人员，许多研究人员缺少信息化、互联网专业知识背景，还停留在传统的思辨和定性研究模式上。

三、智库专家应是政策分析师

智库机构主要以公共政策为研究对象，以影响政府决策为研究目标。所以，如果要在现有社会科学中找出一门学科，和智库研究领域相关度最强，选择政策科学应该是很贴切的。掌握政策科学的基本理论和方法，会给智库研究人员带来很多启示。实际上，智库就是专业化的政策研究机构。智库要对公共政策施加影响，必须建立在对公共政策进行研究的基础之上。

每位智库专家必须首先是位政策分析师，掌握基本的政策分析知识。20 世纪 80 年代以前，那些真正从事智库分析的人很少意识到自己正是政策分析领域的一员，甚至很少乐意对外宣称自己是政策分析专家。大部分从事智库分析的人员以往并且现在依旧认为，自己是经济学家、规划家、项目评估者、预算分析师、操作研究员或者统计学家。作为一门研究如何更好地依靠公权力、制定行政措施，来解决现实经济社会发展问题、处理公共事务的应用型社会科学，政策科学具有如下一系列区别于其他学科的范式特征，而这些特征恰恰与智库研究具有较高的契合度。

1. 跨学科、交叉学科、综合性研究的取向。一方面，政策科学不是现有的某一学科的更新，而是一门新兴学科。同时，它是在吸收其他学科知识和方法的基础上形成、发展起来的，尤其是政治学、法学、经济学、社会学、管理学、心理学、哲学、统计学、运筹学、系统分析等学科。另一方面，政策科学并不是这些学科拼凑堆积的大杂烩，而是在新的学术框架中，将各种可应用于政策研究的知识和方法有机地结合起来，形成较为完整的学科体系，使得这些来自于各种学科的知识方法在新框架中获得新的意义。例如，如何应对突发性公共事件，就涉及政治学、法学、经济学、社会学、管理学等方面的知识。

2. 倡导以问题为中心的知识产生方式。为了解和控制日益复杂的社会问题，各类社会科学产生并发展起来。但近现代社会科学基本上采用“以学科为中心”的知识产生途径，它们彼此划界，严格限定研究范围，在本身的学术框架内活动，并产生关于界定本学科问题研究的知识。而政策科学将知识体系与决策过程密切联系起来，提倡以问题为中心。它主张从各学科不同的角度或侧面，融合各种知识和方法，展开对同一社会问题进行研究并寻找解决办法。这一方面，促进了社会科学不同领域学者的交流与合作，拓展或加深对相关社会问题的了解；另一方面，政策科学将社会科学知识在应用解决社会问题时进行融合，大大增强了当代社会科学解决社会问题的能力。

3. 与政策实践相互促进提高。政策科学是一门以行动为取向的学科，体现着理论与实践的统一。政策科学既在实践中产生，又在实践中得到应用和发展。相对于其他社会科学，它对政策系统的改进和政策质量的提高产生应有的影响更加积极、直接。政策科学的研究对象是政策实践及政策过程，它的目的和功能是提供政策相关知识，为政策实践服务。它要为执政党或国家的各项政策的制定、执行和评估的实践服务，它以发现、分析和解决社会的政策问题为导向。而政策实践则为政策科学提出需要解决的问题，提供经验教训，检验政策科学理论并推动其发展。

智库研究的主要目的是提出政策建议。同时，从更广泛的意义上讲，智库研究不仅要分析研究政府应该做什么，还要研究政府在做什么，为什么这样做，以及这样做的后果是什么。具体来说，智库研究至少围绕着以下四个方面展开。

1. 政策描述。通过政策分析，我们能够对公共政策进行描述，得知政府在社会福利、国防、教育、科技、公民权利、医疗卫生、环境、税收等领域里正在做的事情（或者不做的事情）。在我国，党中央、国务院每年都会出台一系列政策文件，涉及经济、社会、文化等许多方面。了解国家政策的实际状况和相关信息，是政策分析中不可或缺的一个环节。

2. 政策解释。通过政策分析，我们能够探究公共政策形成的原因和决定性因素。为什么公共政策是这样的？为什么政府做这些事情？为此，我们可以探寻政治制度、政治过程和政治行为对公共政策产生的影响。通过政策分析，我们还能够探求社会、经济、文化因素对于公共政策的形成所产生的影响。例如，经济的不景气对政府支出有什么影响？老龄化社会的到来对社会保障和医疗卫生项目有什么影响？用学术性的语言表达就是，当我们研究公共政策形成的原因时，公共政策就成为因变量，决定公共政策的各种政治、社会、经济及文化因素等则成为自变量。

3. 政策评估。通过政策分析，我们能够追寻公共政策的结果或产生的影响。了解公共政策的结果通常称为政策评估，即了解公共政策给人们的生活带来了什么变化。我们可以分析公共政策对政治制度和政治过程产生的影响。我们还想要检验公共政策给社会带来的变化和影响。例如，市场化是否有助于提供更多公共产品和公共服务？削减福利是否会影响人们的工作热情？增加财政支出是否可以提高教育水平？用学术语言表达就是，当我们分析公共政策的结果时，公共政策就成为自变量，而政策对社会产生的政治、社会、经济和文化影响则是因变量。

4. 政策建议。政策分析不等于政策建议，但包含政策建议。政策建议不仅需要修辞、说服、组织与实践的技巧，还鼓励智库专家运用系统的研究工具来探讨重要的政策问题。政策解释和描述是进行政策建议的先决条件。但解释和说明公共政策的原因和结果，并不等同于建议应该追求何种政策。了解政府为什么这样做而没有那样做，以及这样做会产生哪些影响，并不意味着是要告诉政府应该做什么，如何去做，以及行动上应该做出何种变化。政策建议要切合实际情况，具有可操作性，能够落地，不能凭空想象。

智库专家在开展政策分析时，是否要持有自己的价值取向，是个争论不休的话题。

一种观点认为，智库专家在开展政策分析时应尽量保持客观，追求研究分析的完整性。这时，智库专家的恰当角色是提出客观的政策建议，按照公认的学科标准、运用分析技能进行研究。他们通常倾向于采用经济学、统计学和运筹学等学科中的工具，这些学科都具备完善的方法。智库专家应与决策者的个人利益保持距离，以避免客观研究受到干扰或干涉。如果要考虑所有相关价值，则没有一种政策是最优的。因此，相互竞争或冲突的价值权衡应该交给决策者，而不是由智库专家任意嵌入其中。从长远看来，智库专家应有助于建立良政，因为他们不断地提供客观公正的政策建议。

智库专家作为政策制定的参与者，其正当性源于决策者的委托。决策者掌控着政策执行的行政机构，代表着部门利益。作为对提供研究资源或机会的回报，决策者应该得到包括承诺和保密在内的职业服务。智库专家就像医生一样无害于他们的病人，像律师一样大力促进委托客户的利益。一旦向决策者做出研究承诺，决策者导向的智库专家就必须将他们自己的政策偏好降到次要位置。

而另一种观点认为，专家并非简单的分析工具，应该具有基本的公共价值原则。智库专家必须有思想准备，决策者往往身处复杂的政治考量之中，不仅对什么是良政有着自己的理解，而且会充分考虑政策之间的个人、地方或部门利益得失。现实中，当决策者的个人偏好和利益与他们自己对公共利益的理解产生实质性分歧时，智库专家可能会遇到进退两难的窘境。由于决策者或智库研究委托者有一定的政策偏好、价值取向或利益，他们可能会拒绝接受智库专家的真实报告；在一些情况下，决策者或决策部门可能向智库专家施压，去“编造”不同的结论或建议；在另一些情况下，决策者或委托部门甚至会篡改智库专家的分析结果，提供给决策过程中的其他参与者。忽略政策建议对象利益的分析，政策建议本身就会受到忽略；忽略多元复杂利益现实，政策建议很难被采纳，或不能得到成功实施。这些情况下，智库专家将面临更加复杂的价值取向和底线职责的挑战。智库专家应将价值分析与事实分析并列，不仅关心事实，而且更关心价值和行动，重视价值取向和价值评价。智库专家的一个重要目标，是创造和批评有关的公共政策价值的知识主张，或推荐应该采取的行动过程。政策选择往往涉及在健康、财富、安全、和平、正义、平等和自由一类的价值中做出取舍。选择哪一种价值，并不仅是一个事实分析的问题，而且需要伦理推导与价值评价①。

---

① 参见陈振明：《政策科学与智库建设》，《中国行政管理》2014 年第 5 期。

四、智库专家应善于把握“政策窗口”

航天领域有火箭、航天飞机、卫星等航天器的“发射窗口”，要等时机到了才发射。类似航天领域，公共政策领域也有“政策窗口”，智库专家提出政策建议要注意把握时机。在众多的公共问题中，只有一部分在特定时机下才能引起政府官员的注意。这就像存在一扇窗户，只有这扇窗户开启时，公共问题才能通过它进入房间，列入决策者的政策议程。

美国学者约翰·W. 金登（John W. Kingdon）把公共问题引起决策者注意并进入政策议程的机会称为“政策窗口”。① 相对于最终决策，“政策窗口”是一个容易被忽视的问题，但它却是公共政策过程的一个核心环节。智库研究成果能否影响公共政策，首先在于该成果能否摆到决策者的桌面上，进入政策议程。因此，“政策窗口”理论值得智库研究人员关注和重视。②

“政策窗口”理论并不是脱离现实的模型，而是基于现实归纳的分析框架。金登通过对美国联邦政府中负责交通和公共卫生政策的高级官员进行长达四年的跟踪访谈，并结合各种政府文件、政党纲领、新闻报道、舆论调查等资料，研究了在政策过程中政策议题设立的机制，形成了“政策窗口”理论。

例如，大多数情况下，智库都会选择在总统就任前后以公开出版物的形式公布研究成果，以求引起新政府的注意并对政府决策施加影响。大西洋理事会在80年代初发表的《今后十年的对华政策》报告，系统完整地反映了当时美国朝野处理和研究对华关系的政府官员和专家学者中“主流派”的意见，被获得广泛认同。进步政策研究所在90年代初期提出的《变革方案》，则被克林顿政府奉为圭臬。有些思想库

① 参见〔美〕约翰·W. 金登著：《议程、备选方案与公共政策》，中国人民大学出版社2004年版。

② 参见张伟：《打开“政策之窗”》，《学习时报》2006年12月4日。

还在新政府就任之初举办各种培训班，使新科官员尽快适应新角色。甚至在军方的决策过程中，民间思想库都起着举足轻重的作用，如兰德公司、研究分析公司、海军分析中心、国际战略与防务问题研究中心等。

“政策窗口”开启，就意味着从设定政策议题到最终决策为止的过程所必需的诸多条件已经成熟。换句话说，当“政策窗口”开启时，就意味着从社会广泛关注的社会问题变成了政府官员切实关注的政策问题了。虽然成为政策问题并不代表最终的决策结果一定让人满意，但确实要比仅停留在社会关注上更值得期待。

智库专家应准备好自己所偏好的政策方案，并等待他们所关心的政策问题表面化，或能够形成有利于他们的政策环境。有时候，“政策窗口”的开启有可预测的日程；而有时候则相反，“政策窗口”常常因为一些不可预测的政治或社会时间才能开启。这时候，智库专家只能对政策问题的有关内容不断进行准备，等待“政策窗口”开启的时机。如果智库专家没有充分利用已经打开的“政策窗口”，就必须等待“政策窗口”的再次打开。

那么，“政策窗口”打开或关闭的时机是什么？由政治原因而开启“政策窗口”的情况最多。例如，当权力更替、政治结构变动、社会不满迸发、政治价值转向时，会使处于决策核心的人士注意到新的社会问题而打开“政策窗口”。其中，权力更替的作用突出，是最具影响力的政治主线变化。有时候，“政策窗口”因偶然事件而打开。偶然事件更加深了政策问题的严重性，从而给智库专家提供他们所准备的方案能够提出来的机会。例如，如果石油危机能够引起政府的注意，那么与此问题有关的各种利益集团（如公共交通、铁路交通、新能源等）把自己的政策方案以能够解决问题的最好方案包装并提出来。还有，大型飞机事故也会为有关利益集团提供同样的机会。

当出现下列几种情况时，“政策窗口”可能关闭。第一，如果参与者没能诱导出政府的任何行动，“政策窗口”就会关闭。因为一旦失败一次，那么智库专家在遇到下一次机会以前就不愿投入时间、精力、政治资源以及其他资源，政府高级官员的注意力也很自然地转移到其他问题上去了。第二，如果导致“政策窗口”开启的突发事件逐渐从公共视野中淡漠，“政策窗口”就会关闭。任何危机或突发事件的寿命都是有限的，人们对事件保持兴趣的时间很短，因而打开“政策窗口”的环境条件持续的时间也很短。第三，有些人事变动可以成为打开“政策窗口”的契机，而另外一些人事变动也可以成为关闭“政策窗口”的原因。在负责特定政策问题的高级官员同有关方面进行协商需要一段时间的情况下，如果这一段时间发生人事变动，那么这一“政策窗口”常常自然地关闭。第四，如果不能及时形成政策方案，“政策窗口”容易关闭。一般来说，在“政策窗口”突然打开的时候，决策者们往往缺乏对政策问题的深刻认识，或者没能对方案进行充分的讨论和分析的情况下就参与了政策过程。这时候，如果没能在短期内完成政策方案所需要的准备，“政策窗口”就会因缺乏政策方案而关闭。

可见，“政策窗口”只打开很短时间，要最终形成政策必须趁热打铁。当时机出现时，智库专家要迅速行动。华盛顿的一位记者通过常年的观察，把美国政界的经验总结为“有些政策要么会很快就被接纳，要么什么事情都不会发生”。

对于“政策窗口”是否打开进行判断并不容易。有时候权力更替、经济形势转折等情势可以给智库专家或利益集团以明显的信号，但大部分情况下“政策窗口”的开或关取决于政策参与者的判断能力。“政策窗口”复杂而不透明，出现判断上的重大失误并不鲜见。除了明显的判断失误外，即使在成熟的政治家和卓越的专家之间，对于“政策窗口”是否已经开启的问题也常常发生分歧。

老练的政治家经常强调选择时机的重要性，在政策过程中最为重要的是政策方案是否在适当的时候被提出来。在政策方案已有准备而“政策窗口”已经开启的时候，要全力以赴把它变成政策议题。但在很多情况下，没有认识到已经打开的“政策窗口”，那么就要等待数年甚至十多年之后再打开。所以，对“政策窗口”的判断是一件很重要的事。

一般来说，在政策过程具有三条主线，即问题主线、政治主线和政策主线，它们都有各自的作用、寿命和运行规律。任何一条主线都可能成为开启“政策窗口”的原因，然而在大多数情况下，任何一条主线都不能完全决定政策过程，而是要看各主线的情况变化和这些主线如何结合。政策主线对围绕不同的政策方案进行选择。从“政策窗口”被打开到关闭，政策主线都起着重要的作用。在一些情况下，即使社会问题很严重，政治压力一直存在，如果政策主线上不能开发或提出适当的方案，那么政策问题也会从政策议程中剔除。但能够提出解决方案并不能保证打开“政策窗口”。在政策过程中，有时要先提出问题，然后再考虑具体的解决方案。然而，很多时候是政策方案寻找适合它的政策问题，伺机等待着能够促使采用政策方案的政治事件和其他社会条件。一些改革方案在政策主线上已经停留了很久，对方案的讨论和研究材料非常丰富。但这些方案往往在组建新一届政府和民众情绪变化时才能打开“政策窗口”。

因此，只有政策主线同问题主线、政治主线适当地实现结合的时候，“政策窗口”才能被打开。也就是说，政策方案需要与之相适宜的政策问题，并产生政治紧迫性或政治必要性，才能推动政策议程。智库专家需要努力把自己的方案与其时期被认为最重要的社会问题结合起来，并等待着对他们最有力的政治条件成熟起来。正因如此，我们会发现某个政策方案常常以不同的面孔重新出现，试图推动某个社会问题的解决。

五、智库专家应具有创新意识

智库研究成果的创新性，突出体现在前瞻性和战略性上。智库的任务不仅在于提出具体的政策方案，而且在于发现和传播短期内不会成为政策的学术思想，在于坚定不移地追求长远的目标，而不是眼前利益；它关心的不仅是地区、国家、民族、人类的现在，而且着眼于未来，在于发掘社会发展的新思想，寻找社会发展的潮流，提出关于人类未来的新思想，及时敲响人类社会所面临问题的警钟，并使决策者逐渐接受这些思想。智库的决策研究与咨询往往具有强烈的未来研究倾向，对未来的探索是现代智库区别于一般研究机构的主要标志之一，这也是思想库活力所在。根据日本情报社会研究所增田米二的解释，脑库“最大的特征，是以开发大型科学（如开发宇宙、开发海洋）和开发建设（如防治公害、城市建设）等更加综合性的技术和系统为对象”，它尤为强调“设计未来、开发软件、跨学科研究和系统论分析方法”。① 有些思想主张虽然短期内在政治上未必可行，但有可能逐渐为决策人所接受，最终获得足够的拥护者，以至立法成规。智库一般是长期反复地倡导某种思想主张，以期到一定时候瓜熟蒂落，成为政策或获得立法。布鲁金斯研究所的一位领导者曾经明确地说：智库对下一届政府的影响大于对现政府的影响。这就要求，智库不仅要从当前的问题着眼，更要注重未来的发展趋势；不仅要研究现有政策的问题与漏洞，更要能提出解决问题和漏洞的新政策和新方案。要做到这些，智库必须具备一整套自我更新、自我调适、自我进化的完善机制，以永葆生机与活力。

正是智库的思想创新机制，为其带来政策影响力。智库作为聚集了诸多行业翘楚、领域精英的研究机构，其生产的产品性质决定了创新是其不断追求的目标。因为创新能力的高低事关研究成果的质量和智库的影响力。智库的影响力是通过其研究成果的影响力建立起来的，也就是说智库要保持自己的影响力就要不断地创新，保持其思想、观点的与时俱进。纵观世界知名智库便知新思想、新观点乃至新的价值观的推陈出新是成为一流智库的第一要素。布鲁金斯学会、兰德公司、斯坦福研究所、罗马俱乐部、野村综合研究所等国际一流智库的发展历程无不说明了这一点。更难能可贵的是，这些智库还善于将自己的新思想、新观点应用于经济、社会发展中，从战略的角度考虑经济、

① 徐之先、刘揾林编著：《日本的脑库》，时事出版社 1989 年版，第 5 页。

社会发展中存在的问题，并在深入分析的基础上，得出经得起检验的结论。单从实际效果来看，虽然智库新思想、新观点对制度设计、政策制定的影响更直接、快速，但远没有这些思想与观点所形成的学术影响力来得长远和深入人心。而要形成和增强学术影响力，智库则需要提高研究成果的质量。智库以影响国家决策为目的，因此，对智库最终效果的评价往往是通过其思想、观点对政策决策的影响程度来衡量的。在这个资讯发达，“酒香也怕巷子深”的年代，思想、观点的及时传播就显得尤为重要。因此智库都极其重视对其思想、观点的宣传，开拓多种渠道，投入大量时间和金钱推广、宣传其思想、观点。智库作为独立的、非营利性政策研究机构，其生存和成功在很大程度上取决于其对自己思想、观点的推广和宣传能力。在我国，尤其要注重发挥从事“思想”生产和提供新政策主张的核心功能，为完善国家治理体系和提升国家治理能力现代化提供新思想、新主张、新理念。

甚至，智库的思想创新性不仅可以带来新的政策主张，还可以推动学术研究创新。世界和中国智库的发展经验都已表明，优秀智库一般通过对宏观战略性问题的长期跟踪分析和前瞻性研究，从专业角度撰写评论、发表论文、出版专著、举办研讨，反复倡导并努力将某种政策思想主张引向政策实践，引导和启迪公众积极参与政策讨论，对政策实施效果做出专家解读与传播，推动社会思潮与时俱进。一些研究性和学术性智库，还往往更强调研究成果的学术性和理论性，提出一些理论概念或者政策范式等。

智库靠思想维持生命，而思想的科学性取决于智库的专业性。智库的专业性主要包括专业人才队伍的建设、智库的专业特色、智库的专业咨询工作等，简单说来就是要在某个或某几个领域具有专业的研究能力和水准。世界知名智库普遍都有自己擅长的研究领域，即便是大型智库也主要专注于某些研究领域，同时也都汇集了该领域的翘楚，如布鲁金斯学会专长于中东问题。专业力量决定着智库的影响力，是智库在多大程度上影响政府、影响社会的关键所在。作为智库，汇集行业翘楚进行知识、思想生产与政策研究是其立命之根，因此专业化是智库的一个必要特性。智库的独立性保证了其专业性的客观公正，其专业性的客观公正又为独立性提供了条件。正因如此，智库的思想、观点才更具有科学性和可信度。

主要参考文献

1.〔美〕R. M. 克朗著，陈东威译：《系统分析和政策科学》，商务印书馆1987年版。

2.〔美〕安德鲁·里奇著，潘羽辉译：《智库、公共政策和专家治策的政治学》，上海社会科学出版社2010年版。

3. 安淑新：《国外智库管理运行机制及对我国的启示》，《当代经济管理》2011年第5期。

4. 陈振明：《政策科学与智库建设》，《中国行政管理》2014年第5期。

5. 崔玉军：《国外智库评价：理论与实践》，《社会科学论坛》2015年第11期。

6.〔美〕戴维·伊斯顿著，王浦劬译：《政治生活的系统分析》，华夏出版社1999年版。

7. 荆林波等：《全球智库评价报告》，《中国社会科学评价》2016年第1期。

8. 穆占劳：《美国思想库与美中关系研究》，西苑出版社2010年版。

9.〔德〕帕瑞克·克勒纳著，韩万渠译：《智库概念界定和评价排名：亟待探求的问题》，《中国行政管理》2014年第5期。

10. 任晓：《第五种权力》，北京大学出版社2015年版。

11. 上海社会科学院智库研究中心：2013年、2014年、2015年《中国智库报告——影响力排名与政策建议》，上海社会科学院出版社2014、2015、2016年版。

12.〔美〕斯图亚特·S. 那格尔著，林明等译：《政策研究百科全书》，科学技术出版社1990年版。

13. 〔美〕唐纳德·E. 埃布尔森著，扈喜林译：《智库能发挥作用吗？公共政策研究机构影响力之评估》，上海社会科学院出版社 2010 年版。

14. 田立志：《试论思想库对美国外交政策的影响》，《世界经济与政治》1997 年第 5 期。

15. 〔美〕托马斯·戴伊著，王子舒译：《谁掌管美国：卡特年代》，世界知识出版社 1980 年版。

16. 汪延炯：《论思想库》，《中国软科学》1997 年第 2 期。

17. 王辉耀、苗绿：《大国智库》，人民出版社 2014 年版。

18. 王缉思、陶文利、顾国良：《美国兰德公司的科研组织与管理》，《社会科学管理》1998 年第 2 期。

19. 王绍光：《中国公共政策议程设置的模式》，《中国社会科学》2006 年第 5 期。

20. 徐之先、刘挹林编著：《日本的脑库》，时事出版社 1989 年版。

21. 薛澜：《在美国公共政策制订过程中的思想库》，《国际经济评论》1996 年 Z6 期。

22. 〔美〕约翰·W. 金登著：《议程、备选方案与公共政策》，中国人民大学出版社 2004 年版。

23. 〔美〕詹姆斯·G. 麦甘：2013、2014、2015、2016 年《全球智库报告》，上海社会科学院出版社 2014、2015、2016、2017 年版。

24. 〔美〕詹姆斯·麦凯恩、理查德·萨巴蒂尔著，韩雪、王小文译：《全球智库：政策网络与治理》，上海交通大学出版社 2015 年版。

25. 朱旭峰：《中国思想库——政策过程中的影响力研究》，清华大学出版社 2009 年版。

26. 邹逸安：《国外思想库及其成功的经验》，《中国软科学》1999 年第 6 期。

27. Andrew Rcih. *Think Tanks, public policy, and the politics of expertise*. New York: Cambridge University Press, 2009.

28. Barry Bozeman, Jeffrey D Straussman. *Public Management Strategies*. San Francisco: Jossey-Bass Publishers, 1990.

29. Daniel Lerner, Harold D Lasswell. *The Policy Science: Recent Development in Scope and Method*. Stamford, CA: Stamford University Press, 1951.

30. David Ricci. *The Transformation of American Politics: the New Washington and the Rise of Think Tanks*. New Haven: Yale University Press, 1993, ix.

31. Donald Abelson. *Think Tank Traditions: Policy Research and the Politics of Ideas*. Manchester University Press, 2004.

32. Donald E Abelson. *A Capitol Idea: Think Tanks and U. S. Foreign Policy*. Montreal& Kingston: McGill-Queen's University Press, 2006.

33. Donald E Abelson. *American Think Tanks and their Role in U. S. Foreign Policy*. New York: St. Martin's Press, 1996.

34. Donald E Abelson. Public visibility and policy relevance: assessing the impact and influence of Canadian policy institutes. *Canadian Public Administration*, 1999.

35. Dwight Waldo. *The Administrative State*. New York: The Ronald Press Company, 1948.

36. James A Smith. *The Idea Brokers: Think Tanks and the Rise of the New Policy Elite*. New York: The Free Press, 1993.

37. James G McGann. *The Competition for Dollars, Scholars and Influence in the Public Policy Research Industry*. Latham, MD: Rowman&Littlefield, 1995.

38. James G McGann. *Think Tanks and Policy Advice in the U. S.: Academics, Advisers and Advocates*. New York, NY: Routledge, 2007.

39. James McGann. *Think Tanks and Policy Advice in the U. S: Academics, Advisors and Advocates*. New York, N Y: Routledge, 2007.

40. Kent R Weaver. The Changing World of Think Tanks. *Political Science and Politics*, 1989.

41. Paul Dickson. *Think Tank*. New York: Atheneum, 1971.

42. Peter T Leeson. Matt E Ryan. Claudia R Williamson. Think Tanks. *Journal of Comparative Economics* Vol. 40, 2012.

43. Ricci David M. *The Transformation of American Politics: the New Washington and the Rise of Think Tanks*. New Haven: Yale University Press, 1993.

44. Tom Medvetz. Think Tanks as an Emergent Field. *Social Science Research Council*, 2008.

45. Tom Medvetz. Think Tanks in America. Chicago and London: University of Chicago Press, 2012.